当代高等教育研究新视野丛书

New Theory of Innovation and
Entrepreneurship Education

创新创业教育新论

王洪才 著

图书在版编目(CIP)数据

创新创业教育新论 / 王洪才著. —南京：南京师范大学出版社，2023.7

（当代高等教育研究新视野丛书）

ISBN 978-7-5651-5749-3

Ⅰ.①创… Ⅱ.①王… Ⅲ.①高等学校－创业－教育研究 Ⅳ.①G647.38

中国国家版本馆 CIP 数据核字(2023)第 073274 号

丛 书 名	当代高等教育研究新视野丛书
书　　名	创新创业教育新论
作　　者	王洪才
丛书策划	王　涛
责任编辑	甄文亮
出版发行	南京师范大学出版社
地　　址	江苏省南京市玄武区后宰门西村 9 号(邮编:210016)
电　　话	(025)83598919(总编办)　83598412(营销部)　83373872(邮购部)
网　　址	http://press.njnu.edu.cn
电子信箱	nspzbb@njnu.edu.cn
照　　排	南京开卷文化传媒有限公司
印　　刷	江苏扬中印刷有限公司
开　　本	710 毫米×1000 毫米　1/16
印　　张	18.75
字　　数	266 千
版　　次	2023 年 7 月第 1 版
印　　次	2023 年 7 月第 1 次印刷
书　　号	ISBN 978-7-5651-5749-3
定　　价	78.00 元
出 版 人	张　鹏

南京师大版图书若有印装问题请与销售商调换

版权所有　侵犯必究

当代高等教育研究新视野丛书
编委会

学术顾问
潘懋元　杨德广

编委会主任
张应强　阎光才

委员
（以姓氏笔画为序）

王建华	王洪才	卢晓中	邬大光	刘振天
杨　颉	陈廷柱	陈洪捷	周　川	周海涛
胡建华	顾建民	唐玉光	龚　放	蒋　凯

总　序

自潘懋元先生等老一辈学者创会以来,中国高等教育学会高等教育学专业委员会始终坚守学术立会传统,把深化与拓展高等教育理论研究作为办会的基本宗旨。中国高等教育学学科设置从无到有,高等教育研究队伍从零散到蔚为大观,一代又一代优秀学者的成长,都与高等教育学专业委员会在各培养单位与会员单位之间发挥的纽带作用不无关联。目前,对高等教育学的定位和属性无论存在多少争议,不容否认,它已经成为我国高等教育研究者心有所向、身有所归的学术共同体。

高等教育学专业委员会历来倡导立足国际视野与本土关怀,开展学理取向探究与问题取向的理论研究。对于中国高等教育理论研究之于国家政策、高校管理以及人才培养的贡献如何评价,人们的站位不同,自然会有不同理解。回顾改革开放四十多年以来中国高等教育改革与发展历程,我们不难发现:几乎中国高等教育领域每一次重大事件的发生,人们关注的重大议题、问题以及政策概念的提出,我国高等教育研究者在理论上大都有先行研究。譬如,关于高等学校职能与高等教育功能、高等教育现代化、高等教育质量评价与保障、高等教育大众化和普及化、世界一流大学建设、高等学校自主权、现代大学制度、大学治理结构、大学收费制度、学分制、招生制度改革、学科与专业建设、通识教育、高校人事制度改革与学术职业变迁、有效性教学与教学学术、高等教育国际化与信息化等等。这些既有国际视野又有本土关怀,既有历史考察又有现实观照,纵横交错,覆盖宏观、中观与微观各个层面的研究,无论其聚焦的是"冰点"还是"热点"问题,是否有显示度,它们都为现实中的高等教育体制性变革与日常实践,拓展了视野,提供了理论支撑。

理论研究的基本宗旨在于透过现象看本质,揭示高等教育活动的一般规律。无论其初始动机是源于个人好奇心、兴趣、经历和境遇,抑或是源于现实关怀或政策意图,它从来不存在有用与无用之说。自然科学如此,作为社会科学的高等教育学科也不例外。因为有用无用不过是一种价值判断,它与评价者的个人身份、地位、处境和特定需求存在或明或暗的勾连,是一种立场在先的自我主观判断和推断;或者说理论之有用和无用,更在于它的情境性。如果总是把特定情境需求作为理论研究的取向与偏好,那么,其悖论恰恰在于:这种情境性需求恐怕永远滞后于形势变化与环境变迁,局限于特定情境需求的理论或应用研究反而因为一般性与多样化研究积累不足而难以适用,更无法对现实的走向以及可能发生的问题进行预测,也难以对现实中存在的价值扭曲提出预警和防范。

其实,真正的高等教育理论研究从来不会绝缘于现实关怀,很多理论研究选题的生成乃至观点创新,恰恰源于人们对现实的感悟与启发。通常而言,任何理论成果都不可能直接成为政策工具,它充其量可以为现实问题的解决提供某些索引,或者为决策者提供相关参考依据,为行动者提供可选择的装备。理论研究与决策以及行动实践之间,天然地存在一种若即若离的关系,虽然也存在若隐若现的互动,但两者既无法相互取代,更难以完全融合。否则,理论不过就是如变色龙般的策略与技巧,缺乏理论所必备的去情境化超越品质,实践也不过是理论贫乏的个人经验直观甚至行动的妄为。不容否认,由于始终缺乏一种自然演化的稳定态,在被频繁的政策事件扰动的情境中,中国高等教育与经济领域情形相似,在宏观的体制运行与中观的组织治理层面都有其特殊性。但这并不意味着我们的高等教育可以超越于一般性的活动规律或者说本质特征,如知识创新以及人才成长规律等。因此,植根于中国特殊土壤的理论研究,在跨域性的理论丛林中,犹如一片被移植而来的红枫林,既有源自共同基因的相对稳定性状,又有其与环境相适应的某些特殊表现形态,如生长状态、凝红流金的景致可能存在差异。不过,这种表现形态更多反映为生态系统与群落层次上的差别,而非物种意义上的例外。也正因为理论研究所具有的这种品质,它才构成了我们与国际同行沟通与对话的基础,也是为国际高等教育贡献知识与智慧的凭依。

作为一个建制化的学科,高等教育学历史短暂。因此,长期以来,高等教育理论研究,无论在理论溯源、视角选择方面,还是知识框架上,受基础教育领域的理论思潮与研究取向影响至深。但回顾历史就会发现,体制化的基础教育晚于大学的兴起,如今基础教育领域众多教学形式与方法的探索和实践也往往始于大学,如论辩、讨论、实验和观摩等。即使是基础教育领域的各种理论思潮与技术潮流,也往往最先发端于大学。相对于基础教育,高等教育活动更具有个体探索、行动在先和自下而上的特征,虽然它也难免带有外控与人为设计的特征,但它更具组织与行动者自我设计取向,大学的历史基因更为久远也相对更为顽固,每一次突变都没有彻底颠覆它的基本性状。这些特征无疑为我们寻求其相对稳定的客观属性与变易的受动属性提供了先天的优势。譬如,如何理解不同学科与专业生成与演变的轨迹,以及教与学活动的规律,如何理解组织特有属性及其运行逻辑,如何解释它与外部环境与文化以及各种社会力量之间带有顺应而又抗拒的关系,如何理解学人成长与职业发展轨迹,等等。高等教育学有待确证的基础性问题实在太多,需要探索的不确定性问题更多,它给我们提供了无限的空间与可能。而所有这些问题的探究,不仅难以从基础教育理论中获得启发,而且也远超出了基础教育的学科逻辑体系与框架。因此,高等教育学无疑具有特殊性。如何跳出一般教育学科的既有樊篱,建构一个包容性更强的多学科高等教育学知识逻辑和体系,需要我们做更多基础性、专业性且具有开拓性的思考与探索。

总之，倡导基础理论研究与带有学理性探究的现实问题研究，是高等教育学专业委员会的使命所在，唯有通过理论取向的学术探究与人才培育，我们才能立足扎实的理论基础与学术素养去回应现实高等教育发展中应接不暇的问题。理论固然需要服务于实践，但更需要我们以独立的精神、专业的态度、严谨的学风、开放的视野和谦逊的风格去观察和参与实践，理性地面对实践中可能存在的躁动。既不做旁观清谈者，也不做随波逐流者，努力以有深度有价值、有科学精神有人文情怀、有现实关注有未来视域的研究，为中国高等教育改革与发展贡献智慧。

正是出自上述初衷，中国高等教育学会高等教育学专业委员会与南京师范大学出版社，联合推出了"当代高等教育研究新视野丛书"学术专著出版计划。该丛书面向国内高等教育专业研究者，不拘泥于特定选题，尊重每位学者的兴趣和专长，期待以众说荟萃、集体亮相的形式，呈现当下我国高等教育理论研究的整体状貌。该出版计划将始终保持开放性，不断吸纳国内资深和新锐学者的最新研究成果，希望它不仅能成为一览高等教育学理论景致的窗口，为该学科的持续探赜索隐、钩深致远提供些许幽微之光，而且也能够从中感受到中国高等教育研究始终与时代变革气息相通的脉动。其中有热切的呼应，也有冷静的慎思，有面向未来远景的思索探问，也有洞鉴古今史海的爬梳钩沉。不同主题纷呈，个性风格迥异，从而构成一个多姿多彩、供读者各取所需的学术专著系列。

最后，高等教育学专业委员会特别感谢南京师范大学出版社所给予的慷慨支持与悉心指导，出版社在丛书的策划、编辑、出版和发行等方面投入了巨大的精力，也为编委会的组建、著者的遴选、成员之间的沟通等各项工作的有序展开提供了便利条件。

"当代高等教育研究新视野丛书"编委会
中国高等教育学会高等教育学专业委员会
二〇二二年十二月

前　言

一、人生三重意义：认识自我、实现自我、超越自我

笔者对创新创业教育的重新阐释主要基于对自我发展的认识。笔者认为，创新创业是人的一种潜能，其本质就是为了自我的实现，即实现自己的潜能，实现自己的价值，使自己成为一个有尊严的人或一个大写的人，也即成为一个独特的人，具有内涵的人，而非一个平庸的人，这种潜能就是人的自我实现动机。笔者相信，人的理想自我是一个逐步建构的过程，人一旦形成理想自我之后就产生了自我实现动机。我们知道，在马斯洛需要层次理论中，自我实现属于一种非常高的动机层次。自我实现开始时是作为最高动机出现的，他后来又提出了超越的需要层次，[①]不过这个新理论的影响力远不如最初的理论影响力。可以说，人生意义实际上就是一个理想自我不断建构的过程，人生价值就在于使理想自我不断地变成现实的自我。寻找理想自我的过程实际上就是真正认识自我的过程，也是一个挑战自我认知的过程。实现自

---

① 马斯洛最初(1943,1954)提出五层次需要理论，即生理需要、安全需要、归属与爱的需要、尊重的需要和自我实现的需要；后来(1970)又增加了三个层次，即认知需要、审美需要和超越需要；进而构成八层次需要理论，即生理需要、安全需要、归属与爱的需要、尊重的需要、认知需要、审美需要、自我实现的需要和超越需要。国内学者多数都知道马斯洛的五层次需要理论而不知道八层次需要理论，本著作仅使用五层次需要理论学说。

我的过程同时是一个验证自我认识的过程，而且在验证过程中重新认识自我。因此，认识自我和实现自我两者本质上是无法分开的，也是交替进行的。人的整个发展过程亦是在自我实现动机主导下展开的，只不过人最初对自我的认识是模糊的，随着与环境互动即实践的加强，认识逐渐清晰，从而自身的潜能逐渐显现，对自我的定位也越来越理性，进而也就明确了自身的发展方向。所以，人必须通过实践才能真正认识自身的潜能，这个认识过程也是一个自我发现过程。故而，发现自己的潜能所在是人生第一步需要做的，用个体主义说法就是发现自己的特殊性或自己存在的独特价值。①

  创新过程本身就是一个挑战自我的过程，这个挑战对象首先是自己过去的认知。人对自我的认知开始是外界赋予的，随着主体性的觉醒，外界的认知逐渐内化为自我认知，又在与环境的互动过程中调整着自我认知。人一旦形成了一定的自我认知，就会对自己的行为产生一定预期，然后又会通过对行为的反思来审视自我。这种审视自我的过程，实际上就是对传统自我的审视，所以，挑战自我就是挑战自己过去的认知。其次是挑战过去的行为模式。在行为模式之中隐藏着一定的思维模式，思维模式是行为模式的指导或理论依据，而行为模式则是思维模式的外显化，因为人们往往先对行为本身做一个价值判断，只有认为是对的才会去做，只有做得顺利时才会保留下来并逐渐巩固，久而久之，就形成了一种习惯，慢慢地形成了行为模式，此时，其原来的想法可能早已经忘记了。因为人们总是记住必要的，不必要的就很容易被遗忘掉，既然行为模式已经把认识成果巩固了，就没有必要再记得思考的细节了，这也是为什么失败的教训总是给人的印象最深的原因。但前提是因为自己行动受阻，从而开始反思自己的认识是否出了问题。只有认识到自己的认识出了问题，才会去矫正自己的认识，进而才会去改变自己的行为模式。所以，挑战过去的认知其实就是在一定程度上否定过去的认识，认识到过去

---

① 个体主义是一种价值哲学，它主张个体是社会的本原，社会是为个体发展服务的。个体主义哲学是自由主义思想的理论基础。

的认识是错的,至少是不完备的,由此导致了自己的行为遭遇挫折,为此就需要重新认识自己,确立一个新的自我,也就是为自己确立一个新的行动目标。可以说,没有挑战自我的过程就无法实现自我的创新。

挑战自我往往是一个非常纠结的过程,因为它总是面临一个选择:究竟是接纳自己还是怀疑自己,甚至是否定自己?最终只有接纳自己才是挑战成功,但所接纳的并不是完全的自己,也即不再是那个过去的自己,而是接受一个新的自己,一个更有希望的自己;创业过程实际上就是追求理想自我的过程,即使新的自己从想象变成现实。从理想自我变成现实自我,这个过程必然会遇到挫折和失败,也必然会挑战自我认识。人在其中经历自我怀疑过程是必然的,无法避免的,每遇到挫折的时候就会开始自我怀疑,人在怀疑过程中往往会产生一个新的自己,从而为自己开辟一条新的发展方向。这就是人们常说的:"上帝给你关上一扇门,又为你打开了一扇窗。"

所以,创业过程(实现理想目标过程)必然包含着创新过程(更新自我认知过程)。就自我发展而言,它经历了一个什么过程呢?

二、人生必经三部曲:发现自我、发展自我、实现自我

笔者认为,人的自我发展经历了从自我认识到自我实践,再到自我确立的过程。人的自我认识不是一下子就能够确立或完成的,而是逐步实现的。每一次的自我认识过程实质上都是一个自我发现的过程。非常有趣的是,人们的自我发现即发现自己新的可能性,往往是在经历自我否定之后才出现的,这也是人类独特的智慧。人的智慧往往都是在新的经历之后才增长起来的,新的经历往往都是对之前经历的否定,虽然这只是局部的否定,但已经改变了自我已有的认知。

实践自我实际上就是一个发展自我和实现自我的过程。人在认识到自己的可能性之后,就会想方设法充实自己和完成自己,使可能性变成现实性。

在认识自我的阶段,人对自己的认识往往是浅薄的,所认识到的自己往往是一个虚假的形象,尽管这个认识也是基于过去的经验,但更多是自己的想象,所看到的是"镜中我"①,并非真实的我,因此需要在实践中进行求证,同时在求证过程中就会面临新的挑战。如果要进行求证,就需要重新自我设计,这实际上就是一个自我运筹的过程。人类的聪明之处就在于人不仅能够发现自己的长处,也能够发现自己的短处,虽然所认识的并不全面,但这也足以使自己能够扬长补短,不至于忘乎所以。

人在实践自己的过程中首先需要突出自己的强项,这是为了尽可能地证明自己而不是否定自己。这实际上是一种生存竞争的需要,因为他不仅需要在同类之间进行展示,更需要在对手面前自我展示。同时尽可能地掩盖自己的短处,以免被攻击(这就是一种本能性的防御机制),这实际上是人的"安全需要"显现。人们之所以如此,从更深层次的意义上讲是为了满足"尊严"的需要,也是为了建立地位和权威的需要。可以说,安全需要也是为了维护尊严的需要。人只有过了这一关,才能谈到更大的发展;过了这一关,他才有资源的占有权和使用权,或才能被赋权或授权。

在满足自我尊严需要之前,实际上还有一个社会交往的需要,因为人只有在交往过程中才能求证自己,而且人的自我认同也是在交往过程中实现的,决不是自我虚幻的结果。但人只有做出事迹(功业)、具有事业(德行、善业)才能赢得别人的尊重,这就依赖于人的自我定位(自我认识和自我抉择)、自我设计。人的发展总是在最喜欢的与最可能的之间纠结,最终却是找到一个中间位置,即找到一个平衡点,这大概也是中庸的由来。有趣的是,自己最喜欢的似乎别人也是最喜欢的,明智的话就需要去错位竞争;而自己不喜欢的未必不能成功,关键是学会把不喜欢的变成喜欢的,这实际上是一种自我

---

① "镜中我",是美国社会学家查尔斯·霍顿·库利于1902年在《人类本性与社会秩序》一书中提出的理论。他认为人的行为很大程度上取决于自我认识,而人的自我认识是在与环境互动中形成的,别人对自己的看法就是认识自己的镜子,别人眼中的自己就是镜中的自己。这是符号互动论中著名的"镜中我"理论。

认知模式的转变,或者说这就是创新思维模式,是一种生存哲学,它提示人们要学会舍弃,懂得舍得的道理。

所以,人不可能完全按照自己的愿望发展。愿望实现不了实际上就是一种挫折,而敢于舍弃却又是一种成功,因为这就是在战胜自我,从而避免自己遭受更大的挫折。人只能遵循社会选择的法则,必须承认和接受现实,这也是一种社会运行的基本法则。人只能按照可能与现实的路径来发展,无法按照理想的方式去进行。

三、人生成功三准则:认清自我、设计自我、实践自我

人走向自我实现,第一步就是认清自我,即问一问自己究竟是谁,自己究竟想做什么,自己的使命担当究竟是什么,什么是最值得做的。可以说,人一开始就有一个理想自我在引导自己前进,[①]如果没有这个理想自我的引导,人就没有前进的动力。但这个时候的理想自我仅仅是初步的,因为它只是一个模糊的印象,这个自我仅仅是自我潜能的展现,或者说就是个人所具有的向善之心。

人有了这个向善之心之后就开始寻求突破的方向和实践的路径,尝试什么是有利于自我实现的。这就是自我设计过程。自我筹划不是简单地想一想,而是必须动手做,必须去尝试。但究竟做什么、怎么做,都需要自己进行决断。决断就意味着风险,没有试一试的勇气,就无法证明自己。所以想好就得去做、去行动,无论失败还是成功都必须做一做才知道。因为没有什么是绝对的,都取决于个人与环境的匹配度。有的时候忍一忍、狠一狠心就坚持下来了,于是突然之间峰回路转,就成功了。有的时候实在不想坚持了,于是就放弃了,可能这个时候离成功已经非常近了,但却没有成功,非常令人遗

---

① 如人一开始希望做一个好孩子,这就是一种理想自我,虽然这种理想可能是模糊的、不稳定的,但已经是行为的参考系了。人在发展过程中逐渐从外部理想投射转变为自我期待,形成一个独立的自我认知,逐渐形成一种稳定的、清晰的理想自我。

憾,所谓造化弄人就是这个意思。

  人本质上是孤独的。人最痛苦的事情在于真正的朋友较少,所以自古就有"人生难得一知己"的感叹。人如果要取得成功,首先必须走出自我的防区,因为人天生就有一种戒备之心,最怕的就是被欺骗,所以诚信是一种珍贵的社会价值。走出自我防区是为了进行合作,为此就必须懂得如何与人进行合作,并赢得人心,从而获得别人的真诚支持。如果人没有一颗坦诚的心,就无法换得别人的真心。因为只有真诚的支持对你才是有用的,虚伪的支持对你是无益的。所以,做人比做事难,但做事首先需要做人。故而,做一个实在的人比什么都重要,这才是一个人走向成功的基础,也是生存的真理。

  做人很多时候需要主动展现自我,如果你没有任何展现,别人就不会认识你。如果别人不认识你,你一般很难获得成功。我们过去经常说只要问心无愧就行,实际上这是一种自我安慰的语言,是无法解决实际问题的。现实要求你必须把自己想到的真实地表现出来,并且被人们认为是真实无误的。只有周围的人都承认你,你才能成功。

四、人生常与机会相伴:识别机遇、把握机遇、防范风险

  一个人如果想成功,就必须学会把握机遇。人生成功很多时候依靠的是外在条件的扶持,并非完全依靠个体自身所为。所以,人不能一味按照自己的心愿行事,因为人们做事情并不完全是为了自己,很多时候也是为了别人,这个时候可能就需要舍弃自我,舍弃了自我,才能赢得自我。故而,合作过程在很大程度上就是进行妥协。沟通过程不是为了让别人完全接受自己,而是要站在别人的角度为别人考虑,使自己的想法也符合别人的意愿,或者说更好地有利于别人目标的实现,这样才是沟通成功。

  因而,我们不能单纯地认为,沟通就是为了传播自己的想法,说服别人接受,让别人心甘情愿地跟随自己。事实上,沟通与合作都意味着利益的交换,

没有利益的共同点是很难沟通的,因为一般没有人心甘情愿为你付出而不求回报。

有了群众基础,才能实现自己的目标。如果没有人支持,肯定无法达成心愿。"人心齐、泰山移",如何把团结的优势变成一种能量,需要把握机遇,需要让每个人拥有发挥作用的场合,需要为每个人提供舞台,需要创造有利时机。如果说利用团队的力量是借力,那么利用环境的力量就是借势,这两者都是取得成功的要素。环境中具有许多有利于自己实现目标的因素,关键就在于善于发现与开发,善于把握时机。如果不能顺势而为,非要逆势而行,那自然很难取得成功。时机实际上就是机遇,它不是自动出现的,需要留心观察、耐心等待和善加把握。把握不准,时机不当,就可能好事变成坏事,机遇变成风险。所以人必须学会辩证思维,在把握机遇的同时要意识到可能的风险,提早进行预防,做好充分的心理准备。

五、人生总与失败为邻:遭遇挫折、消化挫折、愈挫愈奋

人无论如何都无法做到万无一失,因为许多失败是很难避免的。如果一个人太自以为是,必然会面临许多失败;如果一个人缺少独立性,一切都依靠别人,自然也无法成功。我国坚持"自力更生为主、争取外援为辅"的国家发展方针的道理也在于此。一个人如果完全靠自己,他获得成功的概率会很低,毕竟一个人力量非常有限,只有合作,成功的概率才能大大提高,因为许多机会事实上都是别人提供的,个人很多时候仅仅是利用这个机会而已。

所以,人既不能没有自我,也不能自我膨胀,膨胀的结果必然遭受失败的考验。人对自我的把握也无法完全恰如其分,必须不断地调适自己。人在团队之中更容易调适自己,如果游离于团队之外,就容易失去自我发展的坐标,也就很难获得发展的机会。

不管如何,要做到一切事情都顺心如意是非常困难的,而且要做成任何

一件事情都是对自我的挑战,人的成长恰恰就是在遭遇这种挫折过程中开始重新认识自我,从而也在不断地调整自我,这种自我调整的过程也是自我的历练,当然也是一种超越自我的过程。

六、人生经历循环往复:设计自我、实践自我、反思自我

人的发展过程实质上是一个不断轮回的过程。人从自我设计开始,经过自我实践的检验,到自我反思终结,形成了关于自我的准确认识,也完成了一个认识轮回,然后再重新自我设计,开始一个新的轮回,这就是哲学术语所指代的循环往复、螺旋式上升。

人的每一次发展都是从自我发现开始的,即从发现一个新的自我开始。这个发现往往存在于实践过程中,如果没有实践过程或互动过程,就难以发现自我,因为实践过程就是检验过程,互动过程也是一个促进反思的过程。人只有发现了新的自我潜能所在,才能找到新的自我发展的方向,否则,个体发展是无根的。

人的自我发展必然要经历运筹与决断两个环节。运筹,就是自我设计,规划前程,并且思考可能面临的挑战;决断,就是要放弃过分理想的设计,回归现实的自我,使自己脚踏实地。所以,人在运筹阶段常常想得很多,而实际能够做的却太少,因为很多东西都是不确定的;决断表示心动不如行动,不尝试一下就不知道自己究竟如何。决断往往是斩断自己的妄念,即抛弃幻想,回归现实。决断无法进行最优决策,而是"是与否"的抉择。

人的自我实现需要经历沟通合作、机会把握和防范风险三个基本步骤。沟通的目的就是了解别人的需要,合作的前提就是必须舍弃部分的自我,从而方便赢得部分的他我,这实际上就是一个完成自我设计的过程,使过去曾经充满理想的自我回归为现实的真实自我。把握机遇就是为了最大限度地实现自我愿望,防范风险则是为了避免可怕自我的出现。尽管如此,仍然

有无法预料的事件发生,一旦这些事件发生,自我又将面临新的抉择。于是自我发展就面临着更高的选择:超越自我!

超越自我一般都是在逆境中出现的,因为如果想在逆境中奋起,就必须要面对真实的自我,正视自己的失败,承认自己的不完善,走出自我的虚妄,这是实现自我超越的前提。为此就不得不重新设计自我,从而发现一个真正的自我,进而使这个充满理想的自我变成一个真实存在的自我,这样就实现了自我超越。

目　录

总　序 …………………………………………………… 001

前　言 …………………………………………………… 001

绪　论 …………………………………………………… 001
　第一节　创新创业教育研究的缘起 …………………… 001
　第二节　创新创业教育研究的目的 …………………… 011
　第三节　创新创业教育研究的意义 …………………… 023
　第四节　创新创业教育研究的任务 …………………… 033

第一章　创新创业能力的哲学审视 …………………… 042
　第一节　哲学视阈中的创新创业 ……………………… 042
　第二节　创新创业能力的哲学内涵 …………………… 049
　第三节　创新创业教育研究的重点 …………………… 054
　第四节　创新创业能力发展的影响因素 ……………… 062

第二章　创新创业教育的哲学意蕴 ⋯⋯⋯⋯⋯⋯⋯⋯⋯⋯⋯⋯⋯⋯⋯ 065

第一节　创新创业教育的理论基础 ⋯⋯⋯⋯⋯⋯⋯⋯⋯⋯⋯ 065

第二节　创新创业教育的时代意义 ⋯⋯⋯⋯⋯⋯⋯⋯⋯⋯⋯ 077

第三节　创新创业教育的重心所在 ⋯⋯⋯⋯⋯⋯⋯⋯⋯⋯⋯ 083

第四节　关于创新创业能力的界定 ⋯⋯⋯⋯⋯⋯⋯⋯⋯⋯⋯ 097

第三章　创新创业人才的理想模型 ⋯⋯⋯⋯⋯⋯⋯⋯⋯⋯⋯⋯⋯⋯⋯ 106

第一节　创新创业人才研究的方法论思考 ⋯⋯⋯⋯⋯⋯⋯⋯ 106

第二节　创新创业人才的人格特质 ⋯⋯⋯⋯⋯⋯⋯⋯⋯⋯⋯ 109

第三节　创新创业人才的素质结构 ⋯⋯⋯⋯⋯⋯⋯⋯⋯⋯⋯ 113

第四节　创新创业人才的能力模型 ⋯⋯⋯⋯⋯⋯⋯⋯⋯⋯⋯ 118

第四章　创新创业教育的价值承诺 ⋯⋯⋯⋯⋯⋯⋯⋯⋯⋯⋯⋯⋯⋯⋯ 124

第一节　高质量高等教育命题的提出 ⋯⋯⋯⋯⋯⋯⋯⋯⋯⋯ 124

第二节　高质量高等教育的核心内涵释义 ⋯⋯⋯⋯⋯⋯⋯⋯ 126

第三节　高质量高等教育的主要认识误区 ⋯⋯⋯⋯⋯⋯⋯⋯ 129

第四节　创新创业能力的生成机制 ⋯⋯⋯⋯⋯⋯⋯⋯⋯⋯⋯ 132

第五章　创新创业教育的理论创新 ⋯⋯⋯⋯⋯⋯⋯⋯⋯⋯⋯⋯⋯⋯⋯ 140

第一节　创新创业教育的逻辑前提 ⋯⋯⋯⋯⋯⋯⋯⋯⋯⋯⋯ 140

第二节　创新创业教育是本土化理论建构 ⋯⋯⋯⋯⋯⋯⋯⋯ 148

第三节　创新创业能力培养是新时代呼唤 ⋯⋯⋯⋯⋯⋯⋯⋯ 158

第四节　创新创业能力培养是人生必修课 ⋯⋯⋯⋯⋯⋯⋯⋯ 166

第六章　创新创业教育的本体追问 …… 185
第一节　创新创业教育的本原追问 …… 185
第二节　创新创业素质的价值理性底蕴 …… 187
第三节　创新创业能力的工具理性底蕴 …… 197
第四节　创新创业能力的生命实践意蕴 …… 205

第七章　创新创业教育的目标追求 …… 218
第一节　创新创业教育的基本目标 …… 218
第二节　创新创业人才的典型素质特征 …… 226
第三节　创新创业人才的核心素质发展过程 …… 232

第八章　创新创业教育的未来展望 …… 238
第一节　创新创业教育必须坚持的六大原则 …… 238
第二节　持续突破创新创业教育的障碍机制 …… 242
第三节　优化创新创业教育的实践途径 …… 252

主要参考文献 …… 262

后　记 …… 276

绪　论

第一节　创新创业教育研究的缘起

一、对自身学术经历的反思

为何要研究创新创业教育？这是我经常对自己做的一种不自觉的审问。因为对我而言，这是一个新课题，也是一次新选择，不得不格外慎重，因为每次选择都意味着一次学术研究的转向。深受学术环境的影响，我在不知不觉中已经进行了多次学术转向，似乎从没把学术志趣固定在某个点上。我虽然始终对方法论问题感兴趣，但无法把它作为唯一的兴趣，而且它也不是始终占据主导地位的兴趣。因为许多兴趣的生成并非主动的，而是对学术环境变化做出的反应。

这次选择创新创业教育作为研究主题，应该算是我的第六次学术创业。学术本身就是一个创新的事业，不创新就没有价值；但要创新成功就必须具有长远志向，慎重谋划，不能轻率涉入。既然选择，就意味着必须成功，无论付出多么大的努力，都是值得的。无疑这就是一个学术创业过程，当然也是一个标准的创新创业过程。可以说，所有在学术上具有成就的人，都是创新创业的成功者。也许他们最终会放弃学术作为职业，去选择其他职业，如从政为官,下海经商,但从发展阶段上来说,他们也是一个学术创业的成功者,当然也能够以创新创业成功者自居。

如此说来,无论从事哪个行业,要想成功,始终固守过去的知识经验或行为模式行吗?答案是否定的!如果不改变过去的认知模式,不改变过去的行为模式,就无法应对新的环境;一个人要进取,要成功,就必须适应环境,就必须创新。所以,成功与创新联系在一起,成功本身就是创业的证明。任何人,只要是在摸索,只要是在不断努力,只要有自己的理想支撑,那么他就是在进行创新创业。把这个道理研究透,并把它传播出去,让更多的人受益,特别是让正在成长中的青年大学生受益,使他们获得成长的动力,无疑具有巨大的社会价值!这样的工作值得去从事!于是我决定挑战这个新领域,决定毅然决然地走下去,无论前面有多少艰难险阻,都要坚持下去!下面简略回顾一下我的创新创业历程。

第一次学术创业选择的主题是关于高等教育与市场经济的关系研究。我对市场经济具有无限的向往,意识到高等教育必须主动适应新的经济形式的要求,而且要积极推动新的经济形态成长,意识到自己作为高等教育学者肩负的学术使命,我的硕士毕业论文就是这一主题探讨的开端。可以说,探讨该主题促成了我第一次学术生产高峰期的出现。记得1993年,我破纪录地发表了17篇论文,创造了自己学术生涯的一个"奇迹"。我当时为自己作为改革大潮的"弄潮儿"而欢欣鼓舞,愿意为经济改革和教育改革探索道路鼓与呼!这个选择是无意识的,受改革大环境的吸引。

第二次学术创业的主题是高等教育大众化研究。当时高等教育大扩招开始拉开序幕,中国高等教育大众化该怎么走令学者们非常忧心,我担心高等教育质量问题,关心中国高等教育发展命运。在当时文献资料和现实资料极其有限的情况下,我开展了对中国高等教育大众化发展前景的哲学审辨,并意识到高等教育大众化的命运是走向个性化。大众化与个性化,似乎是一个相反的命题,但我相信自己找到了高等教育发展的规律,并毅然决然地提出了这个命题,这也是我博士毕业论文的选题,而且获得了导师和答辩专家的一致认可,特别是我的博士论文《大众高等教育论——高等教育大众化的文化个性向度研究》还获得了广东教育出版社"优秀出版基金"的资助,并得以出版,从而为我的学术成长奠定了坚实的基础。

第三次学术创业的主题是进行教育研究方法论研究。我一直对如何使教育知识变得更加可靠、可信具有兴趣,这源于我对教育知识的科学性的质疑,所以我一直希望自己能够探讨何谓真正的教育知识,只有解决了教育研究方法论问题才能找到真正的答案。因此,我把教育研究方法论研究作为学术远征的主题,甚至认为这可能是我最终的学术选择。该主题非常艰涩,我已经感受到它的难度、深度与高度——因为这是多少代教育学人未曾真正跨越的主题。可以说,自从我步入教育学大门就开始有了探讨该主题的念头,进入研究生阶段就更加强化了该想法,但直到研究生毕业后独立开展研究工作,我才把它作为真正探讨的主题。最早,我探讨的是教育理论与教育实践的关系问题,这属于方法论研究的旁支,直到《论高等教育学逻辑起点》的发表,才代表我真正进入了该领域。博士期间的《教育学的三重视界》《论高教研究的四种范式》两篇论文的发表,使我确立了方法论探究的自信,因为两者均发表在《北京师范大学学报》(人文社科版)上,影响力可见一斑。这两篇文章也是我申请正高级职称的代表作,并且奠定了我持久开展教育研究方法论探讨的决心。后来,《教育学:学科还是领域》《论教育研究的基本方法论》《论教育研究方法论的特征》《人种学:教育研究的一种根本方法》《教育学:人文科学抑或社会科学》《对高等教育"适应论"的理性再审视》连续发表,标志着我已经形成了系统认知。最终,《教育研究方法论与高等教育学建构》一书出版,完成了我对该领域研究的系统总结。

第四次学术创业的主题是终身教育研究。这是一次无意的选择,也是一种权宜性选择,这是我为适应新的学术环境进行的一次仓促选择,也是一次过渡性选择。虽然该主题并非一个新领域,但仍然极具挑战性,因为要做出创新成果更难。之所以做出这个选择,缘于一次偶遇。我偶然有机会参与了郝克明先生的终身学习社会与终身学习体系构建的课题组,负责协助谢维和先生做终身教育基本理论问题研究。碰巧我曾在《教育研究》上发表过《论终身学习社会与教育转型》的文章,所以不完全是作为一个素人参与这个课题。正是因为有参与郝克明先生课题研究的经历,所以当遇到有终身教育研究的课题时,我毫不犹豫地决定申报科研项目。第一个是985平台研究项目;第二个是人文社科重点研究基地重大项目。两次研究,我出了两本专著,第一本是《终身教育体系的建构——全面小康社会的呼唤与回应》,第二本是《心灵的解放与重塑——个性哲学的终身教育论》,这两本书使我在终身教育领域有了立足之地。

第五次学术创业的主题是现代大学制度研究,这也是我进入厦门大学之后才确定的。我有感于现实的学术环境纷扰、学术生态不佳,产生了一种要为中国构建理想的大学制度的豪情壮志,所以把很多的精力用于对现实状况的批判和对未来理想制度的构想上,故而该领域也是我发文最多的领域。从《论现代大学制度内涵及其规定性》作为该领域探索的处女作开始,到《中国文化与中国大学模式》的刊出,连续发表40余篇文章;《中国大学模式探索——中国特色的现代大学制度建构》一书出版,标志着我对现代大学制度研究进行了一次系统总结。

第六次学术创业就是把创新创业教育作为主题进行探讨。这次的开始是不自觉的,后来逐渐转变为自觉的。我很早就开始了对"现代人"主题的探讨,但只是作为一种业余兴趣出现,没有作为学术创业主题;之后开始了"创新型人格"的探索,侥幸获得了课题立项资助;后来从事"大学创新教学"主题研究,主要是对我进行教育改革探讨的学术整理,似乎这些研究都是在无意中向创新创业教育主题汇集。如果说《大学创新教学理论与实践——后现代大学来临与回应》一书的出版,属于我在大学创新教学领域的开创之作,那么这本《创新创业教育新论》的出版,将是我在创新创业教育走向学科化的奠基之作,因为我将在这本书中系统地阐释中国本土特色的创新创业教育的理论基石——创新创业能力构成理论,为创新创业教育科学地推进提供理论指导。想到该工作的意义,这激励我一定要写好这本书,这可能是一个千秋基业。

这次学术创业是我研究兴趣重大转折的标志。因为之前我的学术研究基本上都是独立完成的,而这次不得不依靠团队来完成。个体研究范式是思辨研究,只要想象力丰富、批判意识强、逻辑思维能力强、知识面广、体系设计完美、写作能力强就足以胜任,而创新创业能力研究则倾向于实证研究范畴——这单靠个人想象力是无法解决的,即使批判能力强、逻辑思维能力强也不行,更何况必须进行大量的调查研究和定量分析,这就必须组织团队来完成。虽然基础理论部分仍然需要进行思辨研究,但它在整个研究过程中仅仅是一个前提性工作,而不再是主体部分。虽然构建科学的理论基础是异常重要的,但它无法替代实证研究作为主体这个事实,因为无论多么好的理论,如果不能接受实证检验,就难以作为科学理论而存在。为了使创新创业能力理论更加科学,我们必须对它的哲学前提进行追溯,这就是我写《创新创业教育新论》一书的初衷。

我们知道,创新创业教育的核心主题就是创新创业能力的构成问题。创新创业能力是如何构成的,构成的原理是什么,是创新创业教育面临的基本理论问题。不解决创新创业能力构成问题,创新创业教育努力的目标就无法确定,后续的教学计划也就无法开展,更无法进行专业的创新创业教育。目前,创新创业教育仍然属于经验层面的探索,即将一些创业成功案例进行复制和推广,希望从中获得借鉴,并没有解释"是什么"和"为什么"的问题。显然,要解决"是什么"的问题,就要回答"创新创业能力"是如何构成的问题;解决"为什么"的问题,就要探讨创新创业能力构成原理的问题。

目前,创新创业教育仍然是一个新概念,人们并未真正把握其实质内涵,为此就需要进行科学的阐释。阐释的重心无疑应该聚集在"创新创业能力"这个概念上,因为能力培养是现代教育的重心。创新创业教育也是如此,必须把重心聚焦在大学生创新创业能力的培养上。当我们聚集在大学生创新创业能力的培养上,也就找到了高等教育质量建设的关键所在!

二、有感于大学生人生迷惘

我之所以研究大学生创新创业教育,是为了实现自己内心的一个祈愿,即为大学生的能力增长和提升提供一个科学的参考系,告诉大学生真正的能力是什么,该如何衡量自己的能力,从而促使他们进行自我反思,引导他们去认识真正的自我,并主动地实现自我。所以,我从事大学生创新创业能力研究的基本目的,就是界定创新创业能力的真正内涵,向人们展示人人都具有创新创业的潜能。一个人只要立志成才,就一定能够激发自己的创新创业潜能,并且把自己培养成具有较强创新创业能力的人。这个看似相对微薄的想法,其实也蕴含着巨大的愿望,也可以说是一个天大的宏愿:引导众生找到自己人生成长的坐标,实现真正的自我潜能,引导自我不断走向超越,即不满足现在的自我状态,走向一个理想的自我境界。因为我相信,"实现自我"这个目标是普遍具有的,而不是个别人才有的,只不过人们对它的意识程度不同而已。

我在长期的生活实践和学术探索中得出了一个基本判断:人只有通过不断创新,才能获得真正的发展!如果没有创新动力和创新能力,就无法获得真正的发展!因为,发展必然是主动的,只有创新才能使人主动做到真正的发展。创新意味着要更新自己的认识方式,简言之就是要更新自己的观念,淘汰落后、过时的认识,使自己的认识与环境发展要求相适应,而人正是在不断适应环境的过程中才得以认识自己。所以,人只有创新,才能认识真正的自己,没有创新,人就无法认识一个发展中的自己。

如果一个人不能真正认识自己,那么他的行为就充满了盲目性。人只有在认识了自己是谁之后,才会努力去实现自己的理想目标。我们知道,每当一个人需要创新的时候,恰恰就是他遇到困境的时候,也正是他需要认真审视自我和做出改变的时候。改变,无疑就是改掉自己思想认识不适应的地方,变成一种与环境发展要求相适应的认识方式,因而改变的实质就是创新。而且,只有创新才是一种真正意义上的改变,也只有一种正向的改变才是发展。因为这里的改变是一种主动的改变,不是被动的改变,是个体主动改变自己不适应的地方,努力使自身与环境达成和解,即追求一种和谐状态。不然,人就与环境处于一种对抗的状态,这就容易使个体产生焦虑,甚至是恐惧,更多是两败俱伤,显然,这绝对不是一种理想状态。中国人追求"和"的意蕴正在这里,世界追求和平的意义也在这里。当然,这个"和"不是简单的妥协,因为简单的妥协意味着退缩、忍让、丧失尊严,而非积极谋变图强。追求和谐是一种积极抗争的过程,而简单的屈服就是一种放弃自我或否定自我的状态,唯有斗争才能保持自我和提升自我。这也意味着,绝对和平是不存在的,斗争与和平是共同存在的。"和而不同"正好揭示了这个真谛。

中华民族自古以来就有"变法图强"一说。今天人们说的"创新是一个民族的灵魂""创新是一个民族不竭的动力之源",这都是新时代的表达方式。对于一个民族而言,如果不创新就只有死路一条,只有创新才能为自己赢得生机;对于一个人亦然,只有创新才能把握发展机遇,不然就会陷入故步自封的状态。但现实中人们往往都有惰性心理,表现为保守的心理,即不少人总想坐享其成,认为创新有风险,所以不敢尝试,其结果是"人无远虑、必有近忧",最终必然是坐吃山空或坐以待毙。

创新,说到底也是一种应对困难的态度。没有谁是为了创新而创新,大都是因为不创新就没有出路才不得已而为之。所以,创新既是被逼的,也是主动的。被逼的,意味着不创新就没有出路;主动的,意味着只有充分开发能动性,才能杀出一条血路,谋得新的发展机遇。就此而言,创新就是人生的一种必然境遇,是无法躲避的,躲避就意味着毁灭,这也是"适者生存"竞争法则所揭示的基本原理。至于如何才能实现真正创新,什么才是高质量的创新,那就是对个体潜能和组织发展潜力的考验了。无论是个体还是组织,都必须基于自身的实际条件进行创新,也都是在现有基础上的创新,都不可能完全脱离自己的实际情况而进行创新。就此而言,创新是不可复制的,都是个性化的。

所有的创新都是在自己面临的有限可能中进行的最优选择,从而也是一个理性抉择过程。自然而然,一个人的经历越丰富,其选择的机会就越多,那么成功的可能性就越大。所以,人的视野往往决定了他的事业。一个人如果见识非常短浅,自然不可能有很大的创新;相反,一个人如果见识高远,就会具有恒心并付出长远努力,最后就可能实现重大突破。

创新无不是人在危机状态下做出的主动选择,没有谁不是经过一番痛苦挣扎才实现目标的。在发展的道路上,一个人的思虑不管多么周密,要想在行动中完全不"碰钉子"基本上是不可能的,"碰钉子"后心理遭受挫折也就不可避免。如果一个人有了充足的心理准备,那么在行动中遇到再大的挫折也能够承受;如果一个人缺乏必要的心理准备,往往就难以承受巨大的挫折打击。人对自我的期望越高,就容易遭受越大的打击;降低对自我的期望,遭受打击的程度就可能小一点。

同样,创新成功也绝不是简单尝试的结果,而是因为找到了自我发展受限的真正制约因素,进而又找到了克服这些制约因素的有效方案,并且敢于去实践这种方案,甚至在实践过程中不断去矫正和完善这种方案,才使自己一步步地走向了成功。可以看出,创新是一个科学探索的过程,它不仅是一个寻找制约自我发展真正原因的过程,而且也是一个找到解除对自我发展根本制约因素的过程。显然,想找到理想的实践方案并非灵光一闪就能出现,也不可能一下子就找到,而是一个艰苦的探索过程,总是在实践中去检验解决方案,促使它一步步走向成熟。人在制订自己实践方案的过程中,总是把自己所拥有的各种资源的潜力挖掘到最大、发挥到极致,同时又极力避免造成过度挖掘的状况,从而避免使自己承受难以预料的后果。这说明,人作为理性动物,总是在趋利避害的过程中寻找最为合适的行为策略。故而,人的行为既不可能是一种完全的利他主义,也不可能是一种全然的利己主义,这两者在现实中都行不通。很多时候,主观的利己主义往往具有客观的利他效果,所以这种利己主义能够被社会包容;同样,虽然很多是从利他主义出发的,但最终也收到了利己效果。因为利己与利他是相对的,在一定条件下可以相互转化。所以,在任何时候,利己主义必须在社会可承受的范围内才行;利他主义也必须能够得到社会的充分认可。否则就是为自己未来的发展设置障碍。显然,这种行为是短视的,甚至是愚蠢的。

所谓创业,最基本的意义就是为自己创造立身或生存之本。如果把创业简单地理解成谋生就显得太浅薄了;同样,把创业理解成赚钱也太庸俗了。从根本上说,创业就是要设计理想的自我,并努力地去实现。人必须首先看看自己究竟适合做什么,一旦自己认定了这样的目标,就必须努力地做下去。真正的创业是快乐的,因为这是在向着理想目标努力,每一次努力都是在接近理想目标,所以这种创业就是快乐之源。如果把创业简单地理解成赚钱,就是在为自己的人生设限,从而让自己的人生背负枷锁。人如果一心只想着赚钱,就难免会生出各种贪念,压迫自己去做什么或不做什么;就会让自己不自觉地去与别人进行攀比,从而不会再有快乐可言。如果想去追求自己的理想目标,就去做一种有意义的事业,这会让人体验到其中的价值蕴涵,体验到自身人格的伟大,从而在不自觉中产生一种崇高精神,促使自己的行为产生神圣感,最后取得的成功感用言语是无法形容的。

三、为自我价值的充分实现

把创业当成理想自我的追求,是一种人生境界的体现,如果体会不到位就不可能产生这样的认识,这就是主动性人格与被动性人格的差别所在。主动性人格把自己设想成具有贡献的个人,而被动性人格常常认为自己做某种事情是被迫的、无奈的,他认识不到行为的积极价值,也体验不到善的价值,所以也感受不到行善的快乐。当然,从本质上讲,是因为具有被动性人格的人缺乏对善的理解和行善的能力,其行为价值还难以被人们发现,努力往往是没有目标的,也不是主动的,因而是缺乏创造的。只有一个人认识到该做什么的时候,他才能成为一个主动的人,也才可能变成一个具有创造性的人。"该",是一种责任体现,也是一种主体精神体现。当一个人认识到自己该做什么的时候,说明他开始具有主体思想,开始设计自己,开始具有人格理想。否则他只能是一个被动的存在,只是为了完成外在交给的任务。所以,主体性是人的本质特征,没有主体性,人只能靠本能生活。当人具有了主体性之后,才开始设计自己,思考自己的过去和未来,找到自己通向未来的道路。

　　创业过程说到底就是一个推销自己理念的过程,也是一个寻求社会支持的过程,更是一个展示自己"美好"人格的过程。推而广之,创业过程也是一个行善积德的过程,只有你是善的,才能得到别人的支持,只有你做的事情对别人是有利的,别人才会接纳你。如果你不能展现你的善性,那么自然就不会被别人接纳。所以,善或德性是一个人最大的资本,人们经常说的人格魅力也不过如此。只有你做得越好,别人才会越支持你,越想帮助你。你能够被人帮助的只有你的德性或德行而不是其他的,人的能力只是德性的表现而已。能力所展现的无外乎你负责的态度,肯于钻研的精神,以及不断努力和进取的人性品格,当然其中也包含你的天赋。天赋之中所包含的首先是你能够识别真假善恶和对美好事物的鉴赏能力,这些都表现在你的趣味或习惯倾向之中。正是这些趣味或习惯倾向,才使你与其他人区别开来。如此,你的追求就是别人所信任的,从而也希望去支持你。反之,人们就不可能去支持你,因为没有什么是无缘无故的,一切都存在于一定的因果关系之中。这也是康德所发出的"仰望星空,心中只有神圣的道德律"感慨的缘由所在。

在现实中，人做好自己不容易。做好自己，首先需要有一个好的目标，一个美好的理想，这个理想中不能只有你自己，还应该有社会，有他人，有自己应尽的义务。为什么世人很难成功？因为绝大多数的时候他们想的都是自己。因此，创业本质上就是创建一种善业，只有善业才能不断壮大。行善即是得道，正所谓"得道多助，失道寡助"。创业从本质上讲就是让自己安心，让自己精神安宁，尽量使自己的灵魂归于不朽，而非为了短暂的物质利益。目前，人们把创业严重庸俗化了，似乎不为了赚钱就不是在创业。如果只是为了赚钱，不能为他人创造价值，这样的创业还有存在的价值吗？

创新、创业两者之所以是联系在一起的，就是因为人们在想到自己困难的时候自然也想到了别人，人们在为别人服务的时候也就间接地成就了自己。所以，无论是创新还是创业，都是在调整自己与社会的关系，为了正确认识自己，进而与社会建立良好的关系。与社会建立良好的关系，也包括与自然建立良好的关系，因为我们的生活使我们无法把自然与社会完全分离开来，而且我们逐渐地使社会成为自然的主导者，所以从本质上讲，创新创业的目的就是使自我逐渐与世界取得一种和谐关系。这种和谐关系，是一种良性的可持续关系，当然也是一种相互促进的关系，进而使自己身心相互统一的关系。

第二节　创新创业教育研究的目的

一、探究创新创业教育的逻辑起点

关于创新创业教育，我形成了自己的独特假设，认为创新创业教育的目的在于每个生命体价值的自我实现，即实现每个生命体内在的独特价值；认为每个生命体都具有创新创业的潜能，这是每个生命体存在于世界上的根本理由和价值取向;认为创新创业教育功能就是为每个生命体的内在价值实现提供充分条件;认为这代表了教育发展目标指向。所以,创新创业教育是教育发展的理想形态。① 换言之,创新创业教育才是真正的教育本质所在,如果教育不以促进每个生命体内在的创新创业潜能实现作为自身发展目的,那么就不是真正的教育,也不符合教育伦理,进而也违背了教育正义原则。这就是我从生命哲学视角探讨创新创业教育的根本出发点。

这种假设的形成,实际上是对目前流行的创新创业教育实践进行反思的产物。因为目前流行的创新创业教育不是真正意义上的创新创业教育,而是一种严重形式化的创新创业教育,也可以说是一种运动式的创新创业教育,尽管这种运动逐渐走向冷却。虽然我们不能说这种运动式的教育完全没有作用,但这种运动式的创新创业教育非常容易给人造成误解,把人引入歧途。其中最大的歧途就是把人引入一种纯粹的功利追求,如为了满足刷学分的要求,追求外在的标签的东西,追求表面的成功,而不是真正自我价值的实现,学生在其中并未找到自我发展的真正方向。

我们发现,目前不少高校开展的创新创业教育非常注重形式:一定要成立专门的创新创业教育学院,要开设专门的创新创业教育课程,不然好像重视程度不够;一定要举办专门的创新创业活动,不然就显得缺乏有力措施;一定要有专门的创新创业教育基地,不然就显得开展的水平不够高;一定要有专门的创新创业导师,不然就无法责任到人;一定要有专门的创新创业项目,不然就没有具体的抓手;一定要参加专门的创新创业比赛,不然就无法显示自己的实力;一定要获得专门的创新创业奖项,不然就难以展示创新创业教育的成就。这就形成了创新创业教育"八一定"法则。不过这八个"一定"大都无法真正落实,因为要完全齐备的话就需要大量人、财、物的投入,多数学校都无法承受。事实上,绝大多数学校都还没有真正搞清楚创新创业教育的

---

① 王洪才.创新创业教育的意义、本质及其实现[J].创新与创业教育,2020,11(6):1-9.

本质究竟是什么,不知道究竟谁适合搞创新创业教育,也不知道最终能够达到什么结果和应该达到什么结果。似乎获得了专门奖项就是成功了;有了专门基地就是合格了;成立了专门学院就是重视了;参赛了就代表有实力;开设了专门课程就代表有水平;有专门项目就代表与实际结合了;有专门导师就代表是个性化培养了。而在一线从事教学工作的人都知道,这里面的"水分"真的不小,因为它们是一种运动,不是一种扎扎实实的教育活动,是教育不可能这么热闹,教育必须踏踏实实,必须遵循规律,必须尊重事实,不能大搞包装,特别是靠包装获胜。这种过度包装化的做法实际上是毁了创新创业教育,因为这给人们造成了严重误解,似乎这就是一种正规的创新创业教育。实则不然,创新创业教育并非以追求外在功利为目标,而是以实现学生自我成长、主动成长为目标,以培养学生的创新创业能力为核心,以养成学生具有创新创业精神为基础,是通过提升学生对人生目标和意义的认识来达到学生实践能力水平的提升。可以说,这是一种"时雨化之"的行动,这才是真正的教育,不能被表面的、眼前的利益所诱惑和裹挟,而是对人生的自我决定和主动决定,是作为人生重大选择而出现的。

基于此,我们必须对过度形式化的创新创业教育行为进行反思。我们不反对创新创业教育必须采用一定的形式,但形式必须服从于创新创业教育本身的需要;我们也不反对采用一定的市场化机制推进创新创业教育,但市场化不能喧宾夺主;我们亦不反对创新创业应该创造价值,但这种价值创造不应该都是眼下的或即时的或物质的,而更多的应该是长远的、未来的、精神的。目前的创新创业活动虽然也可能在某一方面创造出重大价值,但这是偶然的,概率是极低的,而且属于极少数的天才群体,很难适合于绝大多数学生。我们的创新创业教育应该是面向全体学生,绝不是只是为了这极少数学生。如果是为了这极少数人,我们完全可以采用特殊的形式来进行,比如举办创新创业教育班(如有的学校成立了"老板班",类似商学院的 MBA 或 EMBA),而不必进行大规模创新创业"教育运动"。

所以，创新创业教育的真正价值在于让每个大学生都能够发现自己人生的价值和意义，从而主动地去追求和实现它，进而在成就自己的同时也能够为社会做出贡献。唯有如此，创新创业教育才算归入正途。

二、探究创新创业教育的哲学前提[①]

要搞大众化或普及化的创新创业教育就必须确立一个前提，即人人具有创新创业的潜能，不然的话就无法普遍地开展。这就提出了一个哲学命题：是否每个人都具有创新创业潜能？显然，只有回答是肯定的，普遍化的创新创业教育才是可能的，才能成为一个真命题，否则就是不可能的。如果说创新就是指科学发明，创业就是指独立创办企业，那么，对于一般大众而言显然就是天方夜谭。如果说创新的意义是指实现自我革命，最终实现自我超越，那么无论谁都具有这种潜力，不然一个人就无法真正发展，因为每个人都是在不断的自我超越、自我革新的过程中成长起来的。从哲学的角度讲，每个人在成长过程中都会遇到一系列的挑战，也可以说人在一生中处处都会遇到挑战，都需要去面对，都要求改变自己的认知方式，只有改变自己才能适应新的环境，这实质上就是一个创新过程。

创业也是如此。创业不外乎为自己建立持续发展的基业，这个基业必然是从谋生开始的，即先找到人生的立足点，然后逐渐以实现人生理想作为奋斗目标，中间必然以满足社会需要作为过程和手段，因为满足社会的需要是获得社会支持的前提，否则就无法谋得生存的基础，当然也无法实现人生的宏大目标。所以，满足社会需要是一个人获得成功的基础，也是一个人健康成长的价值坐标，离开它，一个人就无法健康地成长。

谋生可以说既是一种被迫的行动，又是一种主动行为。作为被迫的行动

[①] 王洪才,郑雅倩.创新创业教育的哲学假设与实践意蕴[J].高校教育管理,2020,14(6):34-40.

是人们都能够意识到必须自食其力,不能做寄生虫;作为一种主动行为是人们认识到只有经济上自立才能赢得自尊和行为自主。创业完全是一种主动的行为,是在自己认识到自己的价值或潜能之后主动采取的行动,因而,行动过程也必然是一个验证自己的认知的过程,同时也是丰富自己认识的过程。那么,这个行动过程不仅是创业,同时也是创新,因为每一个行动都会面临挑战,都在挑战自己的传统认知,都需要个体进行自我认识方式的革命,实现自我认识的超越。如此,创新创业也就融合为一体。

故而,既不存在只有创业而没有创新的活动,也不存在只有创新而没有创业的活动,因为一个人在真正认识到自己的内在价值之后就会迫不及待地去验证、去实践。这种内在动力是无法抑制的,除非个体在评估外界的风险后认为当时风险太大才会被抑制,一旦风险降低或消除,自己就会迫不及待地去实践,这几乎是一种本性或本能,从而成为人的一种发展潜能。从这个意义上说,创新创业潜能是人人都具有的,问题是它是否被重视,是否被开发,是否能够被充分表达出来。

如此,就从普遍意义上,也即从哲学意义上回答了人人具有创新创业潜能的问题。但这种哲学上的回答并不能令每个人满意,因为现实中人们的创新创业潜能是存在很大差异的,这是一个不容回避的客观事实。正是存在差异,才要求我们不能搞统一化的创新创业教育,必须具体地针对个性实施。如何针对个性实施?首先需要看个体对自己的创新创业潜能的意识程度,如果他已经意识到了自己所蕴藏的创新创业潜能,并且具有强烈的实现愿望,从而有意识地寻找实现的条件,那样就容易找到相适应的条件。唯有如此进行有针对性的也即满足个性发展的教育,才是效果显著的教育。反之,如果他压根就没有意识到自己具有这种潜能,甚至对自己的人生目标究竟是什么都搞不清楚,这样的教育往往是低效的,甚至是失败的。

所以,教育第一位的工作就是要让学生认识自己,认识自己的潜能,认识自己的成长方向。教育主要是为学生实现潜能发展提供条件,也可以说,教育的根本价值就在于开发学生的个性潜能。开发的手段就是提供各种科学知识的媒介,使之表现出个体所具有的不同的天赋,让这种差异的天赋脱颖而出,这才是教育的成功。教育绝对不是按照某个模式进行灌输,使之成为一种刻板化的"机器人",而是要培养他们成为自觉的、能动的、具有主体性的人,即他们能够掌握自己的命运,能够设计自己的前途,能够体会到自己对社会的责任,从而体现出真正的个体价值。这样个体就不是简单的生物体的存在,而是一个具有社会意义的价值主体的存在。故而发现学生(潜能)是教育成功的前提;发展学生(潜能)是教育活动的基本过程;成就学生(潜能)是教育追求的理想结果。做到这三步就是教育的成功,就是教育的自我价值实现。教育说到底就是为每个人发展提供适宜的条件。

教育机构存在的价值就在于它能够组织尽可能多的资源,为个体发现自我潜能提供比较充分的条件。其中最重要的条件就是教师,因为教师是学生成长的引路人,如果教师善于发现学生的潜能并加以引导,那么学生成长和成才的步伐就会大大加快。否则,如果教师缺乏识人的智慧,不问对象,机械地进行教条灌输,则会把每个学生的灵性僵化,使他们成为读死书、读书死和死读书的迂腐之人。我们传统教育恰恰就是这样运作的,因为它建立在一个错误的假设上,即认为每个人的天赋都是差不多的,需求也是一致的,所以,所接受的知识内容和教育方式也应该差不多,而且为了表面公平的需要,也必须进行一样的教育。这种教育机制压抑了绝大多数人的潜能成长,因为只有少数人才能适应这种机制并获得成长。显然,这是一种不怎么成功的教育。对于这种不成功的教育,又通过选拔制度使之表现得比较成功,因为人不可能是完全一样的,必然有比较聪明的、听话的和比较适应这种体制的,从而可以在这样的体制下能够脱颖而出,这就是应试教育的运作机制。但这种机制不适合培养具有创新精神和创造能力的人才,当然也无法造就大批的科学家和企业家,而造就大批的科学家和企业家才是我们这个时代对大学教育的必然要求。

科学家与企业家大都是那些为社会做出突出贡献的人。他们普遍对自我潜能挑战较大,自我发展目标定位较高,意志力较坚强,这一切使之能够通过各种挑战,最终走向成功,成为创新创业成功的典范。所以,创业成功不是仅属于企业家,成为科学家也是一种创业成功,只不过后者所从事的是科学事业,而不是企业家所面对的商业。科学家搞发明创造,企业家同样搞发明创造,只要他们把自己的创意运用到解决社会生活实际面临的问题,克服生产和运营所面临的困难那就是在创新。这是因为他们创造了前人所没有的东西,解决了前人没有解决的难题,尽管这些不是对科学理论命题的解答,但仍然具有非常强的创新意义,而且具有直接的经济价值,能够直接创造出物质财富,这也是当前社会需求最迫切的而且是海量的,也为大众创业、万众创新提供了空间。

就创新与创业的含义而言,至少可以分为两重:第一重的含义是从个体意义而言。即只要实现了自我认识的革新就是在创新;只要实现了行为模式的转变就是在创业。一个人往往通过认识方式的转变而为自己确立新的人生目标。人们要实现这个人生目标就必须不断改正自己的行为模式,当一个人确立了自己的奋斗目标并努力追求它,就是在创新创业。第二重的含义是从社会层面而言。即当一个人为社会提供了新认识,改变了人们传统的认识方式,这就是他的创新成果;如果他为社会创造了财富,无论是精神的还是物质的,都是创业成功。所以,第一重创新创业是指超越了传统的自己和实现了自己新的发展;第二重创新创业是指超越了前人和发展了前人。从学理上讲,这两者是统一的。只有先实现个体层面的创新创业,才可能实现社会层面的创新创业;而从本质上讲,社会层面的创新创业仍然从属于个体层面的创新创业,只不过此时个体的认识与实践都已经走在了社会前沿。所以,第一重含义的创新创业更具有普遍意义,更接近于哲学层面的理解。现实中人们思想上存在一个很大误解,即试图不承认个体层面的创新创业而直接达到社会层面的创新创业,这实际上是一种舍本逐末的行为,因为只有重视个体层面的创新创业,才可能实现社会层面的创新创业。换言之,今天的创新创业教育,也必须从重视和开发个体潜能出发,舍此并无他途。

我们今天所注重的只是科学意义上的创新,主要是从社会层面上所理解的创新;我们今天大力开展的创业教育,也是从社会含义层面出发的创业。如果这两者不回到根本,不从提升人的创新潜力出发,不从培养人的奋斗意志出发,那么,创新创业教育也就成了无源之水、无本之木。

三、探究创新创业能力发展的结构模型

如前所述,创新创业教育基于每个人都具有创新创业潜能的假设,正因如此,创新创业教育才可能把每个人培养成具有创新创业能力的人。那么,创新创业能力结构在不同人群中是否不同?回答是肯定的。正是因为存在能力结构的不同,才出现多种多样的创新创业实践。但创新创业能力的基本结构是一致的,否则就难以具有创新创业活动的特征。创新创业究竟需要什么样的能力结构?不同的人回答是不同的,因为每个人对创新创业的体验是不同的,而创新创业活动几乎涉及人的所有的素养。要找到创新创业能力的基本结构,只能根据创新创业的行动逻辑推导其能力构成单元。

我们根据长期的田野观察和实践反思,认为创新创业的第一个能力单元就是自我认知能力,在创新创业过程中的具体表现就是目标确定能力。如果一个人不知道自己想要什么,那么就没有努力的方向,也缺乏前进的动力,如此怎么可能成功呢?所以,在创新创业过程中,一个人首先要知道自己追求的是什么,这才是成功的根基。

第二个能力单元就是行动筹划能力。当一个人知道自己是谁,并且给自己准确定位之后,就必然要规划自己的发展路径。在创新创业过程中,如果一个人知道了自己究竟需要什么时,必然要采取相应的行动,做好人生的规划设计,但这个规划设计不可能完美无缺,只能是开始时的一个草图,后来才

逐渐完善。

所以,我们不能相信有什么完美设计的神话,必须认识到人都是一步步建构自己的,也可以说是逐级完善自我的。一开始就制定出详细的路线图的人多半是失败的,似乎世界是完全按照自己的设计在进行,这显然是不可能的。因此,规划设计只是一个大致路线图,具体行动策略则是在执行过程中随机生成的,如果完全是按部就班的话,那只能是一些常规性的活动,是那些不具有挑战性的活动,这些活动也不可能带来充满惊喜的收获。

第三个能力单元是果断抉择的能力。就是敢于把不太确定的行动方案在现实中进行推行,看看结果究竟如何,然后再进行调整,逐步进行完善,这在创新创业活动中是无时不在的。大胆地尝试,既是一种品质,也是一种能力,那些优柔寡断的人是不具备这些品质和能力的。只有富于冒险精神的人才敢于大胆尝试。我们经常说,人生处处是冒险,就在于人生很多地方是无法设计的,所以计划太成熟是一个认识上的误区,只有不断冒险才是人生真谛。只有性格非常坚强的人才敢于冒险,因为他们不怕失败,而性格软弱的人是惧怕冒险的。所以,是否敢于冒险就决定了一个人能否成功。当然,冒险也是有限度的,不是完全的盲目行为,而是一种有限的尝试。

第四个能力单元是沟通合作能力。一个人在冒险过程中才能真正体会到合作的价值,因为合作可以降低风险,提高成功概率。合作真的是门大学问,因为合作需要取信于人,这非常考验一个人的为人处事能力,如果一个人什么责任都不想承担,估计没有人乐意与其合作。人们经常说的江湖气息,就是指这些人敢作敢当,所以才能取信于人,这就是今天我们所惯用的担当精神。所以合作能力不可能是一个单一的能力,而是一个非常复杂的能力,包括沟通协调能力、意见管控能力、树立共同愿景能力等等。

第五个能力单元是把握机遇的能力。因为机会不是随时都有的,但有了之后就必须能够辨识,并且能够成功地把握,这需要很强的能力。人只有善于把握机遇才能快速成功,这就叫"借势发力"。任何人的力量都是非常有限的,如同诸葛亮的"草船借箭",一个人必须借助外界的力量才能成功。

第六个能力单元是风险防范能力。机遇与风险往往都是并存的,如果一个人只意识到机遇而没有意识到风险的话,那么他是缺乏长远眼光的,也必然是缺乏谋略的。一个人只有善于扬长避短,善于发挥外界的优势而避免其带来的损害,才能对自己的发展产生助力。如果每个人都可以只要机会而不要风险的话,那么就没有失败者了。所以,在社会上能够既得到好处又不受到侵害的仅仅属于少数人,甚至可以说是幸运儿,而且这样的人也必然是强者,因为只有他们才能防范社会中隐含的风险。

最后一个能力单元是逆境奋起能力。因为不管你怎么规避风险,有些风险还是无法预料,所谓"智者千虑、必有一失"就是这个道理。在这个时候,究竟是相信自己的能力还是听从命运摆布,其结局完全不一样,只有那些能够在逆境中仍然具有奋起能力的人才能最终走向成功。

我们认为这七个能力单元具有普遍性,即任何一个人如果想获得成功,就不可能脱离这七个方面能力的发展,如果任何一个能力存在缺失,那么就无法成功。这些能力当然也是创新创业活动不可缺失的基本能力,从而成为创新创业的基本能力结构。

通过以上分析,我们可以得出一个基本认识,即创新创业能力绝不是某个单一的能力,而是一个系统性的能力,在每一个关键能力背后还隐藏着一系列能力。我们所列举的这些关键能力只是因为它们在走向成功路上表现得最突出的,当然也是无法绕过的能力。

这些能力虽然看上去有些复杂,但它们又是一些基础能力。之所以说它们是复杂能力,是因为每个能力都包含无数的具体能力,不是通过训练某一种能力就可以提高的,从而不能只顾其中某一部分,必须总体看待。它们对从事创新创业活动的人而言又是非常基础的,是必须面对的,无论哪一点都不可或缺,因为它们代表了一个事物发展的过程,代表了人们从事一切行为的基本流程。对于每个成功者而言,缺少了哪一个能力都是不被允许的。不同的人在各个能力表现上又有所不同。如科学家对自我发展虽然期待很高，但究竟发展到什么程度其实自己也不清楚，所以他们的成就只能来源于平常的日积月累，从而要求他们必须保持心里的宁静。对于企业家，则要求行动目标必须清楚，知道下一步该怎么做，有一个详细的规划，这样他们的行动效果才能够明显，也正是如此，他们以短期目标追求为主。所以对不同的人而言，目标、计划、合作、机会、风险、抗风险的意义都是不一样的。

四、探究环境对创新创业能力发展的影响

无论采用什么样的措施，都无法完全消除个体发展能力之间的差异，对于个体能力结构上的差异也是如此。那么，每个人的能力结构之间究竟有什么样的差别？一般而言，其中既存在着层次的差别也有程度的差别，更有类型上的差别。如一个人最终成为科学家或成为企业家，两者的能力结构之间不是程度的或层次的差别，而是类型上的差别，换言之，两者在内驱力上是不同的，具体的能力构成要素也是不一样的。

对于不同层次高校而言，大学生的创新创业能力结构应该是一致的，还是不一致的？可以说，在基本结构上是一致的，在细微结构上是不一致的。其间的差别不仅有量的，而且有层次的，甚至还有属性的。之所以如此，就在于不同类型的学生在性格、认知结构和行动模式上都会出现差别。这些差别是怎么形成的？不得不承认既有先天的因素，也有后天的因素。先天的因素就在于每个人的智力水平是不一样的，每个人的性格气质也是不一样的，这是一个客观事实，谁都无法否认。后天因素就多了，家庭环境是一个主要的因素，学校教育因素更是不可磨灭的，甚至在很大程度上改变了学生先天的能力结构。如一个人长大后的性格与小时候的性格相比发生了很大变化，这个变化主要影响因素大都是学校教育造成的，特别是教师的教学风格造成的。教师如果是民主型的风格，可能很大程度上能够保留一个人的先天的气

质类型或性格特征,如果教师是独裁型的或放任型的,则可能使一个人的性格改变甚至扭曲。毋庸讳言,教育既能够成就人,也容易毁掉人。现在学生性格中的诸多问题与应试教育体制具有直接的关系。谁能够说性格就是天生的而不是后天形成的?我们大多数学生的被动型人格几乎都与不合理的教育体制有关,特别与教师的家长制的管理方式有关。因此,关于个体能力差异,实际上是个体与环境互动的结果,这个互动就是性格塑造的过程。

如果涉及具体的创新创业实践,这里也可以做出一些基本假设。

1. 研究型大学似乎更适合于开展"创新带动创业型"教育

在研究型大学,由于学生接触到的前沿知识比较多,而且以理论思维见长,从而容易产生一些创新认识,这些认识一旦被认定是有价值的,就很容易带动他们去创办产业,如哈佛大学学生比尔·盖茨退学创办微软;哈佛大学学生扎克伯格退学创办脸书(Facebook),被称为"第二盖茨"等。在此类创新创业活动中,一般是创新思想先行,创业行动是将创新思想进一步实践。

2. 教学研究型大学似乎更适合于开展"创新创业并重型"教育

对于多数虽然从事一定研究但以教学为主的高校而言,这些学校的学生的应用能力训练比较多,应用新知识新技术的能力比较强,他们擅长运用这些新知识、新技术去解决一些生活实践实际问题,如马云创办阿里巴巴,马化腾创办腾讯公司。一般而言,在此类创新创业活动中,创新思想与创业行动是无法截然分开的。

3. 对于教学型高校而言更适合于开展"创业带动创新型"教育

高职高专的学生,他们受到的技能训练比较多,往往可以直接利用这些技能去创办产业(如开展电商工作)。而且他们往往会在应用技能、技术过程中发现新问题而不得不去解决,这样就产生了创新的需求。故而,在他们的创新创业活动中具有"创业先行、创新反哺"特点,即一旦他们进行技能、技术突破，就可以进一步反哺到他们的创业实践中去。所以，他们适宜先进行创业实践，再进行持续创新的教育模式。

这实际上说明，研究型大学的学生如果从事实际的创新创业活动的话，可能技术层次和知识含量会更高一点，当然对个体综合素质的要求也更高一些。如果把教师的科研活动也纳入创新创业教育体系中考察，就容易发现研究型大学确实存在着创新带动创业的趋势，即先有科研成果，然后去开发转化，而教学内容则往往与创新创业活动无关。高职高专的学生则可以在课堂内以项目的形式开展创新创业能力培养，即在教学改革实践中就可以开展创新创业活动，或运用创业项目的方式来带动认识方式的创新，这是一种创业带动创新的形式。普通高校则存在着相互交叉的情况，认识与实践说不清哪一个领先哪一个随后，所以是一种创新与创业"平行型"模式。

第三节 创新创业教育研究的意义

一、承担撬动我国高等教育转型发展使命

我们非常认同"创新创业教育是中国高等教育发展转型突破口"的基本判断。[①] 虽然在这一点上学术界并未达成共识，但不妨碍我们可以做出这种假设。之所以人们并未广泛认同这一判断，是因为现实的创新创业教育与人们的预想之间存在着巨大差距。如前所述，目前创新创业教育开展存在着严重形式化的弊端，由此让人们对创新创业教育的目的产生了诸多疑虑。人们普遍认为，创新创业教育的推进应该是一个扎根基层的事情，而不能完全由

---

① 王洪才,汤建.创新创业教育:高等教育内涵式发展的关键[J].武汉科技大学学报(社会科学版),2021,23(1):110-116.

上级的号召和指令包办。所谓扎根基层，是指基层必须具有开展创新创业教育的动力。基层是指高等学校中的每个教师和每个管理人员，特别是高校基层的管理者，如果他们每个人都具有参与创新创业教育实践的内在动力，那么创新创业教育就可以深入地开展，否则创新创业教育很容易变成"一阵风"，可能是仅仅浮于表面，无法把创新创业教育与教育教学改革实践联系在一起，也就无法贯穿于高等学校教育教学的全过程。如此，创新创业教育就无法承担高等教育转型发展突破口的使命。

我们知道，高等教育转型发展首先是指高等教育从外延式发展向内涵式发展的转变，具体而言是指从注重规模扩张向注重质量提升的转变，其基本蕴意是指教育改革发展的重心从注重教师的"教"向注重学生的"学"转变。如何破解这种转型发展的问题，是我国政府和高等教育学界非常关注的课题。当创新创业教育命题提出后，人们一下子发现了突破点。事实也如此，因为创新创业教育要求教育教学必须从尊重学生的兴趣出发，必须尊重学生的个性，如此才能调动学生学习的积极性，激发学生的创造性，才能使创新创业教育扎根下去，从而人们发现了创新创业教育的逻辑起点就是以学生发展为中心。按照这个脉络进行下去，就必须改变传统的教育教学方式，改变传统的课程结构和组织方式，改变传统的教学评价方式和管理模式，变革传统的教育理念和教育设计，那么，整个教育改革发展就进入了创新创业教育体系的建设范畴。当学生的主体性获得提升，创造性得到激发，教学质量获得提高，那么整体的人才培养质量就会提高，进而高等教育适应社会经济发展需要的能力就会提升。由此可以得出结论：创新创业教育作为高等教育转型发展的突破口的命题是成立的，这也是高等教育改革发展的必然选择。

创新创业教育之所以可以作为高等教育转型发展的突破口，就在于它内在地遵循了以学生为中心的逻辑。"以学生为中心"，就是承认学生在教育教学活动中的主体地位，使他们真切地认识到教育教学就是为了促进自身的发展,学生自己不能作为旁观者,必须积极投身进去,因为他们在其中能够发现自我、发展自我、成就自我和超越自我,①那么就可以在下意识中激发他们的创造潜能。同理,当学生真正得到发展之后,教师也开始重新认识自己职业的价值,使自己认识到自己新的学术使命,进而也会激发自身的创造力。当教师创造力被激发之后,会促使管理者重新认识自身的价值和意义,使其主动投身教育教学改革过程之中,服务于教育教学改革实践需求,最终,推进创新创业教育的内在动力自然应运而生。

不难发现,这一切都源于主体对自我价值的发现,源于对他自身创造潜能的发现,这是一个真正发现自我、发展自我、实现自我并超越自我的过程,这也是创新创业教育的根本价值所在。因为发现自我②的根本意义就在于发现自己确实具有能够创造价值的潜力;发展自我③就是使自己切实地具备发展创造价值的本领;成就自我④就是让自己创造价值的潜能最大限度地实现。显然,这种内在动力的激发完全靠上层推动是不可能实现的,而且也是无效的。虽然上层的动员和号召是不可缺少的,但号召和动员都需要有切实的措施,需要与每个人的发展愿望结合起来,为此必须改变目前的机械的管理方式,⑤这实际上也是创新创业教育的根本立足点。如果能够做到这些,那么创新创业教育真的能够带动中国高等教育转型。

---

① 这里隐含地有"自我中心论"意思,即自我认识是自我发展的本原,一个人只有在真正认识到自我的潜能之后才会具有自我发展的动力。外界的教育或影响都是辅助性的,而自我发现能力是根本性的。自我发现能力实际上就是一种良知,发展自我和成就自我能力则是一种良能。人从本质上讲是具有一种崇高精神的,是不甘于自己的卑微状态的,希望自我能够获得别人的承认。

② 发现自我从本质上讲就是发现自己的独特性,发现自己所肩负的独特价值使命,认识到实现这个价值使命就是自己的人生意义所在。

③ 发展自我是一种强大的内在动力,就是希望自身发展壮大起来的强烈愿望和积极地寻求发展途径的努力。

④ 成就自我,说到底,它的目的就是让自己的人生没有遗憾,这可以说是一种终极追求。

⑤ 这可能是创新创业教育推动过程中面临的最大障碍,因为它束缚了教师的创造力,限制了人们的视野,使教育与社会需要割裂开来,让人们的主要精力限于纸上谈兵。"空谈误国、实干兴邦",管理的落后制约着整个教育现代化的水平。

二、促进我国高等教育适应创新时代要求

我国过去的教育是一种精英型教育,也是一种知识传授型的教育,它是在招生规模极小且社会总体知识量很少的情况下形成的,此时对学生的要求比较低,即学生掌握既有知识即可。当时具有高等教育学历的人才供不应求,他们也被奉为"天之骄子",这也是高等教育"精英时代"的烙印。今天再按照这种模式运转已经不行了,因为今天高等教育已经进入大众化时代,从入学人口看已经进入普及化时代。现在的高等教育必须变成创新创业教育,学生需要成为创新创业人才,不能单纯依靠社会上提供的现成岗位,在必要的时候就需要自己去创造工作岗位,这也是高等教育走向普及化所提出的特殊课题。过去实行的是以教师为主导的教育,因为教师是知识的拥有者,掌握着知识的评判标准,所以在课堂上教师说了算。教师的这种地位与教育的高选拔性有关,所选拔的学生具有较高的领悟能力,具有很好的意志品质,从而能够承受学业的压力。现在要转变为以学生为中心的教育,因为学生已经成为消费者,学生的学习兴趣决定了教学质量,如果学生缺乏学习兴趣,那么教育就是低质量的,这也与教育的低选拔性即大众化有关。学生的状况在一定程度上决定了学校的教育方式,这也是大众高等教育质量观的由来。过去实行的是学生被动接受式教育,因为学生对教育内容没有选择权,学业评判标准也是由教师掌握,学生是被动的;现在要转向学生主动的探索性教育,因为要吸引学生关注,就需要以问题的方式进行呈现,以便于激发学生的好奇心,这样学生才能积极投入学习。过去实行的是就业型教育,即以找到合适的工作岗位作为目标,所以专业对口是一个主要的评判标准;现在要变成创业导向型教育,即以自我价值实现为目标,不再局限于自己的所学专业,完全可以在自己喜欢的领域重新开始。过去实行的是一种听话型的教育,教师是规训者,学生是受规训者;现在要变成一种独立型教育,每个人必须为自己负

责,需要进行一系列选择,从而个体必须具有自己的价值观和评判标准,不然就无法适应社会发展变化的要求。可以说,这是一个系列转型,转型的重心当然是学生,但中心却是教师,即如果教师的行为不变,学生就很难改变;转型的关键则是管理方式的变化,换言之,如果管理规则不变,教师行为也无法改变。说到底仍然是一个教育制度设计问题。

之所以要进行这种系列的转变,源于中国社会经济发展已经进入一个动能转换的时代。中国社会经济的发展最初依靠的是劳动密集型优势,之后转向资金密集型,又逐渐转向技术密集型,而今天则开始向知识密集型转变。知识密集型经济需要大量的创新创业人才,即敢于用新知识开辟新事业的人才。如何培养这些人才,理当成为高等教育关注的核心问题。过去高等教育关注的是如何进行现成知识的传授,而今天就必须关注如何使大学生主动地探索知识,并具有把知识运用于实践的勇气和能力。所以,大学必须教会学生如何发现知识、应用知识和发展知识,使知识成为自我发展所追求的目标,如此,他们才能成为创新创业人才。只有当高等教育能够培养出大批的创新创业人才时,才能为社会经济的创新发展提供不竭的动力资源,才能真正促进社会经济发展的转型,才能真正为中华民族伟大复兴提供奠基性的力量。

今天人们已经普遍认识到我国社会经济发展到了转型阶段,必须依靠创新才能持久地发展,这就要求高校能够培养出大批的创新创业人才。因为创新型经济需要大量的能够创业的人才,我们不能走传统的就业之路,国家也希望有大量的奋发有为的青年人才脱颖而出。中国有自己的国情,创造一个促进创新创业的适宜环境是一个需要持久努力的目标。现在政府通过举办大赛的形式来促进创新创业文化建设,这样做的出发点毋庸置疑,但效果可能出乎人们的预料。采用举办大赛的形式很容易把创新创业搞成一种运动,一种锦标赛,从而使其异化为创新创业教育目标,即高校注重培养少数能够在大赛中获奖的人才,而不怎么重视去培养大批的具有创新创业潜力的人才,这样很可能导致与创新创业教育本来目的南辕北辙的结果。

事实证明,政府的过度作为直接影响到学校的工作安排,致使学校失去了自己的独立思想和判断力,因为他们总想迎合政府的意志,从而获得政府的奖励,以便于在资源分配中占据优势地位。如此就会阻碍高校对适合于自己的创新创业模式的探讨,从而直接制约创新创业教育的深入开展,也会影响人们对创新创业教育本身的判断,这不仅会强化人们对创新创业教育的传统误解,还会导致许多新的误解产生。

我们认为,创新创业教育的真正开展需要高校解放思想,开动脑筋,充分发挥教师的主动性、能动性和创造性。如果不能解放教师的生产力[1],创新创业教育就难以深入开展。显然,目前解放教师的生产力与实行绩效管理形成了一对矛盾[2],如果不改变教师注重量化的评价方式,那么教师就无心投身于创新创业教育活动,就会满足于传统的授课方式,这样创新创业教育仍然与传统教育处于一种隔离的状态。

三、推动教育体系破除应试教育顽瘴痼疾

我们对创新创业教育功能的初步判断是它能够解开应试教育的症结!应试教育很容易产生唯分数论,忽视人的德智体美劳全面发展的需求,创新创业教育则注重人的创造性能力的培养,为此就必须尊重人的个性的全面自由发展,这是我们对创新创业教育功能的基本判断。从理想的角度讲,开展创新创业教育就应该达到这样的目标,虽然在现实中遭遇了许多困难,出现各种状况也是必然的,因为推进创新创业教育需要整体系列的转变,不仅有

---

[1] 指从计件工资制中解放出来,给教师以学术自由,让教师能够从事自己感兴趣的研究,把科研成果运用于教学,促进教学质量的提升。

[2] 这就是一个管理陷阱。如果管理不依赖基层的自觉性,而是依靠强制命令,就只能陷入一种无效管理状态。强硬的管理态度只能是把数据做光鲜而缺乏实效,无法激发人们的创造性。大学教师只有享有学术自由才能真正做出创新成果,否则就只能数字光鲜,论文泛滥,很难发挥促进社会进步的作用。

观念的、制度的转变，还有行为的转变，特别是习惯的转变。改变这一切绝对不可能一蹴而就，更何况我们对它的认识还没有达到一个统一的水平。人们心理上总是希望只做一次性的简单转变就可以了，甚至认为直接下命令就行，这显然是急功近利的心理作用，也是人们内在的投机心理在作祟，甚至是内心还存在对传统教育观念的捍卫。

　　从理论上讲，创新创业教育与应试教育在很多方面都是相对的，如应试教育非常注重外部权威，非常强调接受式学习，而创新创业教育注重个人独立判断，强调内在的标准，注重采用发现式学习。从一定意义上讲，应试教育确实是创新创业教育的对立面。虽然应试教育并非一无是处，但它的弊端也非常突出，最大的弊端就在于它对人的智力造成了极大的浪费，因为它是建立在接受式学习基础上的，把人的主要精力局限于对现有知识的接受上，忽视了对人的知识探究功能的开发，而且对人的情感价值也是一种忽视。这种学习方式不太顾及学习者的感受，即无论学习者是否情愿，都必须接受，此时人们不得不接受考试指挥棒的驱使，放弃了对人的主体价值追求。在此等情境下，人只能甘心作为学习的工具，成为知识的容器。当然，这一现象背后隐藏着一个无法挑战的事实，即人们对文凭价值过于痴迷，忽视了人自身的本体价值[①]！如果这个观念不能彻底改变，那么创新创业教育就难以真正立足。目前，文凭的符号价值实在太强大了，导致学校和家庭都高度重视，这个趋势似乎很难马上扭转过来。正是如此，中小学教育变成了一种残酷的竞争折磨，而且一切社会关系都随之变味。过去采取了许多缓和措施似乎都无济于事，如免试升学和就近入学政策也都无法缓解竞争的压力。

　　我们认为，虽然创新创业教育与应试教育两者之间并非是一种非此即彼的关系，但两者之间还是存在根本性的区别。如两者虽然都重视知识掌握，

---

① 人们对文凭价值的热衷不能被单纯地看成是观念问题，而应该被看成是社会体制问题，因为社会层级就是这样形成的，这是社会资源分配的基础。这种资源是荣誉资源或符号资源，即人们所说的标签化效应。

都非常重视外部需要,但对知识和外部需要的理解具有本质的不同。应试教育更为重视的是那种客观性知识或标准化知识(显性知识),创新创业教育则更为注重个人主观理解的个体知识(隐性知识);应试教育非常重视服从外界标准的要求,创新创业教育则非常重视参与协商与建构外部标准;应试教育注重的是满足外界的硬性需求,创新创业教育更注重适应弹性的或个性化需要。两者对主体性态度不同,应试教育往往忽视学习者的主体性,[①]创新创业教育则非常强调学习者的主体性(强调学习是建立在选择的基础上的)。前者把知识学习当成目标,特别是知识掌握后所获得的社会奖励;后者把知识学习当成过程,当成手段,没有当成目标本身,而是非常注重知识学习对个体发展的促进意义以及它所能够创造的社会价值。

如此看来,两者之间确实存在着一个模糊地带,其最根本的不同在于对学习者主体性的态度:前者是一种被迫的接受状态,后者是一种主动的探索的或带有质疑的状态;前者的学习方式往往是浅层的,后者则是深层的。此外,应试教育注重的是外部动机,与物质利益分配有关,与社会流动建立了比较密切的联系;创新创业教育注重的是内部动机,更注重精神的激励作用,特别注重对个体潜能的开发,与个体的自我追求、自我实现有关,与外在社会地位之间没有直接的联系。

应试教育从本质上讲是一种筛选式教育,它是按照人的接受能力把人划分成不同层次,从而进行一种关乎每个人终身利益的符号资源分配。在这个体制中,一个人一旦被打上优等生标签,就意味着进入了人生的快车道。正因为如此,应试教育体制的竞争强度也是惊人的,人们经常用"千军万马过独木桥"来形容,这一点也不为过。它的吸引力就在于教育所分配的符号资源是人生一切资源分配的基础,从而具有终身性,故而人们不惜把自己全部家当都压在这个"赌注"上,这是非常危险的。这种标准化考试对个性创造力具

[①] 它并非完全忽视主体性,所强调的实际上是消极主体性,如主动接受,不重视积极主体性,即个体的选择性,如兴趣爱好的作用。

有极大的杀伤力,只有少数学生才能从中受益,可以轻而易举地获胜,而绝大多数人都是"陪练"。这似乎都在反复证明绝大多数的"陪练"都是愚笨的,从而使他们的自信心受到严重摧残,使他们的人生状态也带有一层灰暗色调。

真正的创新创业教育是从尊重个性开始的,因为只有尊重个性,创新创业教育才能成功,不然就会导致失败。所谓尊重个性,就是尊重学生的兴趣,承认学生具有无限的认知能力,承认他们的一切经历都是有价值的,鼓励每个个体都能够发现自我的价值,这就要摈弃等级观念①、功利观念②和工具观念③,还原每个人的主体地位,使每个人都变成创造性的主体,不再把他们视为知识的容器。这个意义该多大啊!这是教育价值的真正实现。尽管这条道路充满了坎坷,但值得我们为此努力。尤其是创新创业教育是面向每个学生的,这个目标一旦得以实现,教育的价值将实现彻底改变。鉴于此,我们必须大力倡导和推进创新创业教育。

四、带动整个社会进行知识观学习观变革

创新创业教育需要建立新的知识观,突破应试教育知识观的束缚。从根本上说,创新创业教育就是要建立实用主义知识观,即掌握知识本身并非目的,把知识应用于实际、解决实际问题、创造社会财富才是目的。应试教育把知识掌握本身作为目的,这其实是一种假象,它实际上是把应付考试作为目的,并非用知识去陶冶心灵,去追求知识本身。只有把知识探求作为兴趣才是真的以知识本身为目的。真正掌握知识的过程离不开对知识的应用和检验,知识正是在应用的过程中受到检验,从而也为知识的完善找到了突破口。简单地接受知识并不会导致对知识的有效运用,只有结合实际学习知识,才

---

① 等级观念论者认为人与人之间是存在等级差别的,创新能力属于少数具有天赋的群体。
② 功利观念论者认为人的学习目的不外乎获得物质和功利。
③ 工具观念论者认为人不过是外在目标的工具,学习不过是获得一种训练,是为了适应外在目标的要求,而不是为了自我价值的实现。

能使知识发挥出自身的价值。这种应用性知识观也是动态的知识观、个性化的知识观。知识只有在应用过程中才不会被当成教条，才能真正发挥作用。知识在应用过程中才能检验出个体对知识理解掌握的深度与差别，也才能把个体对知识的独特理解融合进去，形成个体独特的知识结构。

应试教育是一个把人变成机器的过程，因为它习惯于把学习看成是一个知识储存与提取的过程。在它的知识观中，认为知识都是确定的、标准化的和唯一的，所对应的世界也是固定的、不变的和一一对应的，从而认为所学习的知识必然具有一个相对应的用处。没有认识到知识只是一种概括化的存在，是对事物运行原理的揭示，它只能依靠理解，但不能做一一对应式理解，那样的话知识就变成了一种简单的工具而不是一种精神信仰。知识虽然可以转变成具体的技术或操作程序，但这只是知识的末端表现，知识更多的是以原理性的关系而存在，或者说知识的高级形态是思想。创新创业教育则把人生看成是主动实现自我的过程，把人的终生都看成是一个求知过程。人生的意义就在于通过不断的尝试，找到自己的潜能所在，确立自己的人生奋斗目标，并通过不断努力，主动实现理想目标所赋予自我的使命，实现自身潜藏的价值。

应试教育所坚持的是一种系统知识学习观，即通过教师的系统讲授来传授知识，以便于学生获得系统性知识。这种学习观实际上是一种知识储存观，即认为学习过程就是知识积累过程，上大学就要把一生所需要的知识都储存下来，然后到现实中（去对号入座）再具体运用。实事求是地说，这种观念已经非常落后了，因为一个人很难知道自己一生都需要什么知识，社会发展变化太快了，各个专业发展变化也太快了，许多具体的知识往往在学习过程中就已经过时了。只有那些方法性的知识不会过时，具体的知识都容易过时。方法性的知识更加依靠理解，依靠深度学习，依靠个体的反思能力，单纯依靠传统的浅层学习或机械学习方式是不可能达到真正掌握的程度的。因为那种机械掌握的东西无法实现与现实问题的对应，从而无法灵活应用于实践中。传统的知识储存观只是试图把学习者变成知识的接受主体,没有试图把学习者变成知识的探究主体,如此接受就只能是一种简单的接受,没有从精神上接受,更没有转化为能力素质。因为学习者仅仅知道知识的表面内容,无法把握其实质,也不能灵活应用于解决实际问题。

第四节 创新创业教育研究的任务

一、澄清人们对创新创业教育的种种误解

对于创新创业教育,由于存在着过度的不恰当宣传,造成人们对它产生了很大误解。

误解之一就是人们经常把创新创业教育当成开设几门创新创业课程。这种课程往往名称比较好听,而内容却非常单薄,导致在学生心目中的地位极低,因为这些课程违背了课程设置的本义。课程设置的本来目的是培养学生的实践操作能力,现状却变成了对一些创新创业观念的灌输,而且是一批缺乏创新创业经验的人在灌输,或是一些并不真正理解创新创业本质的人在灌输。这些人中大部分都是年轻的辅导员,他们往往运用说教的方式进行创新创业思想的灌输,这与创新创业强调的唯实主义的内在要求是相悖的。

误解之二是把创新创业教育主体内容看成是各种各样的赛事活动。目前学校对各种赛事普遍非常重视,当然主要是因为学校的管理层高度重视,结果几乎是举全校之力来参赛,经常是为参赛而参赛,大搞包装和走秀之风,让人们对这种以假乱真的行为感到无奈。这些赛事已经完全超出了大学生的能力范围,使大学生变成了走台摆拍的道具,增加了人们对创新创业教育的误解。

误解之三是把创新创业教育目的直接说成是让学生创办企业。虽然这种说法并不完全错误,但比较极端。因为创办企业所要求的条件非常高,仅适合很少的人群,如个人具有强烈的意愿,且家庭具有相应背景并支持子女进行该方面探索。如果认为它适合绝大多数学生,那么显然是一个极大的误会。这就会造成社会不理解,特别是许多家长不理解。对于不少家庭而言,认为读大学的真正目的是增长知识,而不是赚钱,从长远目的看就是实现阶层的流动,而不是仅仅改善眼前经济地位。当然,绝大多数家庭都认为让大学生创办企业是非常不靠谱的,因为大学生普遍缺资金、缺经历、缺能力,甚至认为大学生去经商是误入歧途,是眼光短视的表现。

误解之四就是把创新创业教育理解为进行自谋职业的教育。这当然是一种非常不恰当的理解,因为最初出现的"自主创业"概念是对那些难以找到合适工作岗位而不得不自谋职业的人的一种鼓励。至今在许多人脑海里一提自主创业仍然存在着一种自谋职业的概念,所以,认为进行创新创业教育就是降低教育质量和要求,是一种纯粹的职业教育。

可以看出,第一种误解在于没有理解创新创业教育的真正内涵,把创新创业教育简单地理解成开设几门课程,课程开设仍然是按照传统的课程模式进行的,在教学过程中把它当成一种知识传授,从而进行一种传统的书本式、灌输式教育;第二种误解虽然没有堕入传统课程模式的窠臼,但仍然没有抓住创新创业教育的内涵,仍然没有摆脱简单化理解的弊端,其错误在于把创新创业教育当成一种活动式教育,一种形式化教育,也即缺乏创新创业教育实质内涵的教育;第三种误解在于缩小了创新创业教育范围,把这项面向全体学生的教育缩小为针对少数人的教育,从而变成了一种精英式教育,而且把创新创业教育直接缩减为创业教育;第四种误解则在于过分功利化,把创新创业教育当成一种就业教育,也即为了增加就业成功率的教育,是一种技能性教育。

真正的创新创业教育应该是什么呢?首先是一种创新创业精神的教育,

其精神实质是一种追求人生意义和价值的教育,这种教育实质上是一种通识教育。其次是一种创新创业意识的教育,其实质是让人树立一种不断创新与创业的意识,不能保守守旧,必须不断开拓进取。显然,这与第一点是一脉相承的。再次是一种创新创业能力的教育,其实质就是训练人们的认识与理解方式,让人学会批判性思考,不断地去发现问题、分析问题和解决问题,这种教育应该与专业教育相结合,从而使创新创业能力培养与时代同步,保持在科学发展的前沿。最后是一种创新创业素质的教育,其蕴含是掌握在创新创业活动中所必需的知识、技能、技巧,形成一种适应市场变化的能力素质。这种能力素质主要是指实践能力素质,如交往能力、沟通能力、团队协作能力、领导管理能力、市场营销能力等。显然,这部分能力必须与实践结合,必须找到合适的载体才能完成,项目式教学是从事该种能力素质培养的最佳方案。

这种创新创业教育思想在多大程度上能够被教师们接受?我们认为,创新创业精神教育主要是靠教师自身的言传身教进行,如果教师缺乏这种意识或能力,就无法把这种精神传递出去。显然,这是灌输式教育无法解决的。换言之,这种教育依靠的是教师的个人人格魅力,即只有老师自身具有创新创业精神,学生也才可能真正具有,否则创新创业精神的培养就不可能成功。创新创业意识教育主要体现在教师的思维模式和教学理念上,如果教师自身的思维模式是封闭性的,教学理念仍然是尊奉权威思想的灌输,那么就不可能培养学生具有创新的意识和能力。创新创业能力培养主要体现在解决具体问题上,特别是围绕专业技术领域的问题进行深入研究,在这个解决问题的过程中,学生学会思考、合作、学习和做人。而创新创业素质培养则需要通过独立的科研项目来进行,只有这种独立的项目才能使学生切身地体会创新创业的真正含义,才能把各种知识和能力统合为一个整体,才能进一步挖掘自身的潜能,也才能发现自身的不足并找到自身努力的方向。可以说,这是一种独立探索的尝试,如果缺乏合适的机会是无法实现的。

目前,很多人对创新创业教育仍然持怀疑的态度,认为创新创业教育既不科学,也不可行,故而不予支持。理由主要有以下四点:首先它是针对少数人的。即那些参加竞赛的学生,有钱的学生,急于想发财的学生,没有想到如何让大家都对创新创业产生兴趣,故而认为它没有发挥真正的作用。其次认为它是与专业教育相脱离的。这样是危险的,可能降低大学教育质量。大学教育毕竟是专业教育,脱离了专业教育,大学教育的意义就耐人寻味。虽然关于通识教育的论调甚嚣尘上,但脱离专业教育谈通识教育就没有意义,因为大学教育仍然是通向就业的教育,离开了所学专业,学生就很难有什么优势可言。再次是感觉目前进行创新创业教育的条件是非常不成熟的。此时强行推动创新创业教育,无疑是让学生去冒险,这样从道义上是说不过去的,也是不负责任的。最后认为这个提出过程没有经过深思熟虑——至今也没有人能够真正说清楚创新创业教育该怎么搞。如果在方案不成熟之际就大力推动就是草率的,故而反对它。可以看出,这些怀疑与前面的误解也存在直接的联系。

对于上述质疑,我们应该理性对待,因为现实中的创新创业教育确实存在一些弊端。但必须指出,现实状态不是创新创业教育的理想状态,创新创业教育的根本目的就是要彻底转变目前高等教育中存在的不适应时代发展的状态。我们认为,目前大学生普遍存在的被动学习状态是不能容忍的,高等教育中普遍存在的应试教育状况面临转型是必然的,推动应试教育转型是势在必行的。推动应试教育转型没有完全成熟的时候,一等就牺牲一代人,代价是非常惨重的,只能一步步不间断地推进。

二、挣脱传统评价制度造成的利益关系纠葛

"实践是检验真理的唯一标准",用它来衡量今天的创新创业教育成效并不合适,因为现实成效的取得受到多方面因素制约,所以不能单纯以效果来衡量创新创业教育的合理性。如果换成"时间是检验真理的唯一标准",可能

更确切一些,因为时间能够让许多东西沉淀下来,从而能够接受系统的检验。但我们等不起,所以只能以现实的成败来判断一个事物或做法的对错。创新创业教育在今天推进并不顺利,固然与体制机制有关,但根本在于创新创业教育背后的利益关系还没有被充分揭示!

推行创新创业教育之所以阻力重重,是因为它面临着许多现实利益关系的纠葛!要推行创新创业教育,意味着教师的角色定位和教学行为模式都必须进行彻底的转变,即他们必须从传统的学术研究者(主要从事思辨研究)变成应用型研究者(必须从事实证研究),乃至创新创业示范者(必须具有创新创业的真实体验),这个转变无疑充满了许多挑战。换言之,创新创业教育实际会触动大学教师的传统生活方式,会改变大学的整体生态,关于这一点,无论管理体制还是运行机制都没有做好准备。

现实性上讲,推行创新创业教育要求教育体制必须做出根本性的变革。因为创新创业教育要求自下而上式运行,即必须让大学自己去设计,传统的自上而下的运行逻辑很难行得通,这就需要做根本性变革。实际上创新创业教育面临着双重不足:既没有从理论上揭示出创新创业教育推进的完整线索,也没有从实践上找到它的突破路径。这双重困难却是创新创业教育必须突破的。我们认为,要从理论上揭示创新创业教育的完整线索,就必须从创新创业能力的可教性出发,必须探索创新创业能力的科学内涵和形成机理以及影响因素,还必须从哲学上揭示创新创业能力的普遍性。从实践上突破,就必须从发现制约人们开展创新创业教育动力的机制入手,揭示其中隐含的利益纠葛,合理地照顾人们的利益关切,然后才能对症下药。显然,理论探索是实践突破的前提,而实践探索又能为理论突破提供启示。

不得不说,从利益角度考虑创新创业教育面临的障碍,更符合教育改革发展的现实状况。为什么教师们普遍对创新创业教育缺乏热情呢?这是因为推行创新创业教育会在很大程度上影响他们的现实利益。开展创新创业教育不仅会直接影响他们科研时间的投入,而且也会使他们产生自身职业合法性危机的担忧！在教师考核指标越来越高的情况下，教师的科研时间投入必须随之增加，如果教师增加了教学时间和精力投入，那么科研投入的时间就会减少。创新创业教育要求教师必须增加对实践问题的关注，从而就会冲淡他们对理论问题的关注。这种此消彼长的关系直接影响到教师们的生存安全，因为教师科研时间投入降低，就可能难以完成考核指标任务。此外，如果承认创新创业教育的合理性，就必须改变过去的教学体系设计，这直接挑战了教师的能力素质，同样也会带来合法性身份危机问题！

创新创业教育要取得成功，就必须从中华民族根本利益出发，必须从广大学生发展前途出发，国家提出创新驱动发展战略就着眼于此。创新发展战略当然需要高等教育与之相适应，为此必须推行创新创业教育。过去经常把创新创业责任要么赋予饱学之士的科学家，要么赋予久经商海磨砺的企业家，而今天认为大学生也具有创新创业潜能，无疑是思想上的巨大革命。微软、苹果、脸书等成功案例，让人不得不承认，大学生确实具有巨大的创新创业潜能！我们的传统教育观念、传统教育体制和传统教育方式有可能耽误了不少创新创业天才。

在实践中，人们对创新创业教育的认识容易被各种创新创业教育现象误导。现实中的创新创业教育还主要是为了参加各种创新创业大赛，充其量这只是创新创业教育的抓手，还不是创新创业教育的目的。真正的创新创业教育是指，用创新创业的理念指导课程与教学改革实践。

说到底，人们对推行创新创业教育即将产生的变化还缺乏系统考虑，并未设计出它的理想模型。比如，新的人才规格究竟是什么样的，什么样的表现是合格的，什么样的表现是优秀的，什么状态是不合格的；达成这个合格需要什么条件，达到优秀又需要什么条件；由谁或什么机构来鉴定合格与否；这个机构和人员的资格由谁来确定。正是这些不确定性的存在，使得创新创业教育被悬置起来，仅仅成为少数人从事的一种活动，变成了一种以创办科技公司为目标的培训和竞赛活动。以这种方式来定义创新创业教育自然会遭遇很大的阻力。

三、破除大学生中读书无用论产生的根源

我们必须承认,造成大学生被动学习状态的主要原因是,传统知识体系已经不适应时代发展的需要。这种知识体系也已经不适应新时代大学生的需要,因为新时代大学生是高等教育进入大众化后才接受大学教育,是互联网时代的原住民,他们的思想方式和学习模式都发生了改变。过去流行的是一次性学习观念,现在是终身学习时代了,所以不能期望让大学生一下子接受许多知识,而是要让大学生对学习感兴趣,成为学习的主体和知识的主人。教育成功的关键是要让大学生发现自己的价值,只有让他们发现了自己的创造潜力,他们的主体性才能被激发。过去总是认为学生还不成熟,这种观念必须改变,因为过去经常把"听话"当成成熟的标志,而判断学生是否成熟应该以能否具有独立思维能力为标志。

事实上,当今大学生自主意识非常强,应试教育体制只是使他们更功利、更善于应对罢了,并未淹没其自主性。如果条件适宜,他们的自主性仍然可以爆发出巨大的创造力。在新的经济环境下,他们具有难以比拟的优势,因为他们掌握了新知识、新技术,如从事电商行业就是一个明显的例子,大学生明显比社会其他群体具有优势。所以,要充分信任大学生,发挥他们的潜能,要让他们体会到自己的价值,不能让他们始终处于一种被迫学习的状态,教育始终趋向于大学生个性的解放,这是对大学生自我价值的确认。

故而,与其让学生学习那些无用的东西,不如让学生发现自己并找到自己的价值。只有让学生发现自己的兴趣,他们才能真正成为学习的主体。学生没有成为主体,是因为没有激发他们的兴趣,所提供的知识与他们的发展要求不一致。如果看不到学习知识的用处,他们就无法激起自己的学习兴趣。

所谓读书无用论,就是指学生对学校所提供的知识不感兴趣,学生感受不到学习的价值和人生意义所在。学生之所以出现如此体验,表明教学管理

存在着严重的问题。管理部门并没有要求教师必须根据学生的兴趣与需要来设计课程,只是隐含地要求教师的课程必须具有相应的专业水准。对于教师的专业水平也没有特别具体的要求,仅仅是通过教学委员会的审查程序来提出要求。

必须承认,学生所产生的知识无用论与教学方法落后、知识体系陈旧、教师能力素质不足有关。当然,教师的能力素质是一个根本性问题,这或许是目前教师的招聘制度造成的。目前教师招聘的目的主要是服务于大学"双一流"建设和学科竞赛要求,但这些都容易牺牲教师的教学利益和学生的发展需要,也容易牺牲教师长远发展的利益,因为教师必须按照学科竞赛的要求来安排自己的工作规划,从而失去了发展的自主性。从根本上讲还容易牺牲了学校的利益,因为在这种状态下,教师的原创动力被削弱,也就影响到了高校发展的根基。教学方法直接受制于知识体系,系统化的理论知识适合于讲授法,而实践性知识就不适合于讲授法。因而知识体系不改变,教学方法就难以改变。如果教学缺乏鲜活的生活案例,就无法激发学生兴趣。

出现这种状况实际上也是一种倒逼机制,即促进管理者和教师思考该怎么设计课程才能让学生对学习感兴趣。可想而知,只有与实践结合的知识,才能让学生感受到知识的价值,才能激发他们探究的欲望。这也是创新创业教育的目的所在。创新创业教育从根本上说是教学内容与教学方法的问题,如果这两者解决了,创新创业教育与专业教育结合的难题就解决了。

不言而喻,书本知识的学习在任何时期都非常重要,关键是如何让学生感受书本知识的价值。那么,什么样的书本知识对学生而言才是有价值的?我们认为,只有与现实具有紧密联系的书本知识才是有用的,脱离实际的书本知识对学生而言是无用的。一言以蔽之,学生才是判断教学知识有用性的真正主体!这就是教学要以学生为中心的真正意义所在。过去评价侧重于学理价值,而不注重实践价值和审美价值,特别是对学习者的意义。创新创业教育要求必须改变这种评价体制。

现实中，不少大学生对老师所传授的书本知识是不感兴趣的，因为他们的专业选择具有盲目性，他们又没有转换专业的可能，他们进入大学学习是被动的，对大学的学习目标也是不清晰的。客观上他们也不想放弃上大学的机会，因为这也是一种社会身份获得，如果没有这个身份就可能要背上失败者的烙印。这种社会身份是传统观念所赋予的，个体往往是难以反抗的。故而，大学应该更宽容，应该实行弹性学制，让这些学生有更多自由探索的机会，让他们有发现自己兴趣的机会，不要让他们在学习上感觉很无助。换言之，应该创造机会，让他们找到自己的兴趣点，即允许他们边探索边前进，不再把他们赶到同一个轨道上来。

创新创业教育如何与专业教育结合始终是一个非常重要的话题。我们必须鼓励学生自主探索，不能把学生仅仅局限在专业教育范围内，除非专业完全是开放的，否则把学生限定在专业范围内是不合理的。我们认为，对于缺乏专业兴趣的学生，只要他们达到合格水平即可，即允许他们把大量的时间用于自我创业实践探索。这样也许能够培养出大批实干型人才。如果他们能够形成新的探索兴趣，也会为其进一步成长打下坚实的基础。

所以，我们相信，创新创业教育是我国高等教育改革发展的突破点，专业教育必须融入创新创业教育体系中去，培养创新创业人才是我国高等教育办学的基本目标；而且相信只有创新创业素质能力强的老师才能培养出高质量的学生。我们并不认为所有教师都具有很好的创新创业能力，因为许多教师并不愿意改变传统的、满堂灌的教学方式，这也充分证明他们缺乏很好的创新创业能力和素质。

第一章 创新创业能力的哲学审视

第一节 哲学视阈中的创新创业

一、人生必然是一个创新创业的过程

从哲学视阈看，人的一生都可以视为一个创业过程，因为人首先必须能够维持自己的生存，这是一切的基础，所谓"存在决定意识"。人必须能够靠自己的能力来维持自己的生存，这是人获得尊严的前提，人如果依靠别人生存，就很难获得自主的地位。在现实社会中，无论谁都不可能终生依靠别人而生活，即使是自己的父母也无法终生依靠，所以人最终不得不依靠自己，不得不为自己谋取生存的技能，这个努力过程就是创业。

人正是在这个努力过程中不断地理解人生的意义与价值的。人不可能孤独地活着，他必须与别人发生联系，必须与他人进行交换，必须与他人形成良好的关系。正是在与人交往的过程中，才能理解人不是孤立地活着。人不能只是为了自己，他必须认识到自己是社会的一员，而且必须学会与人合作，如此才能获得更多的生存资源，才能使自己的生活过得越来越充裕。人与人交往的过程中必然会遭遇许多困难。正是这些困难促进了自我的成长和成熟，从而也成为个人发展的机遇。所以，当人成功地克服了这些困难，就获得

了发展，就带来认知的提升和一种全新的体验。这个克服困难的过程实质上就是一个自我创新的过程，也即在这个过程中摆脱了旧思想、旧方法，确立了新思想、新方法和新行为方式，使自己获得了一个新的发展基础。

人如果要有尊严地活着，就必然要经历创新创业的过程。一个人要活出自己的模样或价值，就必须有自己的奋斗目标，能够为他人带来利益，才能赢得他人的尊重和爱戴。总之，在个人的奋斗目标中必然要包含社会价值，而非纯粹的个人愿望，如果这种目标对别人没有价值，就很难获得别人支持，也就没有实现的希望。而且人往往希望自己活得比别人好，如此就必须付出更大努力。这种努力必须反映在更大程度地满足社会的要求，必须不断地提高自己的认知水平。这种认知水平的提升对个人而言就是创新，也即必须不断拓宽自己的思路，尝试新的发展路径，不然就不可能真正超越别人。换言之，生存竞争要求个体必须创新。

二、人生意义即发现自我和实现自我

通常来讲，人一出生就已经有了一定的生存基础，这个生存基础一般来自他的监护人，主要来自父母。在逐渐走向物质丰裕时代的今天，人们的物质生存压力越来越小，更大的压力反而是如何使自己更有尊严地生存，即更能凸显自己的个性价值，使自己的人生更有意义。此时，自我设计就显得尤其重要。

自我设计，无非是要使自己有一个独特的活法，找到适合自己的活法，简言之，这是一个认识自我、实现自我的过程。更为具体地讲，这也是一个发现自我、发展自我、完善自我和成就自我的过程。这其中就蕴含了教育活动的真谛，因为教育的本质就是为个体发现自我、发展自我、完善自我和成就自我提供尽可能充分的条件。

所谓发现自我，实质上就是一个人发现自我潜能的过程。"自我潜能"指的是个体所具有的独特性,是一种比较优势,是个体比较适宜从事某种活动或行为的能力。所谓发展自我,就在于不断地强化自我潜能的优势和有意识地培养自我潜能的优势。所谓完善自我,就是在反思自我不足之后,积极地弥补自身的不足,从而促使能力的发展从局部走向整体,从片面走向全面,使自身获得一种比较全面的能力。所谓成就自我,就是指达成自己期望的发展目标或愿望。可以说,人的全部发展过程无外乎这四个阶段,而且是循环往复的四个阶段,即从发现自我开始,到成就自我结束,中间经历发展自我和完善自我的阶段;然后再从发现自我开始,再经历发展自我和完善自我阶段,最终成就自我。这个不断循环的发展过程成为个体终身发展的写照,因为人们每达成一个目标就会发现另一个更高的目标在等着自己,这实际上推动了人的发展境界不断提高。

人的发展过程也是一个不断反思自我不足的过程,人只有认识到自己的不足,才能改进和完善自己,才能获得真正的发展。每个人自身存在的优势都是相对的,而非绝对的。随着视野的开阔,环境的变化,就会不断地发现自己的不足,这就为自我的发展既提供了动力,也提出了挑战。每一次新的环境,都会给人提出更高的要求,必须不断地发展自我,不能满足于现状,要不断地挑战自我。

人正是在不断地挑战自我的过程中发展自我的。人之所以能够完善自我,就在于不断地给自己提出更高的目标和要求,从而使自己处于不断努力的状态中,这实际上也是一个不断激励自我的过程。不断激励自我也是在不断地反思自我中实现的,因为人"知不足然后能进"。成就自我就是达到一种发展的预期,实现一个既定的目标。人的发展是无止境的,所以人的发展永远在路上。

发现自我既是自我发展的开始,也是发现自我发展的方向;发展自我是对自我的充实,使可能性变成现实性;完善自我是对自我的丰富,使自我有更全面的展现;成就自我是给自我一个答案而不是终结。

三、创新与创业是人的一种自然权利

创新创业能力不是一种单一的能力,而是一种复合能力,它至少可以分解出创新能力、创业能力两部分。创新创业能力也是一种总体能力,既包括创新能力,又包括创业能力。虽然人们一般都不同意创新能力就是创业能力,但人们普遍认为,创业之中肯定包含创新,创业能力肯定包含创新能力,只不过创新能力是一种局部能力,而创业能力是一种总体能力。在人们的认识习惯中,普遍认为创新更强调的是一种认识能力,而创业更强调的是一种行动能力。就个体而言,创新往往是创业的起点,创业往往是创新的终点。当人们有了新思想之后,都期望转化为新的行动;人要产生新的行动,首先要有新的想法。一般人不会只有创新想法而不付诸创业行为实践,所以创新创业能力经常是连在一起的。

创新与创业经常联系在一起的情况,给人们的认识造成了很大的思想混乱。从日常生活看,当我们强调创新的时候,主要是从科学认识方面而言的,特别是从所取得的成果角度而言的,即如果你做出了科学发明创造,那么就没有人否定你是在创新。同理,当我们强调创业的时候也是从结果角度出发的,而非从过程角度看的,即如果你创办企业成功,就没有人否定你是在创业。虽然很少有人从创办企业一步步行为过程去看,不会把你每一步行为都看成是创业,但只有亲历者自己知道,自己所做的每一步都是在扎扎实实的创业,如果每一步做不好,那么最终结果也就不会好。如果你仅仅是改变了自己的认识结构或改变了自己的看法,说你是在创新,人们就会质疑你。他们会说,照这个逻辑说下去,不就每个人都能够创新吗?是的,每个人都可以创新!正是因为承认每个人都可以创新,才把创新的权利真正还给每个人!事实上,生活中每个人都在不断地更新自己的认识,这个更新过程就是在否定过去的认识,这个否定过程也是经历了一番挣扎的,说它是一个相互碰撞过程一点也不为过。最后自己的认识提升了，观念更新了，这何尝不是一种观念创新呢？当一个人认识不断积累，有一天走到了同行的前头，不就实现了科学创新吗？

如果承认每个人认识的进步就是在创新的话，那么就赋予了每个人独立探究世界的权利，就是承认每个人都具有独立判断的能力，从而就没有义务必须接受别人传输来的结论，因为别人的结论不一定适合自己，从而只能是一种参照，不能作为标准答案或真理对待。这样就把每个人的自由认识的权利夺了回来，就不再把认识世界的权利赋予少数人。虽然我们都不否认天才的存在，但认为天才的结论未必适合于我们每个人，从而我们不一定必须接受，当我们无法理解的时候，我们要有质疑的权利。如果我们没有质疑的权利，那么就只有听从的义务，实际上我们就把自己的命运主宰权交给了他人，这显然是不好的行为，那样我们就丧失了主宰自己命运的权利，那时我们的命运就是危险的、可悲的。所以我们不能把认识的主导权让渡给别人，必须由自己掌握，这是我们作为自由人的前提，是获得独立人格的基础，也是把创新权利赋予每个人的政治学意蕴。

不仅创新是人的基本能力，而且创业也属于人的基本能力。我们要谋生，就必须创造出能够维持自己生存的生活资料，必须能够生产出剩余产品，不然就无法持续生存和繁衍下去。因此，谋生是一种最基本的创业，是创造生存的基础。但随着人们生活方式的多样化，人们开始选择自己的生活方式，希望过上更好的生活，这就需要为美好生活而努力地创业。当然，美好生活是一种稀缺资源，必然有竞争，只有其中的优胜者才能如愿以偿。我们所羡慕的那些政治家、企业家大都是竞争的优胜者；科学家也是令人羡慕的职业，在今天虽然仍然具有很高的社会地位，但明显不如政治家、企业家那样风光。谁能说政治家的努力不是在创业？因为他们也有自己的政治主张，也要实现自己的政治理想，也希望能够得到更多人的支持，所谓的支持率就是事业成功的指标。每个人都需要不断地努力才能成功，谁说这种努力就不是在创业？如果说创业就是挣钱，哪一份工作不是为了挣钱？这虽然有点俗气，但是事实，只不过每个人的挣钱方式不一样而已。而且人们往往不是简单地挣钱，总是会把自己的美好理想和祈愿融入进去，从而发展成为一种事业。在这种美好理想和祈愿中就包含了对他人的照顾，对美好生活以及对美好社会的理解。因此，所有的创业在根本目标上是一致的，就是创造社会价值，创造社会财富，而且在基本目标上也是一致的，即为了生存，不同的只是创业的形式以及背后的个人能力，特别是个人的抱负。

四、对创新创业能力神秘化的祛魅

如果把创新和创业还原到原点，那么我们就会发现创新创业是融合在一起的，因为你要有新的行动必定先有新的认识，而当旧的行动失败之后，就必须进行反思，思考如何改正，这就会产生新的认识，随之就会产生新的行动。这就是知中有行、行中有知、知行合一的道理。从哲学角度看，创新与创业在本质上是一体的。可以说，创新与创业分离是非常极端的例子，如无创新认识而有创新行动，或有创新认识而无创新行动，这些都是事物的两极，但它们绝大多数时候都是融合在一起的，很难分清楚究竟是知先行后还是行先知后。当我们把创新创业神秘化的时候，两者就是分离的。认为创新是科学家的一种神秘特质，创业是企业家的神秘特质，这种神秘特质不是后天培养的，而是先天造成的，这就是将创新创业神秘化的根源。

神秘化有什么好处？第一，独占性。这可以使个体拥有特权，因为既然是先天的，后天的影响就是无效的，那么就具有不可竞争性，他再占有资源就拥有了无可争议的排他性，这也为他占有垄断资源提供了先决条件。第二，不可剥夺性。这使他的地位具有不可剥夺性，一旦获得就永久占有。第三，不可仿制性。因为它是先天的，后天仿制都是赝品，从而不具有权威性。很显然，神秘化实际上是一种造神术，这种伎俩很早就被戳破了，因为人们发现，任何人才都是经过磨砺之后的结果，不是一开始就广为人们接受的。当然，企业家在取得成功的道路上受机遇影响的成分更大，换言之，如果没有特定的经历就无法成就一番事业。人们承认科学家必须有一定的科学天赋，个人同样也必须持久努力，如果没有个人的努力同样无法成功。同时，科学家成长也需要适宜的环境，否则也很难成功。人们发现所有成功者都取决于两个条件：一个是兴趣，另一个是专注。兴趣就是指自己独特的爱好，这其中蕴含了天赋的成分，所以，发现自己并认识自己很重要。专注更重要，如果一个人不能把精力集中到某些方面，同样成功不了。前者是内驱力，后者是排干扰能力。没有内驱力这个前提，一切都是零。这个来源于兴趣的内驱力恰恰就是个性特质的表现。专注力，是个体后天培养起来的能力，不仅包括分辨力、抗干扰力、意志力，还包括决断力和合作能力。可以说，能否专注是一个人是否具有智慧的外在表现。

如果创新创业从根本上讲是无法分割的，那么难道就不区分了吗？当然要区分，关键是如何进行区分。创新侧重于认识层面，而创业侧重于行动层面。心理学上认为从认识到行动之间需要中介环节，即需要情感和意志的参与，也就是人们常说的知情意行四个部分。我们姑且不论这个划分是否正确，只说情感和意志这两种内在的心理品质如何衡量和区分。在认识过程中不可能没有情感的投入，甚至说很受情感支配。感性认识能力强的人的情感色彩就比较浓重，理性认识能力强的人的情感色彩就比较轻淡。行为受情感支配的色彩就更明显，行动有力往往是情感投入多的结果，行动无力往往是情感投入少的表现。意志力在认识过程中的作用也非常明显，有意志力的人对事物关注比较持久。

第二节　创新创业能力的哲学内涵

开展创新创业教育研究,首先必须弄清楚创新创业能力的基本含义,如果搞不清楚创新创业能力的基本含义,整个创新创业教育研究就缺乏根基。[①] 我们知道,创新创业教育是以创新创业能力培养为核心展开的,绝非止步于创新创业意识的形成或创新创业精神的培养,因为这种教育很容易流于观念的灌输,对教育改革可能不会产生影响。创新创业教育最终必须落实到创新创业能力的培养上,它要求教育教学方式必须进行系统的改革,乃至引起教育系统的革命。如果不能落实到创新创业能力培养上,创新创业教育的效果就难以显现出来。为此,首先必须弄清楚创新创业能力是什么这个基础问题。

在创新创业能力研究的过程中,经常会遇到两个基本问题:一是为什么要从哲学视野看创新创业能力,它与人们通常理解的创新创业能力有何不同?换言之,哲学层面广义的创新创业能力如何面对生活中狭义的创新创业能力。二是从哲学角度看创新创业能力,它与其他一般能力的关系如何?也即,创新创业能力如何面对一些更为普通的能力。

一、创新创业能力的两种理解方式

上述两个问题确实都很关键,人们通常还是习惯于从狭义角度来理解创新创业能力。所谓狭义的理解,就是把创新理解成科学家的工作,把创业理解成企业家的工作。简言之,创新就是进行科学发明创造,做出学术贡献;创

[①] 王洪才.创新创业能力的科学内涵及其意义[J].教育发展研究,2022,42(1):53-59.

业就是创办企业,创造巨大的经济价值。从哲学角度看,创新与创业都是个体的潜能,创新是个体不断挑战自己和超越自己的过程;创业则是个体为了实现人生目标而不断奋斗的过程。创业必然包含创新,创新也是创业的基础;既不存在没有创新的创业,也不存在不以创业作为指向的创新。所以,创新创业往往是一个有机的统一体。

所以,从哲学角度看,创新能力就是一个人挑战自我的能力,创业能力就是一个人实现自我的能力;创新创业能力就是一个人不断挑战自我和实现自我的能力。而从狭义角度看,创新能力是指一个人做出科学发明创造的能力,创业能力是指一个人创办企业并创造物质财富的能力。狭义的理解是人们通常的理解方式,目前高校的创新创业教育也经常是从狭义出发的,这样大大束缚了创新创业教育的发展潜力,造成了创新创业教育的小众化,难以与教育教学过程有机融合,进而出现了创新创业教育游离于专业教育之外的局面。

对于那些不是专门研究创新创业教育的人而言,他们也更容易遵循习惯性思维模式,尽管这种理解已经非常落后了。笔者认为,正确对待哲学理解与日常理解上的差别恰恰是关于创新创业能力学术研究的价值所在,因为推动社会理念的进步正是人文社会科学学者的基本责任。人文社会科学学者的主要责任之一就在于移风易俗,推动社会风尚不断进步。事实证明,从哲学角度来理解创新创业能力与世界上创新创业教育发展潮流是一致的,也是我国创新创业教育发展的必然趋势。国内学者从"广谱式"[①]特征来阐释我国创新创业教育的内在要求也佐证了对创新创业能力进行哲学阐释是正确的。

---

① 广谱式创新创业教育是国内学者提出的概念,是针对我国创新创业教育开展的特点提出的,它是指面向大众的、适合于每个人的创新创业教育,与专门针对少数人进行创新创业教育具有根本的不同。国外常用精英式、大众式、普及式的创新创业教育的概念。

二、创新创业能力哲学阐释的目的

事实上,真正的学术只有从哲学角度进行阐释才能形成自己的体系和流派,而且这种阐释必须能够被社会接受,最终被社会掌握,如此才具有真正的实践价值。因为单纯个人的理解是没有多少社会意义的,正确的观念只有实现了普及化才有真正的社会意义。对于理论观点的提出者,其意义往往是不证自明的,对它的理解可能是经验积累的结果,甚至转变为一种下意识的存在,从而是无须证明的。可对于其他人而言就不然,别人一般都不会自动地接受你的见解,只有充足的理由才能说服他、打动他。所以理论观点的提出者必须主动地去阐述自己的理论,证明自己所提出的观点不仅具有充分的学术价值,而且具有充足的实践意义,从而让别人也可以理解和接受,这样才实现了理论的使命,履行了学者应尽的学术义务。

其实,让学界普遍理解和接受才是产生真正学术价值和实践意义的开始,这是理论创新的第一步工作,当然也是非常关键的一步。如果不能充分证明立论的科学性,那么作为科学论断的正当性也就不成立。在一个众声喧哗的时代,想发出一种独立的声音并不容易,但这正是学术发挥作用的基本空间。如果一切都依照传统定论,那么学术的创造性或创新价值就难以显现出来。

让政府接受则是第二步,这当然更为重要,唯有如此才能使理论话语转变为公共政策。因为学者的话语权非常有限,只有在学理成立的前提下才能证明自己立论的实用性。所谓实用是指对公众有用,不是仅对某个人有用。现在人们为了发表学术观点,只图短平快而不顾是否真正具有创造性和创新性。只有不同的声音出现,并且证明其是正确的、正当的,才能赢得越来越多的支持并且成为学术主流。

第三步才是影响普罗大众,即改变人们传统的观念,形成一种新的文化

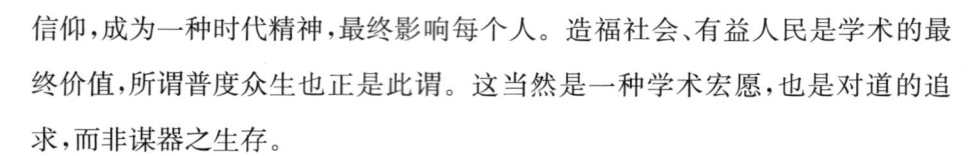

信仰,成为一种时代精神,最终影响每个人。造福社会、有益人民是学术的最终价值,所谓普度众生也正是此谓。这当然是一种学术宏愿,也是对道的追求,而非谋器之生存。

我们所确立的创新创业能力概念,正是从纠正错误认识出发,提出正确论断,然后形成系统学说,进而变成时代思想,最终变成公共财富。只有我们从公共利益出发,不为牟个人私利,我们的事业才能辉煌。

三、创新创业能力与其他一般能力

与创新创业能力直接相关的有几个基本能力,如学习能力、领导力、影响力,那么它们之间是一个什么样的关系?

不得不说,要彻底地阐明这些基本概念之间的关系并非易事,因为这需要丰厚的理论积淀。在此,我们不打算做太多的阐释,仅对两者之间的关系略做说明。我们知道,学习能力不仅与创新创业能力关系非常密切,而且与任何能力都有密切的关系。可以说,学习能力是一个人的根本能力,尤其是在倡导终身学习的今天。因此,学习能力是一切能力的基础,自然也是创新创业能力的基础,所以把创新创业能力说成是一种学习能力也不为过。但如果这么说,就把创新创业能力简单化和泛化了,因为所有的能力都可以还原为学习能力,那么各能力之间就没有区别了。

创新创业能力显然不能简单地归属于学习能力,因为它是一种更高层次的能力,而且也是一种非常复杂的能力。当我们提出广义的创新创业能力时,就必须要解释它与一些普通能力之间的差别。只有比较才能证明我们所提出的新概念框架具有深度,具有优越性。当然,概念比较必须选择那些关联比较密切的概念,否则比较就失去边界了,因为那样就无法聚焦研究的主题,那么研究就注定不能成功。至于选择什么样的相关概念进行比较,当然也不是随机的、随意的或假想的,而是在回应各种质疑中进行的。因为我们每个人都有思维的惯性，很容易从自己设计的概念范畴中自问自答，但这并非别人所关心的。只有利益彼此相关，所提出的质疑才能是社会所关注的，如此再针对性进行回答就容易产生强关联效应。

当我们选准了相关概念，进行了比较分析，确实证明我们所提出的概念具有独特性，具有不可替代性，那就证明了我们所提概念的创新价值。如果不能证明自己所提出的概念具有更大的解释力，具有精准度，就无法让别人接受我们所提出的观点。显然，想彻底地说服人并非一件易事，因为说服人的过程也是展现个人领导力的过程；如果不能说服人，就无法让别人听从你的意见，当然更无法佩服你、信服你。这就需要进行理论阐释，而且要因人而异、因地制宜地阐释，其关键是要针对对方的质疑点进行，而不能采用机械灌输的方式，那样的话就把理论变成了教条。唯物辩证法作为马克思主义"活的灵魂"就是这个意思。教育活动就是通过摆事实、讲道理，让人们相信你所讲的是符合正义的，从而接受你的教导。如果你讲的理不透彻，与他的生活没有关系，对他没有什么作用，那么他就不会听你唠叨。这就是教育的针对性或教学个性化原则的基本要求。

毋庸置疑，学习能力是人的一个最基本能力，如果一个人不会学习，就不可能有更高的能力发展。虽然更高的能力发展必然依赖于基本能力，但绝对不能把所有能力都还原到基本能力上去，否则就无法促进认识深化或精进。我们只能用基本能力去解释高层次能力，而不是相反。我们可以说创新创业能力本质上就是一种学习能力，但不能说学习能力就是创新创业能力。我们可以把创新创业能力分解成各个部分，各个部分从本质上说仍然是学习能力的表现，但不能说学习能力就是这些能力。这就是总体与部分的关系问题。

对于领导力概念也是如此。一个人创新创业能力的提升需要培养一定的领导力，但领导力并不等于创新创业能力。我们知道，领导力并不是一种普遍能力，而是一种非常稀缺的能力，甚至可以说是一种特殊能力，但创新创业能力则属于一种普遍的能力，只是每个人的潜质不同而已。领导力是一种高度综合能力,只有那些潜质高的人才具有领导力,而创新创业能力则是一种相对具体的能力。因此,创新创业能力中确实包含领导力因子,如沟通合作能力就是领导力的一种表现。而在创新创业过程中,目标确定能力、行动筹划能力、果断决策能力都与领导力直接相关,其他如把握机遇能力、风险防范能力、逆境奋起能力也与领导力具有很强的相关性,甚至可以说,领导力越强,这些能力也就越强。

影响力与领导力直接相关。一般而言,一个人的领导力强则影响力大,对此人们似乎没有异议。但不能反过来说影响力大则领导力强,因为影响力也是一种相对具体的能力,而领导力则是一种高度综合的能力。而且有的人可能是负面的影响力大,不代表其领导力强,只有正面的影响力大才能代表领导力强。即使有正面的影响力,也不一定必然具有领导力,因为领导力主要是一种动员能力,是提出共同目标的能力,是统筹资源和使用资源的能力,是一种比较全面的能力。影响力主要是从结果角度而言的,领导力则是从过程角度而言的,所以两者关系不能倒置。

第三节　创新创业教育研究的重点

一、探究时代赋予创新创业教育的使命

我们有一个基本判断:大学教育的根本目的就是培养人具有创新创业能力,而且要不断地提升人的创新创业能力。因为创新是一个人面临的必然境遇,创业则是一个人的价值所在,只有通过创新才能实现创业,从而使创新创业成为每个人人生意义衡量的标尺。大学生要为走向社会做准备,要成功应对各种各样的挑战,实现自己的人生价值,就必须从创新创业能力上下功夫,

从而为自己实现人生价值打下坚实的基础。

我们思考这个问题的出发点就是：我们的大学教育的意义究竟是什么？大学教育的意义该如何证明？

这是从大学教育的目的出发来思考这些问题的。在现实中，我们经常能够看到很多不喜欢学习的大学生，也经常能够遇到很多感到大学生活空虚和无聊的大学生，还经常发现有许多不喜欢教学也不喜欢科研的大学老师，当然也经常会遇到不少采取放任主义态度的大学管理者。这不得不让人思考：我们的大学教育究竟怎么了？我们的大学教育出了什么问题？如何才能解决这个问题？

我们认为，良好的大学教育必须能够让大学管理者负起责任来，能够让大学教师热爱教学，能够让大学生热爱学习。因此我们必须思考如何才能让大学管理者负责，让大学教师热爱教学以及让大学生热爱学习。显然，这是一个系统治理的课题，不能单从某个方面着手。要系统治理，就必须从理念层面入手。因为只有办学理念成立了，才能先影响大学管理者，进而影响大学教师，最终才能影响大学生。这意味着必须首先影响管理者的思维方式，即管理者必须树立新理念，这样才能带动其行为方式变革。所以，理念是一种普适性学问，正确的理念能够引导人们行动，变成人们行为的动力。

那么，什么样的理念才是合适的？这个理念该如何提出？一般而言，合适的理念必须与时代精神一致，必须能够呼应时代精神才行。今天是一个创新驱动发展的时代，因而第一个反映时代精神的词必然是创新。人们对此已经有充分认识，无须赘言。第二个词则是创业，这个词有点艰涩，因为主要是属于个体的行为。合理的策略应该是把创新、创业两者联系起来进行考虑，这样才能有所突破。因为人们讲创新的时候更多是从社会层面讲的，对个体的关注是不足的；而讲创业则基本上是从个体层面讲的，对社会的关注是不足的。我们如果从创新创业综合的角度讲，就可以两者兼顾。正好创新创业教育之风兴起，面对人们对创新创业教育不正确的理解，这正是我们发挥学术才能的机会。矫正一种错误的社会观念就是在做文化改良工作。如果研究成果能够转变为政策话语,就变成了一种社会改良工作。所以,我们必须对创新创业这个概念展开充分阐释,而且要不厌其烦地推行,这种阐释过程事实上也是一个弥补最初的立论中存在漏洞的过程,当然也是一个全方位证明自己新观点的过程。古人所谓的"立言"过程不外如此。

我们非常希望把研究成果转化为政策,这能够使研究成果发挥更大的社会价值,但目前还很难完成,因为我们无法做追踪研究,如果不能做追踪研究,就难以证明理论成果对社会观念转变的促进程度。显然,要做这样的工作,需要投入大量的时间、精力和人力,否则效果就很差。如果要想取得速效,就需要运用一些行政权力手段才能奏效,似乎单纯利益刺激机制都无法解决这个问题。因为利益刺激机制的作用是有限的,而且我们也不可能进行无限的投入,只有行政手段才方便做这样的事情。如此可见,学术与权力是无法分离的,离开强大的行政权力的支持,学术很多时候就无法运作。这并非就是作为学者的悲哀,这是知识社会学原理所规定的,就此而言,知识也是一种权力的运作。

二、解决创新创业教育面临的难题

我们认为推进创新创业教育面临着两个主要难题:一是关于创新创业能力的科学构成问题;二是对创新创业能力进行科学的测量问题。[①] 因为创新创业能力培养是创新创业教育的最终落脚点,如果不知道创新创业能力的具体构成,那么创新创业教育就缺乏明确的目标,创新创业教育的效果就无法预期。在明确创新创业能力构成之后,就需要解决如何测量的问题,否则创新创业教育评价就缺乏客观的参考系。因此,这两个问题是直接相关的,前

---

① 王洪才,郑雅倩.大学生创新创业能力测量及发展特征研究[J].华中师范大学学报(人文社会科学版),2022,61(3):155-165.

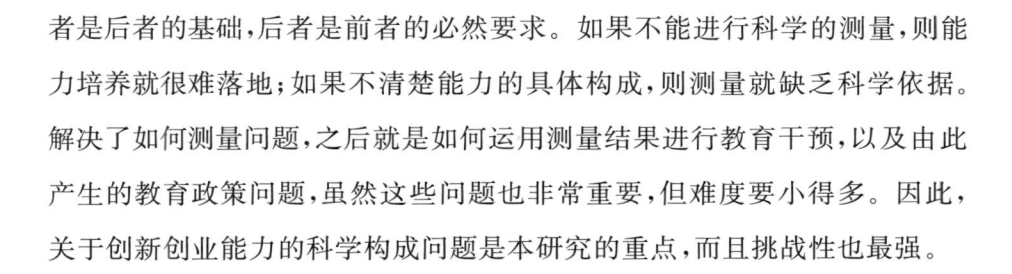

者是后者的基础,后者是前者的必然要求。如果不能进行科学的测量,则能力培养就很难落地;如果不清楚能力的具体构成,则测量就缺乏科学依据。解决了如何测量问题,之后就是如何运用测量结果进行教育干预,以及由此产生的教育政策问题,虽然这些问题也非常重要,但难度要小得多。因此,关于创新创业能力的科学构成问题是本研究的重点,而且挑战性也最强。

(一)创新创业能力的有机构成

目前学界对创新创业能力概念还缺乏非常一致的认识,如前所述,人们往往从狭义的角度来理解创新创业能力,即把创新能力当成是科学发明创造能力,而把创业能力当成是创办企业的能力。很多时候又把创新创业能力简化为创业能力,即创办企业的能力。显然,这种定义不适用于大学生,也不利于大学创新创业教育的开展。因为创新创业教育的基本目的是促进大学生高质量就业,鼓励他们为日后的创业打下基础。真正进行科学创新或开办企业的属于少数人,如目前开展的拔尖创新人才培养或专门的创业训练。正是这种偏颇,才使我们有必要重新界定创新创业教育,从广义的角度,即从哲学的角度来审视创新创业教育。

学界关于创新创业能力构成的研究仍然是一个薄弱点,原因在于很难确定一个科学的研究维度,这可能与创新创业研究时间比较短有关。在我国,创新创业研究开展的时间并不长,主要是伴随着高等教育大众化推进才逐渐提上议事日程的。因为随着高等教育规模的迅速扩大,毕业生就业就是一个重大的社会问题,传统的就业方式很难容纳如此巨大规模的毕业生,那么就必须探讨如何创新毕业生就业方式的问题。如此,过去很少人问津的创业问题就被提了出来。过去把大学生创业看作自谋职业(生存型创业),似乎是不得已而为之,是就业之中的下策,今天就不能这么看待了,必须以更加积极的姿态来看待,而且必须以适应创新时代的要求来对待。创业必须与创新结合起来,必须提升创业的层次,不能满足于生存型创业,应该站在科技发展前沿的角度创业,所以必须从新视野出发看待大学生就业问题。

人们长期关注应试教育,注重从素质教育方面进行突破,没有把创新创业教育作为解决应试教育的根本方案,从而滞后了关于创新创业教育的研究。创新创业教育研究兴起也是近十几年的事情。改革开放之后,人们最初比较关注的是知识教育,认为掌握知识就能够满足社会需要,这使得人们对掌握知识产生了一定的向往,并且把掌握知识的多少与选拔人才联系起来,侧重于用偏题、难题、怪题来筛选学生。这种选拔方式与应试教育的兴起具有直接关系。当人们发现应试教育造成了畸形竞争想进行扭转时为时已晚,而且也没有根本对策。直到第三次全国教育工作会议召开之后,人们对素质教育的理解才产生了一丝转变,即开始赋予素质教育以创新精神、实践能力培养的内涵,但注意力仍然集中在少数精英人才培养上,没有预计到即将到来的高等教育大众化时代,特别是现在的高等教育普及化时代。

我国从20世纪90年代开始关注创业教育问题,这种关注主要限于精英教育范围,是针对大学的商学院进行的,是对国外商学院教育模式的模仿。将创业教育从精英视野转向大众视野,实际上发生在高等教育大众化和大学毕业生出现就业难的困境之后。因为社会上提供的合适岗位不足,需要大量的毕业生自谋职业,从而揭开了大学生创业教育的序幕。

真正掀起创新创业教育高潮的则是在李克强总理发出"大众创业、万众创新"号召之后。此时人们发现,创新创业教育必须面向大众,而不能仅限于过去的小众群体或精英群体。人们还认识到,创新教育必须与创业教育结合起来进行,而不能单纯地强调创新教育或创业教育。如此,人们看待创新教育与创业教育的观念发生了根本性的转变,开始关注每个大学生的创新素质教育,关注每个大学生的创业能力教育,不再只注重对精英人才的培养。这种创新创业观念的转变不能仅从现实生活的意义上来理解,必须从哲学层面上给予阐释,如此就需要对创新创业能力进行重新界定,也需要厘清其科学构成。

（二）创新创业能力的评价测量

关于大学生创新创业能力研究，最终必然涉及对于创新创业能力的评价与测量问题，这是研究从思辨式走向科学化的必经之路。目前学界对该问题已经有所涉及，也借鉴了国外的经验，但总体上还处于一个初步探索阶段，没有形成真正具有影响力的研究成果。就人们对创新创业能力测量的探索经验看，大家倾向于使用自测量表方式进行测量，如此也产生了一系列疑问。

有人认为，创新创业能力评价采用自评的方式比较主观，从而导致效果不佳。我们认为，对于自我评价问题，应该这么来理解：一般而言，我们每个人开始的时候对自己的认识普遍不真实，往往理想的成分居多，现实的成分不足，但随着我们认识的不断深入，我们的认识就会越来越客观和理性，对自我的期许就越来越真实。如此表现在对自我评价的分数上就可能会出现一个不断下降的趋势。当然，我们对自我能力的判断不可能是一种断崖式下降，可能只是略有起伏而已。注意：这里存在一个基本的假定，即同一类型、同一层次、同一学校、同一专业的学生，他们的生源素质差异是不大的，横断面的数据是可以比较的。这个假定源于我国高校普遍采用统一招生的政策，这样同一批次的学生中生源质量不会出现太大的分化。而不同类型或不同层次的学生在素质状况上可能会出现较大差别，如专科生自我评价明显不同于本科生，甚至出现专科生自我评价高于本科生的现象。对于这种现象可以有多种假设。第一种假设是，专科生对自我能力评判普遍偏高或主观性更强；本科生对自我能力评价更为客观。第二种假设是，由于专科生学习的内容更为具体，从而个体的获得感更强，自我效能感更强；本科生学习内容比较抽象，实用性不强，获得感比较低，从而自我评价比较低。第三种假设是，因为专科生的课外实践活动比较多，体验式学习比较多，这就使得他们对自我能力成长的体验比较充分，自信心也比较强，表现在自我评价上的打分比较高;本科生主要是课堂内学习,以理论知识为主,真实体验比较少,无力感比较强,从而自信心比较差,最终表现在自我评价上的打分比较低。

究竟三种假设都存在,还是只有其中一种假设存在,这很难说。这三种情况究竟是平均分布的还是有主次差别的,这也很难说。可能还有第四种情况,那就是,因为专科学习内容比较浅,挑战度不大,从而让学生有高估倾向;因为本科学习内容比较难,致使学生感受到挫折比较多,从而容易产生低估自己的倾向。这种情况可能有,但概率不大。因为人们的评估总是倾向于在一个群体内部相互比较,不会跨区域比较。

对于这个问题我们也不必讳言。因为无论如何论证,都无法做到非常完美,这与我们自身的研究能力、投入的精力有关,也与我们前期的知识积累、技术积累和能力积累以及经验积累等都有限有关,所以我们很难一下子就能够取得一个非常完美的量表。为此我们必须一步步地完善,完善的前提是找到问题出在哪里,从而进行有针对性的改进,如果不知道问题出在哪里,那么就很难改进。我们最怕的是急于求成的心理,当然也害怕那种比较自卑的心理。急于求成心理实际上是不想付出巨大的努力,总是想一蹴而就,从而表现得急功近利。自卑心理说到底就是看不起自己,认为别人做得必然比自己好,也就是"国外的月亮比较圆"的心理。

创新创业能力研究是一项具有时代标志的前沿性课题,具有较强的创新创业能力是衡量高质量高等教育的内在标志,我们研究创新创业能力问题,实际上就是试图为高等教育高质量建设确立坐标。想要建立一个非常科学的测量体系,显然这并不容易,这也许不是一代学人可以完成的,可能需要几代学人的努力。因此从事该课题研究的意义是非凡的。如果我们不开始着力去确定这样的测量标准,那么可能永远都没有真正的标准,如此我们就只能屈从于行政长官的评判或学校自己的主观评判,实际上最终就是老师的评判。因为人的道德自律性是有限的,所以必须有第三方评价。

我们要做的事就是确立这种新标准,而且是一个公共标准,这也是一种元研究。无疑,为大学生学业进步、为大学生能力发展确立一个科学的衡量尺度,其意义是深远的,责任当然是非常巨大的,难度也是可想而知的。在摸索过程中不犯错误是不可能的,因为我们都是在尝试错误中学习和获得进步,我们希望在学习过程中不断地积累经验,从而找到一条通向成功的路径。如果这项工作很简单,不怎么费劲就能够成功,机会也不会留给我们,因为当今社会上的聪明人非常多,我们不属于那种人,我们只是具有信念的人,而且是比较执着的人,是真心希望能够为社会做出贡献的人,我们所做的可能正是别人认为不可能成功的"傻事"。正是这种"傻事",磨炼的是我们的毅力、耐力、品格和德性,也正是这种千锤百炼,才能真正成就自我。

人们往往希望进行第三方评价,认为第三方评价才是客观的、公正的,而自我评价难免不客观、不可信,这种心态是可以理解的。这就要求我们在制定量表时能够有效地预防这种不客观、不可信的情况出现。我们设想,如果人们在使用一个量表时不存在相互比较的意味,仅仅是为了了解自己,诊断自己的发展状况,人们还是倾向于客观地评价自己的。所以,在进行量表设计时,设计者一定要让测评者不觉得这是其他人在对他的能力高低进行评判,而是为了更好地认识自我,是在检查自己存在的不足,这样就不存在比较的或攀比的心态了。比如美国人开发出的智力量表,许多人乐意去运用它进行自我评价,就是想客观地认识自己,并不是存心与别人进行比较,一争高下。所以,对待自测量表,首先要从科学的态度出发,不能过分地照顾人情因素;其次要放平心态,相信人们都有认识自己的好奇心和动力;再次要从服务心理入手,让人们觉得这是认识自我的帮手而非被人监督控制;最后在使用测量结果时,一定要遵守伦理道德,不能滥用测量结果。

一般而言,每个人对自我的评价都存在一定的场依存效应,即如果在一个环境中自我感觉良好,那么评价得分就会高估自己,如果自我感觉不佳,那么就倾向于低估自己。当然,这里的环境是一个相对稳定的环境,而非不断变化的环境。可以看出,个人情绪状态对评价得分影响是比较明显的。对于个人受情绪影响问题,一般在测量过程中会尽量创造比较适宜的氛围,从而避免情绪波动影响自我评价的客观性。

第四节 创新创业能力发展的影响因素

一、创新创业能力起于明确的目标追求

如果要问从事创新创业活动第一位需要的是什么能力,那答案无疑是目标确定能力!因为创业本质上是一个追求理想目标实现的过程,如果没有目标的导引,就不能称为创业。创新在本质上也是一个解决问题的过程,只有目标明确才能有效地解决问题。可以说,目标是一个人行为具有目的性的显示,也是一个人主体性的展示。

我们知道,目标就是人们行动的方向、导向,一个人只有知道自己该做什么的时候,其行为才可能是有方向的,否则就是盲目的。确定自己做什么的过程显然是一个审慎思考的过程,可不是随随便便确定的,它必然基于对自身能力进行系统审视,也基于对发展环境进行科学判断,这其中就包括对自己所拥有的资源状况进行系统排查。

总之,确定做什么,必须与自己的能力水平相适合,如果力有不逮的话,那么所确定的目标就是虚的或不切实际的。所谓符合实际,就是指目标与自身能力状况相符合。很显然,这涉及对自我能力的系统审视。一个人如果缺乏对自我能力的反复审视,就无法认清自我,也就不知道自己该做什么。

二、创新创业能力发展必然受个体经历影响

一个人无论做什么,首先需要认清自我,即认识自己的真正能力水平和可能的发展阈限。但怎么样才能认清自我?显然与自己的经历、知识结构相关,因为一个人一般不愿意想去做自己从未经历过的事情,也不可能想去做自己从不知道的事情。可以说,一个人的经历越广,对自己的认识就会越透彻。

个人的知识面往往与自己的经历关系最密切,虽然也与个体的阅读有关,但关系不是非常密切,因为阅读往往处于了解层次,很难达到真正理解的层次,即与自己的经历产生强烈共鸣。要与自己的经历产生深层共鸣,必须进行深入的解读,必须采用研究性学习的方式,而且必须具有强烈的探究兴趣才行。显然,这对于每个人而言都是具有难度的,因为每个人的关注面都非常有限,不可能像书本记载的那么广泛,所以能够产生深度共鸣的机会就比较少。但一个人的知识面是他进行抉择时的重要参考系,它可以帮助人们进行审慎的抉择,但无法真正决定自我的判断。

三、创新创业能力发展的主要影响因素

既然一个人的经历会对个体判断产生如此大的影响,那么哪些因素决定一个人的经历呢?

第一个是家庭成长环境,如父母从事什么,自己就会不自觉地学会什么,因为有一个模仿效应在其中。如果有兄弟姐妹,他们从事什么样的工作也会间接地影响到自己,因为人们在交流过程中会不自觉地谈到自己的工作。再就是与自己亲近的人,他们的工作也或多或少对自己产生一些影响。

第二个是学校环境因素。学校提供什么样的课程和实践项目,对学生影响也非常直接。在其中不仅有老师的示范和讲解,还有学生的亲身体验,这

些都是他人无法替代的。可以说，家庭影响往往是不自觉的，而学校环境的影响则是自觉的，而且是有目的、有意识地施加影响。

第三个是个体的主动交往因素影响。这个影响力与个体性格具有直接的关系。如果个体是外向型的且善于交往的性格，那么交往面就比较宽，从而接触的就比较多，个体的选择性就比较强。反之，如果个体性格比较内向，那么接触面就比较窄，所遇到的事就少，获得的体验也就比较少，进而获得的发展参照就比较少。

一般而言，性格内向的人比较善于读书，能够从书本上吸收许多知识，从而发展趋向比较适合于文案工作或纯粹的脑力工作，可能与领导工作无缘，也与具体的实业无缘。性格决定命运，在此处体现得非常深刻。

乐于与什么人交往，就倾向于成为什么样的人。所谓"物以类聚，人以群分"就是这个道理。这其中既有性格因素使然，也有个体意志努力的结果，还有外部有意识施加影响的因素。一般每个人都有自己心目中的英雄人物，这个英雄人物的气质对个体影响非常大，与自身性格也有自然的亲近性，是个体追慕的对象。家长的有意识引导，对个体会或多或少产生一定的影响，究竟多大影响取决于个体性格的强弱。一般而言，个性强的人受外界影响比较小，个性弱的人受外界影响就比较大。再就是自己亲身接触的现实，对于个体的选择影响非常深，它一般会产生极端效应，如果是好的体验就倾向于强化，如果是差的体验就倾向于远离。其他人的影响偶然性比较强，不具有必然效应，往往取决于与自身性格的吻合度。

第二章 创新创业教育的哲学意蕴

第一节 创新创业教育的理论基础

一、创新创业教育研究扎根于田野

从哲学角度看待创新创业教育,是基于对长期的田野观察的反思,是为了走出传统认识的误区。我们发现,创新创业教育要走向大众,走向普及,面向每个学生,首先要发现蕴藏在每个学生身上的创新创业潜质,否则创新创业教育的开展就缺乏逻辑前提。这个潜质就是我们说的创新创业潜能,它是创新创业能力生成的基础。对创新创业能力进行哲学阐释,是从创新创业潜能阐释开始的。那么这个潜能究竟是什么呢?经过不断反思之后,我们认定这种潜能就是个体认识自我和实现自我的动力。显然,这个动力是广泛存在的,也是每个人发展的基础,如果缺乏这一点,个体就失去了发展的潜力。

认识自我和实现自我的动力如何与创新创业建立逻辑联系?我们发现,自我意识并非完全内生,很多时候是由外界赋予的,即来自社会的期待,这种期待就构成了个体成长的环境,个体的自我认知就是在与环境的互动过程中生成的。个体对环境所寄予的期望,从开始的不理解到逐渐理解再到自我建构,这实际上就是自我意义的生成过程。所以,认识自我就是主体在与环境互动的过程中发生的。主体不断地反观个人行为，逐渐产生相对独立的自我认识，使自我从一个依附性自我逐渐转向独立性自我，而自身的行为又在自我形成过程中扮演了见证人的角色，每个人的独立形象就是这样一步步构建出来的。人正是通过自身行为，逐渐改变了外界的认知，形成了一种新的形象。个体对外界的解读又采取了分析的方式，将合意的方面保留下来，将不中意的方面剔除出去，也将部分无法决定的部分悬置起来，这样就不断地更新自我形象，向新的自我出发。这种自我发展变化，伴随着人的终身。

上述认识，得益于诸多经典理论的启发。首先，我们借鉴了马斯洛的需求层次理论。在需求层次理论中，自我实现动机是一种超越本能需要、安全需要、归属与爱的需要和尊重的需要之后出现的，是一种很强的发展动机。其次，借鉴了符号互动论的"镜中我"理论，认为自我认识离不开与环境的互动。再次，借鉴了杜威的新经验论。杜威认为个体经验是主体与环境互动的产物。自我认识也是经验的一部分。复次，也借鉴了皮亚杰的发生认识论观点，即人的认识过程是一个"同化—顺应"过程，当新的经验与过去的经验一致时就对新的经验进行同化，而当新的经验与过去的经验不一致时就采用顺应策略，将新的经验纳入认知结构，成为一种新的认知基础。最后，还借鉴了终身学习理论。终身学习理论认为人的一生都处于发展变化之中，人必须面对新环境、新挑战，要迎接新环境、新挑战就必须不断学习。只有通过学习，才能使个体与环境相适应，而且学习是个体发展的唯一途径。

当然，这五种理论依据都是作为解释性理论出现的，并非我所坚持的生命哲学理论的直接来源。我所提出的生命哲学理论主要是来自自身的生命体验，来自自我成长的反思，来自对名人传记的阅读以及与学界同仁交流的心得体会，也即来自生活的田野。换言之，该理论是从生活体验中归纳而来，而非从其他理论中演绎而来。其他理论在潜意识中解释了自身对生命的感悟，起到了支撑生命哲学理论的作用。显然，这是多年的理论积淀在潜意识中发挥了作用。我们相信，这种生命哲学理论能够获得广泛的认同，因为生命的本质都是一致的,虽然经历各不相同。即使不能被广泛认同,它也是对自身成长经验的总结,具有示例意义。其实,我们每个人的判断基本上都是来自个体的亲身经历,虽然我们的经历仅仅是局部经验,是不全面的,但也有启发意义和理论价值,也可以作为理论假说存在。更何况哲学理论从根本上讲是无法得到全部证明的,它永远带有假说的特征。

今天的学术界,视角主义非常流行。视角主义所奉行的是一种个人主义方法论原则。在这个鼓励创新的时代,视角主义具有非常独特的实践价值,因为它不会因一个人的观点没有得到普遍认同而被扼杀,从而保护了个体探索的积极性,为个体进一步探讨提供了空间。科学上习惯于追求普遍认同的法则,实际上具有很大的保守性,视角主义理论却能够带来解放与创新。视角主义背后的个人主义方法论原则所遵循的是一种实用主义哲学,即只要能够取得实际效果,就应该承认它的科学价值。当我们欣赏后现代主义哲学时,我们也会对他们所主张的视角主义逻辑表示赞同。

实事求是地说,如果有一个新想法,那么只能通过实践来检验其对错。当然,这里的对错是局部意义的,而非完全意义的。由此看出,所谓实践,也只能是局部实践,不可能是一种完全的实践。故而,"实践是检验真理的唯一标准"也是视角主义的观点。我们不得不承认,有时真理确实是掌握在少数人手里,有些经历只有少数人才有,不是人人都可以经历的。许多创造性的思想只存在于少数人的头脑中,而且是不可复制的。有些东西虽然是不可重复的,但它确实存在过,如直觉,它往往是人产生创造发明的因子,但直觉是不可重复的。很多人都相信环境对人的思维的影响,即在有些场域,人的思维就非常活跃,而其他场域,人就会变得比较迟钝和麻木。所以,学术研究需要创造一个适宜的工作氛围就在于此。

任何理论的提出都具有一定的理论基础,而且都基于一定的事实。人们做出理论判断一般都依据自己过去的经验,也都在一定程度上参考了别人的经验,人们都是通过对每一次经验的不断升华才最终得出了自己的理论,这实际上都是一次次验证的过程。其实理论的提出过程往往经过了漫长时间的演化，在刚开始的时候可能只是一种潜意识，而且是零碎的，积累到一定程度后才变得明晰起来，再经过不断反思之后才逐渐有了系统性，成为一种比较独立的判断。这种判断往往仍然是一种直觉，因为并未经过系统的验证。所以，任何理论的提出都是经验不断累积的结果，这个累积过程往往是不清晰的。从根本上说，直觉判断往往具有跳跃性，没有遵循严格的逻辑脉络，往往距离最初的理论基础很远。但这也可能正是创新的源泉，如果一切都是遵循演绎的路线，则很难具有创新性。

新理论的提出就意味着传统理论在演绎的过程中产生了断裂，如此就出现了理论跳跃，如果按照传统理论一步步推导，就不可能再有创新的认识。所以，创新理论总具有一定的颠覆性，对创新创业教育的认识也是如此。我们发现，目前的创新创业教育认识仍然沿循传统的创业教育路径，而且是一个更为狭隘化的创业教育理解。传统的创业教育是一种专门的创业教育，是培养职业经理人的教育，隶属于商业管理范畴。而今天的创新创业教育被直接理解为创办新公司或新企业，就会成为一种变相的精英教育。根据 MCOS 调查，2019 届全国大学生自主创业率只有 1.6%，[1]这就能够说明这种创新创业教育效果是非常差的，与"大众创业、万众创新"的时代背景是不相符的。

二、知行合一：创新创业教育的哲学前提

"知行合一"是我国古代非常重要的哲学思想之一，是中国哲学的基本特色，也是阳明哲学的重要标识，该思想的核心是认识和行动是不可分离的，分离的则是错误的。[2] 我们所主张的创新创业教育也基于该思想，可以说，它

---

[1] 麦可思研究院《2020 年中国本科生就业报告（就业蓝皮书）》中显示，2019 届本科毕业生自主创业的比例仅为 1.6%。王伯庆. 2020 年中国本科生就业报告[M]. 北京：社会科学文献出版社，2020：142.

[2] 陆永胜.王阳明"知行合一"的理论效力与实践能力[J].江淮论坛，2020(6)：106-113,197.

不仅是创新创业教育研究的理论基础,也是对创新创业能力开展创造性阐释的灵感来源。我们知道,创新创业教育研究,首先需要对创新创业的概念进行科学阐释。无论是创新还是创业,都不是单纯的认识活动或实践活动,都既包含认识活动又包含实践活动,只不过创新行为更偏重于认识模式的改变,而创业行为更偏重于实践方式的改变。但认识往往是行动的前奏,而行动则是认识的落实。认识当然离不开实践,可以说实践是认识的根本来源;实践同样也离不开认识,实践是对认识的检验、修正和深化,认识与实践从根本上不可分离。创新创业特别强调认识与行动的统一,理论与实践的统一。我国古代哲学特别注重知行合一,这一理论也是创新创业教育研究的理论基础。

三、理性人假设:创新创业教育的理论根基

我们认为,无论创新还是创业,从根本上讲都是一种理性行动,即都具有明确的目标导向,都是从挑战困难和问题出发的。如果一个人在生活中没有遇到任何挫折、阻力,(显然这是不可能的)那么他就很难有真正发展,因为他的行为方式往往因循守旧,一成不变。只有当他的生活处境发生了很大变化,再也无法按照原来的习惯继续下去的时候,他才会被迫地做出改变,才会突破自己固有的认识模式和行为方式。想改变自己,就是创新的动力源泉;追求成功和安定并为此不断努力,这就是创业的动力源泉。安全需要是人生第一需要。人为了寻找安全感而不得不创业,人为了克服不安全感而不得不创新,所以,创新与创业都是人的基本需要,谁都无法逃避。但选择什么来获得安全保障,则是每个人自觉的选择,从而就出现了不同的人生道路和不同的创业轨迹。

一般而言,人们对人生的理解不同,创业的轨迹也会不同。不同的理解,既受个人生长环境影响,也受个人遗传特质影响。但人们改变自己的内在要

求是一致的,即要使自己与环境之间获得一种相互的适应。就此而言,创新的本质就是改变自身与环境不适应的部分,从而达到一种适应的状态;创业的本质就是追求一种更加稳定的存在。因而,从本质上讲,创新与创业两者的内在机制是一致的,都是防御机制起作用的结果,而且都是积极的防御机制所发挥的作用。按照皮亚杰的发生认识论原理,这个过程就是一种顺应的过程,即主体根据环境的要求做出改变。当人处于一个安全的环境中,就是同化机制发挥作用,即人们用过去的模式来理解当下情境。只有当过去的模式无法解释当下情境时,个体生理机制才会产生变化,积极的防御机制发生作用就表现为顺应机制发挥作用。[①]

在创新创业过程中,第一个挑战就是必须确立一个合理的行动目标。因为人往往不知道自己究竟适合做什么或自己最喜欢做什么,所以,认识自己是人生最为困难的事情。人的发展就是要知道自己究竟是谁,自己究竟追求什么,换言之就是要了解自己的内在需求是什么,而且要了解面临的主要阻力是什么,如此才能找到自己要突破的对象是什么,从而才能找准努力方向。这实质上是个人先进行价值理性审判后进行工具理性审判的过程。所谓价值理性审判,就是从自己内在追求出发,从自己的价值取向出发;所谓工具理性审判,就是受到经济原则的驱使,希望用最小的力量来突破难关、克服困难,即进行功利算计。人的创新创业活动都要经历这两种理性的交战,决定究竟是价值理性主导还是工具理性主导,这正是人的理性本质的展示。所以,创新创业活动最直接的或最根本的理论基础是关于"理性人"假设。[②] 该假设认为,人的本质是理性的,正是因为人具有理性思考的能力,才决定了人

---

① [瑞士]皮亚杰.发生认识论原理[M].王宪钿,等译;胡世襄,等校.北京:商务印书馆,1997:1-139.

② 理性人假设是西方经济学的最基本的假设,它认为人的本性就是利己的,追求自我利益最大化,认为只有这样才是理性的,否则就是非理性的。显然,这样的假设仅局限于工具理性范畴,不涉及价值理性。哲学上的理性指认知理性,即追求事物本质的特性,这种特性导向对规律的追求和对真理的探索。

与其他动物的区别,才决定了人在地球上的主宰地位。

  理性人理论最初来自哲学。在哲学史上,明确提出"人的本质是理性"的假说的是古希腊著名的哲学家亚里士多德。后来理性人假说得到了广泛扩充,如经济学上的"经济人假设"①,管理学上的"X 理论""Y 理论"②和"Z 理论"③等。④ 不同学科对理性人赋予了不同内涵,无论如何演变,在基本观点上都是一致的,即假设人是有目的的,具有理性分析能力,人的行为是为了达到一定目的。这种目的表现为人的欲望和追求,只不过人的欲望常常被界定为本能行为,追求则被界定为理性行为;欲望常常被界定为眼前的现实事物的满足,追求被界定为长远目标的实现。这些都是从理性论的哲学视角出发,从人的本质角度进行定义的,不是一个具体的理论,而是一个总体性理论。

  理性人思想可以追溯到柏拉图提出的"理念论"思想,他把绝对理念作为世界的本原,他的哲学思想蕴含了对绝对理性精神的推崇⑤,而苏格拉底的"认识你自己"的信条也是理性人思想的展现⑥。后人对理性人理论进行了丰富,区别了理性的类别,如工具理性与价值理性划分。一般认为,正式提出工具理性与价值理性概念范畴的是德国著名社会学家马克斯·韦伯。⑦ 西方古典经济学提出的"经济人"理论也是对理性人理论的发展,在其中把自利行为

---

① 经济人假设或理性经济人假设,认为人都把利益最大化作为目标,人的本性是懒惰的,必须加以鞭策。
② X 理论、Y 理论的提出人是管理学家麦格雷戈,他认为传统管理理论建立在经济人假设基础上,如泰勒的科学管理理论就是基于经济人假设,他称之为 X 理论。他认为人并非天生是懒惰的、逃避责任的;人天性是善良的,乐于承担责任的,他称该理论为 Y 理论。
③ Z 理论是威廉·大内提出的日本式公司管理理论,认为人的需要是复杂的,很难简单地从性善性恶来区分,企业应该实行民主式管理,尊重每个员工的权利,激发他们的积极性和创造性,提倡建立 Z 组织。该类组织与科层制管理不同,而是一种氏族管理方式。
④ 葛新斌.试析西方管理理论中"人性假设"的基本形态及其关系[J].华南师范大学学报(社会科学版),1999(2):115-120.
⑤ 李少奇,刘恬烨.柏拉图"哲学王"思想探微[J].西南民族大学学报(人文社会科学版),2011,32(10):45-49.
⑥ 高崖.认识你自己:苏格拉底的哲学绝唱[J].理论探讨,2005(2):45-46.
⑦ 张德胜,金耀基,等.论中庸理性:工具理性、价值理性和沟通理性之外[J].社会学研究,2001(2):33-48.

界定为合理的,从而超脱了传统的性恶论判断。管理学上的 X-Y 理论也是理性人理论的发展,X 理论把物质利益追求作为人的根本追求,换言之,人的本质是物质主义的,与 Y 理论对人的界定是相反的。当然,Y 理论是对 X 理论的发展,它强调人的根本需要是一种社会需要,这是一种更高层次的需要。Z 理论认为人的需要是复杂的,不是一种非此即彼的选择,往往在一定的情形下把物质需要放在第一位,而在另一种情形下又把社会需要放在第一位。不过,管理学着重强调的是人的工具理性方面,而心理学、社会学、伦理学等更侧重于人的价值理性方面。

在创新创业教育中,我们把目标确定能力作为第一位的重要能力,旨在说明人的任何行为都是有目的的,不是无缘无故的。而创新创业活动具有更强的目标导向,否则,创新创业效率和效益就无法提高和实现。这也说明,人必须首先具有行动的意志,目标确定过程就是强化行动者意志力的展现,行动筹划过程也是理性思考能力的展现。果断抉择能力表明人的行动是处于不确定性之中的,完全理性是不可能的,行动中必然存在着偶然的因素。为了应对不确定性,人们需要合作;为了提升行动效率,就必须抓住关键因素,必须善于发现机会和把握机遇;同时也必须对可能发生的风险进行理性评估,尽可能地降低风险。当风险真的发生时,必须具有承受挫折的心理准备和重新再来的勇气。所以,创新创业过程始终是一个面对风险的过程,是一个想方设法应对风险的过程,是一个在风险中把握机遇的行动过程,是一个努力实现自己理想目标的过程。

毋庸置疑,无论什么样的创新创业活动,都必然受环境的影响,都带有环境的深刻烙印,即都不完全是个体主观努力的结果。因此,对环境的认识和分析,是创新创业活动的必要条件,而这个分析过程实际上也是理性的认识过程。

四、有限理性理论：创新创业教育的实践基础

如果在创新创业活动中目标确定能力是第一位的话，那么行动筹划能力就必须及时跟进。行动筹划能力是对目标确定能力的检验、完善和补充，通过行动筹划过程可以让人发现自己所定的目标是否可行，一旦无法执行就必须调整，否则将会遭遇挫折的打击。人们常说，有理想没有行动不行，有行动没有理想也不行。连接理想与行动的就是筹划过程，即目标落实过程。无论谁都不可能一下子就定位非常准确，都存在一个不断校正的过程，而且是在行动过程中进行校正，离开具体的行动过程，就无法检验目标是否可行。不得不说，这个行动筹划过程实际上是一个习得性学习过程。

行动筹划能力也是理性人的本质显现。行动筹划就是对已有经验的提取，对未来行动情境的预判，从而做出最恰当的行为。人的行为本质上都具有试错性，这是人的学习能力的重要体现，人的学习过程就是一个尝试错误的过程。人的可贵之处就在于具有反思能力，能够及时检讨行为中的错误并不断尝试修正这些错误。人的知识增长也是在不断尝试的过程中积累起来的，不存在什么先知先觉。人与人之间的差别也在于反思能力的差别，即有的人善于发现自己行为中的错误并能够及时改正，有的人则不能也不知如何改正。

实际上，人在确定自己行动目标之际，未尝没有估计到目标的可行性问题，人的行为目标确定实际上是理想导向型。当然人的理想并非无边无际，总是在自己想象力所及的范围内，估计目标的可行性也就是评估目标本身的科学性，可以说，科学性是对现实性与可能性的调和。现实中，人对自己的未来理想一般是处于懵懵懂懂的状态，人在不断探索过程中才使目标不断地清晰起来。与此同时，人们也是在现实的行动过程中才一步步确认自己的目标是否正确，是否真的科学和可行。因为人的理性能力是有限的，所以行动筹

划在很多时候只是规划出大致的行动路线，无法进行精细规划，也就无法对具体情境进行一一设计。如果一定要追求完美，那么难免导致行动中的机械操作，出现教条主义或刻板化的行为。所以，目标确定过程仅仅是设计自己的理想成长方向，而不是具体的行为方法，至于究竟能够成为什么样的人却是未知的。故而，人都是在行动过程中不断完善自己，实质上也是不断地创造自己。

每个人有了理想和追求，才有行为的动力。当然，行为目标可以分为具体的行动目标和长远的人生目标，人生目标是总体性的，而行动目标则是具体的。一般而言的目标是指行动目标，而非人生目标，因为人生目标常常是难以言说的。目标确定过程也是一种抉择过程，它常常是对自我经历进行反思后而做出的决定，其中包含了价值认同过程，而非单纯的理性抉择过程，有些目标经过理性审判成为一种内在命令。所以，人生抉择是一种根本性的目标确定，这既是一种理性抉择，也是一种价值抉择。

行动筹划能力是工具理性的展现（遵循有限理性原理），它主要从现实性出发，而非从理想性出发。当然，人不可能完全遵循工具理性的逻辑，它也遵循一定的价值理性原则，即一个人的做人原则或操守。在行动筹划过程中，必然要遇到各种挑战，也必须克服一些难题，这涉及某些价值的权衡，也会涉及自己核心价值的审问，实质上就是对工具理性和价值理性关系的考验。究竟是遵循最大愿望原则（理想原则），还是遵循安全原则或是平衡原则却是因人而异的。

最成功的人往往是那些善于进行平衡的人。所谓平衡，是指价值理性与工具理性的相对平衡，既不会因为理想主义而好高骛远，从而壮志难酬；也不会因为现实主义而唯唯诺诺，裹足不前。这样就既有远大理想目标，又照顾现实发展需求，在人生道路上不迷惘、不空虚，富有实干精神。

五、自我实现理论：创新创业教育的行动指南

著名心理学家马斯洛提出了需求层次理论，他认为人的发展需求是有层次的，而且把自我实现需要放在最高的位置。事实上，每一种需要的满足都可以激发人的创新动机，都可以培养人的创业能力。显然，自我实现属于精神需求层次，个体性非常强，超越了简单的物质需求或社会需求。自我实现需要是一种持久的内在需求，往往可以突破物质需求和社会需求的限制。

按照马斯洛的理论，需求层次越低对自我潜能的激发价值就越大，因为个体需求越迫切，行为的动力就越充分。一般而言，一个人的需求层次越低，所追求的目标就会越低，从而实现起来也相对容易，因而所内含的创新价值就越低；一个人所追求目标越高，对自我发展的挑战就越大，所蕴含的创新价值就可能越大。

研究发现，马斯洛的自我实现理论可以为创新创业能力结构理论提供非常强的理论支持。如前所述，创新创业能力实质上就是人的认识自我和实现自我的能力，自我实现动机在创新创业能力发展中扮演核心角色。目标确定能力实质上是一种自我价值发现的能力；行动筹划能力实质上是一种发现环境中哪些因素有利于自我价值实现的能力；果断抉择能力实质上是一种对各种有利于自我实现的因素进行审慎而大胆抉择的能力；沟通合作能力则是一种最大限度地实现自我价值的能力；把握机遇能力是一种把握有利时机实现自己理想价值的能力；风险防范能力实质上是一种预估在实现自我价值目标过程中可能遇到的障碍并预先采取措施的能力，是逻辑思维能力的表现。

可以看出，所有这些能力都与自我价值实现具有紧密的联系。逆境奋起能力实际上是一种重新发现自我价值的能力，是目标确定能力的升级版。围绕自我实现这一核心价值，人的基本发展需要也在其中得到满足。如风险防范能力实际上就是基于人的安全需求，沟通合作能力基于爱的需求，果断抉

择能力基于对自我判断能力尊重的需要，把握机遇能力基于人的自我实现的需要。由此可见，马斯洛的需求层次理论能够对创新创业能力提供较强的理论支撑。

人在自我实现的过程中，必然要拷问人的理性思维能力，因为人的行动经常是在理性的主导下进行的，行动促进了理性反思，也促进了理性思维的完善，创新创业过程实际上就是致力于自我实现的过程。因此，创新创业能力由以下七个基本维度构成。

1. 目标维度

一切创新行动都是从目标确定开始的，目标就是行为动机，就是行为的导向。目标确定能力是人的价值理性能力的集中体现，因为它的核心是审视该不该做和值不值得做的问题。

2. 筹划维度

一切行动都需要事先进行筹划，凡事预则立不预则废。行动筹划能力是人提升行动效率的基础，也是反映一个人竞争力的关键，可以说它是人的价值理性认识能力和工具理性认识能力相互平衡的集中展现。

3. 决断维度

一切行动如不能一帆风顺，就需要在关键时刻进行去留决断。决断力很难说是一种理性认识，在很多时候反映了人的直觉思维能力，所以它更多展现的是人的非理性思维能力，是一个人行动能力的集中展现。

4. 合作维度

一切行动不仅仅是个人行动，而且是团队的行动，都需要合作。合作能力是一种非常复杂的能力，它是人的认识能力与行动能力的统一体，认识不到位不行，行动不给力同样不行，但人的认识与行动往往是不协调的，所以合作能力在很大程度上能够反映一个人的知行合一的水平。

5. 机遇维度

一切行动都需要依据外部环境变化而定，所以当有利时机出现时，就需要准确把握住，否则就很难成功。把握机遇能力是对人的认识能力，特别是判断能力的挑战，人如果无法辨别机会，自然就无法把握机会，如果识别错误当然更是灾难性的。人把握不准机会固然可惜，如果识别错误就无法饶恕。把握机会能力往往非常考验人的经验智慧，是一个人机敏程度的反映。

6. 风险维度

一切行动都会受到多方面因素的制约，从而都存在着风险因素，只有有效地控制风险才能成功。可以说，控制风险是成功的前提。人经常存在认识错误和抉择错误的风险，那么降低这种风险和控制这种风险就成为一个人顺利发展的关键所在。

7. 挫折维度

因为一切行动都有失败的可能，只有不惧失败的人才能最终成功。所以培养人的抗挫折能力也是一个人成功的关键所在。人如果无法经过挫折的考验，自然就很难取得进一步的成功，甚至还可能造成发展的停滞及至倒退。

这些能力维度也是个人在自我实现过程中必然面临的挑战，只有顺利通过这一系列的挑战，能力才能获得不断发展。故而，这些维度也是创新创业教育的切入口，而且也是衡量创新创业能力成长的基本依据。

第二节　创新创业教育的时代意义

我国经济在经历长期的粗放型发展阶段之后，增长潜力就不能持续依靠资本和劳动力投入，必须把经济发展动力转移到依靠科学技术进步上，即经济发展必须转型。在我国经济发展达到中等收入国家水平之后，经济发展转型就显得尤为急迫,否则就难以很快地走出中等收入国家的陷阱。世界上成功地走出中等收入国家陷阱者无一例外都是依靠科技进步,依靠知识创新的驱动,这也客观地说明,我国必须进行经济发展动能的转换,必须走进创新驱动发展的新时代。此外,我国要成为真正的世界强国,实现中华民族伟大复兴的中国梦,就必须在科技创新上占有重要的一席,而且在经济发展上必须以高附加值产业为主,如此才能与强国的地位相符。我国要实现"三步走"战略和"第二个百年"奋斗目标,即在 21 世纪中叶实现社会主义现代化宏伟蓝图,就必须占据科技领先的地位。这一切都寄托在社会涌现出大批创新创业人才的基础上。如果没有充足的创新创业人才,要实现经济发展转型是不可能的。大批的创新创业人才只能来自高校毕业生,不可能依赖于社会自然成熟,所以,高等教育承担着培养数以百万计的创新创业人才的重任。世界上已经形成共识,人才竞争是最根本的竞争,因为一切发展都需要人才来实现。这也是我国实施"人才强国战略"的根本出发点。因此,人才战略成为国家发展的重中之重。

一、创新创业教育的科学定位

要培养大批创新创业人才,高等教育必须扎扎实实地推进创新创业教育,必须把创新创业教育融入整个教育教学过程中,实现创新创业教育与专业教育、通识教育的有机结合。可以说,创新创业教育不仅承担着促进通识教育与专业教育融合的功能,而且也具有促进思想政治教育与专业教育结合的功能,因为创新创业精神实质上是专业教育和通识教育的灵魂,而且是思想政治教育的目标所在。因而,推进创新创业教育是时代赋予高等学校的基本职责,如果不能有力地推动创新创业教育落地,那么,高等教育就无法达到高质量的水平,就不可能为我国参与大国竞争提供助力,当然也难以在中华民族伟大复兴事业中发挥应有的作用。

因此,高等学校必须充分认识自己的使命与担当,积极、稳妥地推进创新创业教育融入教育教学全过程,使创新创业教育深入人心,成为高校的基本办学理念,成为学校改革发展的指南,也成为每位教职员工的切身行动,最终成为每位大学生的行为方针。我们有理由相信,如果我们全面地实施了创新创业教育,使创新创业教育真正收到了实效,而且成为我国高等教育发展的基本特色,那么我们就实实在在地创造了中国特色的高等教育模式,也就成为中国高等教育向世界高等教育做出的一份珍贵贡献,即为世界贡献了中国大学教育模式。

为此,在推进创新创业教育的过程中,无论是高校还是政府决策部门,都必须确立一些基本的认识:首先,创新创业教育不是指某种技能培训,更不是指某种课程学习,而是指一种反映创新时代需要的教育思想体系,是一种涵盖面非常广的教育实践活动,也是一种理想型的教育体系。其次,应该把创新创业教育定位为一种全面的教育,而不是一种特殊的教育,即它既是一种通识教育,又是一种专业教育。之所以是通识教育,就在于它能够促进大学生透析人生哲理,是一种人生观的教育;之所以是专业教育,就在于它要求大学生必须掌握专业知识技能,必须通过学习专业知识了解社会需求和解答社会发展中所遇到的问题,而创新创业教育实质上是一种展示每个人专业知识、专业技能掌握程度的教育。再次,创新创业教育既是一种人文教育,更是一种科学教育。因为创新创业教育首先是人格培养,是要培养一个人具有创造的决心和意志,这种注重人格培养的特性正是人文教育的目的所在。创新创业教育更加注重科学思维方法训练,让学生掌握创造的方法和创造的途径,这正是科学教育的基本内涵。复次,创新创业教育不仅是一种个性化教育,更是一种合作教育,它非常注重每个人的主体性发挥,它要求学生必须明白,只有懂得合作才能把握成功的真谛,合作与个性化之间是可以共生共荣的,而且是缺一不可的。最后,创新创业教育既不是一种一次性的教育,即不是一蹴而就的,也不是一种阶段性教育,即达到某个阶段就可以终止的,而是一种终身性教育,它伴随着一个人终身。

二、创新创业教育的哲学内涵

要正确理解创新创业教育,应该从广义上,即最普遍意义上或哲学意义上来理解创新创业教育。那么对于大学生而言,首先应树立一个意识:人生的本质就是一个创新创业过程,即要从人生价值的角度来思考创新创业的含义。

众所周知,大学时期是人生价值探讨的黄金时期,因为大学生活是人生的真正起点。正是在大学时期,一个人在年龄上达到了成人阶段,在智力和心理上也都已经发育成熟,开始对人生有了系统的思考,所以,确定什么样的人生目标对其一生具有重要的意义。大学的环境氛围能够帮助人们确立人生成长的真正目标。因为大学具有一些无与伦比的优越条件:同学们都非常优秀,进取心非常强,有精良的教授团队,有先进的仪器设备,有丰富的图书资源,有多样的校园文化活动,同学们有旺盛的精力,强烈的探索愿望……这一切都提供了人生探索的最佳氛围。

同时,大学时期不可避免地会出现人生的迷惘,因为原先接受的观念与现实不一致而产生怀疑,对原先自我的认知会受到颠覆,而且社会上纷繁复杂的现象也使大学生感到毫无头绪。如果缺乏"敞开的胸怀",不善于与人交流,就很难获得满意的人生答案。所以,如何看待人生对于大学生而言是一个重大课题。许多人都希望一下子就能够了悟人生,这其实是不可能的。认识人生的过程实际上就是一个不断反思认识自我的过程,在这个过程中不可避免地会遭遇各种挫折,而挫折的经历会促进人进行深入思考。人的挫折经历几乎无一不是来自人际交往过程,因为我们会遇到形形色色的人,他们会对我们产生各式各样的影响,从而会影响我们的心绪,进而会影响我们对世界和对人生的看法。如果我们不能透过现象看本质,就很容易被一些表面的现象所迷惑,甚至会丧失人生信心。所以,大学教育的重要任务之一就是教导学生学会思考,学会分析问题和解决问题,掌握认识的方法论,领悟生活的辩证法,只有掌握了认识的方法论,把握了生活的辩证法,才会在各种现象面前不迷失自我。大学就是通过丰富多彩的校园生活和丰富多样的课程学习,使大学生快速地认识人生本质,领悟自身所承担的使命,找到自己努力的方向,从而确立自己的人生目标,练就自己的真本领,为走向社会取得成功打下坚实的基础。因而,大学期间是一个人人生观、世界观形成的最佳时期。正是在这个意义上说,本科教育是大学教育的基础,"本科不牢,地动山摇"。

人生从本质上讲就是一个不断认识自我、不断实现自我的过程。因为人生的真正意义就在于能够找到自我发展的方向,即找到人生发展的目标,而且能够按照这个目标去努力。显然,目标越是远大,实现起来的难度就越大。甚至可以说,实现理想目标的过程从来都不是一帆风顺的,而是一个不断接受挑战的过程。我们知道,任何目标都不是仅凭个人力量就可以实现的,要依赖于社会合作,依赖于各种主客观条件的齐备,在行动过程中又必须遵守社会规范,不可能随心所欲。只有个体能够具有充分的主动性,才可能在人生的角逐中获得成功。因而,人们每前进一步,都是对自身能力的挑战,都需要自己努力去克服困难。我们虽然拥有了很多知识,但每遇到现实问题都会发现我们的知识储备还远远不够,我们解决问题的方法也不够多样,所以必须不断地充实自己的知识和完善自己的方法。这些不足就是对我们自身能力的挑战。如果我们在遇到问题时不去探求问题的本质,不去主动想办法克服困难,那么就无法解决所面对的困难和问题。事实上,这个解决问题的过程就是一个不断创新的过程。因为我们在解决问题的过程中,头脑中的意念会在不自觉中受到触动,发生改变,在有意无意中影响着我们的行为方式和思考问题的方法,从而实现了观念的转变、行为习惯的改变、思考方法的调整,这些变化无一不是创新。而且我们每一次的成功经历都会为后面的进步打下比较坚实的基础,这实质上就是一个开创人生基业的过程。所以,把人生本质说成是一个创新创业过程也是合理的。

大学生必须确信自己具有充分的创新创业潜能。我们知道,目前社会上对创新创业的理解往往存在简单化和窄化的两种趋向。所谓简单化,就是认为所谓创业就是自谋职业,所谓创新就是搞发明创造;所谓窄化,就是认为如果不去当企业家、不去当老板就不是创业,不去做科学家就不能创新。显然,这些是严重的误解。如前所述,创新创业是每个人必须遭遇的经历,一个人如果不去主动地改变自我就无法适应社会环境要求,不去主动学习,就无法快速成长,这些主动改变自我的过程实质上就是一个创新创业过程,只不过这些改变都是人的下意识或无意识行为,却是积少成多地成为人的创新创业素质与能力的一部分。因为人在其中不自觉地改变了自己的思维方式和行为模式,这些就是素质的变化和能力的变化。

事实上,人们所具有的认识自己不足的能力,改变自我的动力,就是创新创业潜能。不难发现,这种潜能是普遍存在的,它实际上就是人们普遍具有的反思能力。反思能力就是人的发展动力的源泉,人如果缺乏了反思能力就无法发展。甚至可以说,反思永远是人生智慧成长的基础。当人们真正认识到自己的不足时,就开始把弥补自身不足作为自己发展的方向和目标,这实际上就是一种止于至善的动力。因此,反思能力可以转变为确立发展目标的能力,以及为实现目标而进行持续不断地努力的动力,这些就是具体的创新创业的行为过程。

人们普遍都具有认识自己不足的能力,因为人只要生活在群体中,只要与人交往,就会发现自己的不足。人无论与自然进行互动还是与人进行互动,时常会感到自己力量的渺小,会感到自己需要学习的东西太多。特别是人生活在群体中,自然就会相互比较。通过相互比较,人开始真正认识自己,在其中既发现了自己的优势,也发现了自己的劣势,都希望进一步强化自己的优势而弥补自己的不足,这就是人所具有的发展潜能和学习能力。正是因为具有这种学习能力,所以人就能够天天向上,不断进步,目标趋向止于至善的境地。人如果不重视这种能力,放任自己的惰性,就很难进步。

人的最为可贵之处在于具有反思能力,能够认识自己的不足,从而能够不断地提醒自己,及时地提醒自己,避免落后或被抛下。其实,人生中的每一次考试,就是一次筛选。人生所面临的考试是连续不断的,有的是有形的,有的是无形的,有的被意识到,有的没有被意识到,想避免都避免不了。虽然人们普遍惧怕考试,但考试却处处都在。因为社会存在着竞争,每次竞争就是一次考试,每次考试的结果都是赢者上、败者下。这可以说就是自然选择法则在发挥作用,也是社会发展的重要动力源。我们想建立和谐社会,目的是让竞争更加有序,让竞争在公正、公平的环境下进行,如果消除竞争,恐怕社会就无法正常运转了。正是每个人都具有创新创业潜能,才使每个人都不断地去改变自我,不断地去完善自我,最终才使整个社会充满活力。

第三节 创新创业教育的重心所在

现时代是一个创新的时代,更是一个创业的时代,只有创新才能创业。一个人如果没有创新思维,没有创新意识,就很难创业成功。创新是一个民族的灵魂,没有创新,一个民族就没有活力,也没有发展的动力。创新是每个人成长和发展的"基因",不能创新,人就会抱残守缺,停滞不前。创业是一个人的立身之本,不去创业,就无法成就一番事业,就无法赢得社会的尊重。

大学生活是一个人成长发展的最好时光,这个阶段就是打造创新创业本领的最好时期,只有认准目标,抓紧时间努力,才能不负韶华。大学教育的根本目标就在于培养学生创新创业能力,无论知识传授,还是文化浸染,或是言传身教,都应服务于提升大学生创新创业能力这一根本目标,这也是无论通识教育还是专业教育都必须融入创新创业教育体系的根本原因。

一、创新创业教育的四个认识误区

目前创新创业教育面临四个明显的认识误区。

第一个误区,认为进行创新创业教育是专门创新创业课程的事情。这个误区的直接后果就是,认为只要开设一门或两门甚至多门创新创业类的课程就算完事了,从而严重地缩小了创新创业教育的范围。目前许多高校都开设了创新创业教育课程,并且设置了一个必修学分,似乎每个学生都选修了这门课程,学校就完成了创新创业教育的任务,显然这矮化了创新创业教育的高度。我们把这种表现称为"应付论",即认为原来的课程体系和教学计划乃至管理制度可以不做调整,只要开出相对应的课程就万事大吉了,就可以应付上级检查了。

第二个误区,认为创新创业教育目标就是参加创新创业大赛。存在这种认识的高校非常多,他们普遍具有一种功利主义心态,认为只有参加大赛并取得成功才能证明创新创业教育成功。如果参加大赛无法获得奖牌,就无形中抹杀了创新创业教育成果。他们认为应该把主要精力集中在参加大赛上,实行物质和人员的倾斜政策,从而保证获得名次和奖牌。这对于提升学校排名非常有利,甚至有利于实现学校顺利晋级。至于学生的创新创业能力究竟发展得如何,则不是他们的关心范围。我们称这种心态为"功利论",即一切以能否获得实利为出发点。

第三个误区,认为创新创业教育就是培养学生去做科学家或企业家。这种心态虽然不多但也影响很大,因为这种心态就是传统的精英教育模式的翻版。我们知道,随着教育层次的上移,本科生能够从事的科研活动非常有限,毕业后直接从事科研工作的微乎其微,以培养科学家的态度来要求本科生,显然是不恰当的。虽然不少本科生在学习期间开始实际创业活动,但能够把专业知识用于创业活动的仍然非常少,能够经营成功的就更少了,所以大学期间培养企业家是不切实际的。我们只能说大学期间可以培养学生具备科学家或企业家的一些潜质,但无法培养真正的科学家或企业家。我们把这种定位的心态称为"精英论"。

创新创业教育在推进过程中,需要走出这种精英论的狭隘化误区。狭隘化指把创新创业理解得过分狭窄了,即认为只有进行科学发明才是创新,只有创办实体企业才是创业,不认同一个人只要做好本职工作也是创业,不认同人生本质实际上就是一个创业过程。事实上,人的发展过程就是一个创新过程,因为人必然要面临新困难、新问题的挑战,只有挑战成功,人才能发展。这个迎接挑战的过程,就是一个重新认识自我的过程,更是一个进一步认识事物本身的过程,这种认识上的进步无疑就是创新。虽然它只是个人层面的,但对社会进步而言同样具有价值,因为人都是在不断认识事物或世界过程中认识自己的。人不断地学习新东西,这就是人的自我充实与发展,如果没有这个过程,人的发展是不可想象的,整个社会进步也就更加不可想象。

第四个误区,认为创新创业需要独特的天赋和巨额的经济支持。现实中持有这种观念的人非常多,因为他们看到那些成功的科学家或企业家都是具有独特天赋的人或来自资本实力雄厚的家庭。我们并不否认,独特天赋与雄厚的家庭实力确实有助于人的成功,但这不是绝对的,更不是普遍的。企业家中白手起家的仍然是多数,科学家中多数人也来自贫寒之家,他们的独特品格往往是后天磨砺而成的,并非与生俱来的。他们虽然也有人获得了巨额的经济支持,但往往是因为其创业理念比较好或创业团队组织得非常好才赢得了支持。他们是依靠坚强的意志品质和超前的创新设计,以及善于把握市场的能力才创造了人生价值,并非先天注定或家庭决定的结果。我们将这种论调称为"先赋论"。

我们认为创新创业教育绝不是某门课程就能够解决的,而是整个教育体系的事情,也是需要整个社会共同努力的一项事业,因为这其中包括社会文化氛围变革问题,以及社会用人机制变革问题。毫无疑问,大学应该走在创新创业教育的前列,应该从课程教学改革做起,应该把评价制度改革作为重要的突破点,应该为大学生创新创业能力培养提供可靠的物质、制度和文化的保障。所以,把创新创业教育局限在一门课程上是非常狭隘的表现。

创新创业大赛是促进创新创业能力培养的非常好的平台,但是应避免将它神化、绝对化和简单化。神化的表现就是认为大赛成功就一切成功;绝对化的表现就是认为大赛成功是衡量创新创业教育成效的唯一标准;简单化就是把创新创业教育简化为参加创新创业大赛的训练。这样的认识显然是不科学的,因为它只顾一点,不及其余;也是不公平的,因为最终受益的只能是少数学生,绝大多数学生与竞赛是无缘的。我们认为,创新创业大赛只是一种手段而不是目的;大赛成绩只是代表学校具有开展创新创业教育的潜在优势,要想变成现实优势还需要持久努力;而且参加大赛的人毕竟是少数,无法代表总体情况。

创新创业教育的根本目的在于培养高素质的社会公民,而不在于培养多少科学家和企业家。事实上,本专科教育阶段培养科学家基本上是不可能的。我们不否认个别具有科学天赋的人在本科阶段就已经开始崭露头角,但这种人才比较罕见。在整个社会中,科学家和企业家仅仅属于少数人,属于精英分子。对于绝大多数人而言,是要更好地应对工作和生活的挑战,这种解决问题、克服困难的过程也是创新创业的过程。我们每个人的进步和成功,都可以说是创新创业的成功,都是在使人生更加美好,使社会更加和谐,从而促进社会发展。

故而,创新创业是每个人所具有的潜能,只要每个人把个性特长充分发挥出来,就是在创新创业;只要为每个人个性特长发挥创造有利的条件,就是在进行创新创业教育。创新过程实质上就是一种挑战困难的过程,创业过程实质上就是克服困难的过程。因为人在挑战困难的过程中改变了自己的思想观念和行为方式,实现了观念的创新和行为的创新;当人解决了难题时,自己就发展了,事业就进步了,自己发展的基础就更坚实了,这无疑就是为自己创下了一份基业。

二、创新创业教育的四重基本意蕴

我们认为,创新创业教育首先是一种人格教育,其次是一种科学教育,再次是一种合作教育,最后是一种终身教育。①

人格教育,就是指教育学生要有明确的目标追求,要有自己的理想目标追求,教育学生做对社会有贡献的人。这种贡献,是个体创造的结果。如果把为社会做出贡献作为人生目标,就是对人格发展的一种期许,实际上这就是对创造性人格的要求。因为只有这样的人才是受社会欢迎的人,才是生活比较充实的人,才可能是一个幸福的人。如果一个人没有任何贡献,无疑就变成了社会的负担。就实际而言,谁都不希望成为社会的负担,因为那是没有尊严的。为此做人就必须自强不息,止于至善,培养自己的创造能力。在创造性人格的导向下,一个人只要坚持努力,持之以恒,就没有理由不成为创新创业的人才。

科学教育,就是指要教育学生掌握科学的思维方法,把握科学的基本原理,认识事物的基本发展规律,这样才能有效地分析问题和解决问题,从而解决生活和工作与学习中的难题。要使学生认识到,掌握这种科学解决问题的方法就是在培养个体的创新创业能力。如果不掌握科学思维方法,就只能凭蛮力,凭运气,那样充其量只能解决一些非常简单的问题,无法解决复杂的、高难度的问题。随着科技发展越来越精细化,社会劳动分工越来越细,工作的专业性越强,对从业者的科学思维方法的要求就越高。

---

① 王洪才.论创新创业教育的多重意蕴[J].江苏高教,2018(3):1-5.

合作教育，就是教育学生无论做什么事情，都需要考虑群体的意志，不能我行我素；都必须善于与人相处，明白自己不是单一的存在，而是一种社会关系的存在。懂得要成就任何事情，都无法仅靠个人努力就行，都需要获得他人的支持和配合，只有善于合作，才能获得最大成功。要使学生认识到，沟通合作能力就是一种关键性的创新创业能力。具体而言，合作教育的目标就是要学生在行动过程中注重发挥团队的力量，不要只顾逞个人英雄主义。显然，合作教育不是不要个性，而是要注意尊重他人，团结他人，形成合力；要注意处理好个人目标和团队目标之间的关系，以及个人利益和集体利益的关系。我们注重在不违反原则的情况下，充分尊重个体自由。

终身教育，就是指教育学生必须不断学习，使自己的创新创业能力不断获得提升。我们每个人都需要不断学习，不断提升自己，要善于从反思自我中总结经验和弥补自己的不足。为此我们需要时刻提醒自己，不能麻痹大意，不能骄傲自满，不能自以为是，不能以自我为中心。对于每个人而言，每一天都会遇到新挑战，都需要去解决面临的难题，都需要对自己的经验进行反思，思考解决问题的新方法、新途径。技术在改变生活，技术也在改变人们的思维方式，我们需要适应新技术的要求，运用这些新技术开创一番事业。这些都是终身教育赋予创新创业能力培养的意蕴。

三、创新创业教育以核心素质培养为基础

无论谁，要想走向成功都离不开一些基本素质的培养，其中有些素质是基础中的基础，我们把这些素质称为核心素质。概括起来，就是前文所提到的七方面素质，这些素质在人的成长与发展过程中发挥着不同作用，从而成为创新创业教育的目标导向。

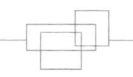

（一）自信心培养

人的所有能力素质中,排在第一位的大概就是自信心,因为一个人如果没有了自信心,基本上就没有发展希望,也可以说自信心就是能力的标志,没有自信心就没有能力。所以,在教育活动中首先要注重自信心的培养,自信心是能力的代表,同样,能力是自信心的表现。因而在能力培养中自信心培养是第一位的。

人的自信心显然是逐渐积累起来的,绝不是一蹴而就的。自信心培养要求我们从小事做起,从身边的事做起,具体而言就是从自理能力和自制能力做起。虽然生活起居都是一些小事,凑合和将就也可以过得去,但这样的生活总让人觉得缺乏美感,缺乏追求,无法使人愉悦,特别是有碍观瞻。为了使自己的人生充实起来,必须让自己精神起来、利索起来,那么就需要管理好时间分配,做好情绪控制。自信心培养是从自制力培养开始的,如果能够处理好生活中的点滴小事,就是自制力强的重要表现,这些基本素质都是走向成功的基础。

（二）责任心培养

责任心可以说是人生中最重要的品质之一,也是最为可贵的品质之一。有责任心才能赢得人们的尊重,才能受到别人重视,如果没有责任心则很难被人看得起。所以,责任心是成功的根本,缺乏责任心的人是不可能成功的,人们一般不愿意接受缺乏责任心的人,如果批评一个人缺乏责任心那是非常严厉的批评。责任心就表现在做人做事上是否具有担当和是否具有认真负责的态度。如一个人不能轻易允诺,一旦允诺就要践行;对待工作必须严格要求,一丝不苟,不能得过且过;对上级交代的任务必须尽最大努力完成,如果不能如期完成任务必须及时说明情况,以便上级部门考虑更换人员,从而避免耽误大事;对自己该做的事情必须按时完成,不拖拉,力争做到使自己满意。

(三) 冒险精神培养

我们在做任何事情的过程中,都可能面临利害得失的考验,如果在一些紧要关头犹豫不决,就很可能葬送前程。在关键时刻,敢于破釜沉舟是需要巨大勇气和智慧的,缺乏勇气和智慧不可能成功。在勇气与智慧背后所蕴藏的是冒险精神,冒险精神不仅是一种挑战困难的勇气,也是一种战胜困难的决心,同时还是一种不怕牺牲的气概,更是一种面对困难的客观理智态度。所以,冒险精神培养针对的不仅是胆小怕事的怯懦心理和遇事慌里慌张的心态,而且也针对冒冒失失的做事风格。冒险精神一般都是在鼓励的氛围下成长起来的,只有在不怕失败、宽容失败的环境中,人们才敢于尝试。不敢尝试,就无法创新,所有的创新都是冒风险的,如果惧怕任何风险,终将一事无成。家长在教育孩子的过程中总是强调安全第一,这在主观上没有错误,但在客观上却压抑了人的主动精神和探索欲望,当然也遏制了冒险精神的培养。

(四) 合作精神培养

当今的大学生不仅非常缺乏冒险意识,而且非常缺乏合作能力,从本质上讲就是缺乏合作意识和合作精神。缺乏冒险意识,往往就不知道合作的价值,从而就缺乏合作意识。即使他们生活在集体中也是被动的参与者,缺乏为集体发展而共同谋划、共同创造的精神。这与中小学奉行的应试教育有关。应试教育把人的精神束缚在分数上,束缚在个人奋斗上,不太关心集体是什么。进入大学教育阶段,受功利主义影响,人们的竞争意识增强,而合作精神却进一步被弱化,这对于大学生走向社会开展创新创业活动是非常不利的。一个人要成功,必须依靠集体的力量,只有学会合作才有成功的希望。

合作精神主要体现在团队成员之间的群策群力过程中,是把集体智慧和集体力量发挥到极致,鼓励人们从整体而不是从局部或个体看问题,看问题要善于做理性分析,放弃个人意气之争,放弃虚荣心理,能够在群体内部进行坦诚交流。中国传统文化比较崇尚个人英雄主义，对于团队精神培养重视不够，从而也不重视合作精神的培养。合作精神就是培养人要有大局观，要具有集体主义精神，要学会交流沟通，要善于运用语言艺术去说服他人，促进团队决策最优化。

（五）市场意识培养

我们生活在一个市场经济的社会，一切资源都需要通过交换才能够获得，要想无偿获得资源会越来越难。一个人要获得个人发展的资源，就必须对社会有所贡献，如此才能获得社会的回馈。如果一个人不知道社会需要什么，那么就很难为社会做出贡献。了解社会需求的过程实质上就是培养一个人市场意识的过程，只有知道社会真正需要什么，个人才能把握自己的发展机遇。所以，市场意识集中体现在了解社会需求上，关注社会需求变化是市场意识的集中体现。

一个人只有关注社会需求，才能把自己放在主体的位置上，才能为自己寻找到正确的发展方向。可以说，满足社会需求，才是个体发展的正确方向。社会在发展过程中也会遇到各式各样的困难，所以，社会发展要求每个人都做出贡献，这样才能使社会进步，使生活更加美好。所谓创造美好生活，就是要满足人们日益提升的物质需求和精神需求。很显然，要创造合适的物质产品和精神产品并非易事，这需要具有科学求实的态度、认真探究的精神和深入研究的毅力，只有通过科学研究的方法才能解决这些社会上存在的难题。

（六）风险意识培养

总体而言，中国人的风险意识是比较强的，这与中国古代社会完全依靠大自然才能生存，对自然具有高度的依赖性有关。中国人的发明创造很多时候都与风险意识有关。例如，最著名的就是张衡发明的地动仪，就是为了提高人们防范地震风险的意识。所谓风险意识培养，就是指教育学生做任何事情都应该具有成本概念，要对成功率进行评估，如果风险系数太高，可能所做的就是无谓的工作。我们虽然鼓励冒险，但不鼓励盲动。鼓励冒险是指事物具有百分之六七十的成功概率就可采取行动，而不是等到百分之百的成功率才做决定，那个时候可能就已经落后，没有机会了。"只要有百分之一的可能，就做百分之百的努力"，这个口号虽然非常豪迈，但在现实中是不可行的，因为那是彻头彻尾的冒险主义、盲动主义，而不是一种理智行为。

（七）抗挫折性培养

抗挫折性说到底就是人抵御失败时的心理承受能力，它是人的意志品格的重要体现。抗挫折性培养就是要求人们要敢于面对失败的现实，而不能采取逃避的态度。它要求人们在挫折面前不气馁，敢于再次接受挑战，坚定自己不达到成功决不罢休的决心。当今青年学子普遍存在抗挫折性差的问题，他们耐受力低，惧怕失败，一遇打击就会垂头丧气，甚至丧失斗志。目前许多高校开展的综合训练项目就是在提升学生的抗挫折性。教育者应作为辅导者的身份出现，当学生面临失败打击时能给予指导、帮助和鼓励，进而有效地提升学生的抗挫折性。

四、创新创业教育以关键能力培养为重点

社会非常需要创新创业人才，具有哪些能力才能属于创新创业人才呢？根据长期的观察分析发现，前面所提到的七种能力就是创新创业人才必备的关键能力，如果一个人具备了这七种关键能力，他就是创新创业人才。总之，这七种关键能力就是创新创业教育应该重点培养的能力。

（一）目标确定能力，重在培养人的志向

为什么第一位的是目标确定能力？因为如果一个人没有奋斗目标，就没

有行为动力。作为一个有所作为和有所成就的人,首先必须目标明确,知道自己究竟追求的是什么。所以,目标确定能力是第一位需要培养的能力。

培养大学生目标确定能力是大学教育的迫切需要。目前大学生普遍处于人生迷惘期。据有关调研显示,北京大学有 40% 的学生处于空心人状态。大家都知道北大的学生非常优秀,如果北大学生都存在高达 40% 的空心人状态,那么其他高校的情况也许会更加严重。所谓空心人状态,就是指这些人缺乏独立思考的能力,不知道人生意义为何,终日处在一种忙碌而又焦虑的状态中。事实上,这种情况在整个社会都非常普遍,但对于处在朝气蓬勃时期的大学生群体而言,就非常不符合社会发展的要求。

大学生的人生迷惘不仅表现在缺乏人生理想目标上,还表现在行为上缺乏节制或自律,往往沉迷于网络而不能自拔,自制力非常差,做事情非常拖拉,拖延症现象非常普遍。缺乏追求也许是社会物质丰富给教育留下的特殊难题。目前在校大学生多为独生子女,他们的成长赶上了中国经济的快速发展时期,人们物质生活水平获得了巨大提升,他们普遍被家庭宠着,缺乏受苦受累的体验,并且养成了"衣来伸手、饭来张口"的习惯。

所以,如何在当代培养下一代具有奋斗精神,是当下高等教育面临的特别艰巨的课题。例如,今天提倡的劳动教育就是试图解决这个难题。但传统的劳动教育方式已经过时,如何通过创新劳动教育方式实施有效的劳动教育,是当前大学创新教育教学所面临的课题。实施创新创业教育首先要培养学生对自己的人生进行定位;其次是培养学生对专业发展方向进行定位;再次是培养学生对其学业发展水平进行定位;最后是培养学生对各门功课成绩进行定位,这一切都是对目标确定能力的培养。

(二) 行动筹划能力,重在培养人的预见力

当代大学生不仅存在人生目标模糊的问题,也存在行动力和执行力差的问题。之所以会如此,是因为学生很少对自己的行动进行有效的筹划,即对

自己行为可能的效果缺乏估计,对自己行为可能出现的影响因素估计不到位。所以,一旦在行动过程中遇到了阻力就会搁浅行动,本来应该达到的目标也达不到。追根究底,行动力差仍然是大学生内在动力不足所导致的结果,所以他们在做事情时都是被动的,也没有行动计划。因而,一个人只有在有了行动目标之后,才会认真思考该如何实现目标。

事实上,一个人在确定目标的过程中就已经开始思考实现目标的难度,思考实现目标具体需要什么样的条件,也开始思考自己的优缺点。这进一步说明,理想目标导向在创新创业教育发展过程中的首位意义。人一旦确立了行动目标,就会开始规划自己的行为,从而也开始监督自己,使自己的行为能够尽快地接近自己的发展目标要求。而且在筹划具体步骤的行动中,也在有意无意地训练自身的理性思考能力,包括对自己的判断能力及对周围事物的判断能力,懂得如何利用有利条件促成自己目标的达成。

(三)果断抉择能力,重在培养人的决断力

无论是在确定目标之际,还是在行动筹划之时,人都会面临许多选择,而每一个选择都具有它的诱惑力。当然,每一个选择也意味着必须付出足够的努力或代价,所以,该如何平衡,就是对一个人的抉择能力的考验。为此,一旦确定了行动目标,就需要认真筹划行动过程,就需要对自己的行为习惯进行系统的反思,就需要理智地思考自己面临的每一项选择的意义,而且一旦做出决断,还必须割舍自己的不良行为习惯或嗜好,确立新的行为习惯。人只有在认识到自己的不足之后,才会在具体行为上做出改变,甚至需要弥补自己的性格缺陷。

人要做这样的改变,就必须非常果决,绝不能迁就自己的脆弱心理,更不能迁就自己的不良习惯,必须具有"壮士断腕"的勇气,从而做出抉择。这个时候,一个人才能真正地变成理性的人,即行动不单纯从自己的喜好出发,而是从实际需要出发,而且必须善于把自己作为工具进行改造,绝不能不断地

为自己的不足进行辩护。所以，果断抉择能力的培养就是要培养人善于从大处看问题，善于抓大放小，善于区别事物的轻重缓急，善于割舍，善于投资。

（四）沟通合作能力，重在培养人的同理心

沟通合作能力缺乏也是中国学生普遍存在的问题，因为中国教育不太注重学生的组织能力培养，不太注重社会交往训练，也不太注重语言艺术训练，这就导致大学生往往不善于表达自己，要么过分压抑自己，要么过分张扬自我，很难把握人际交往的度。沟通合作是一门艺术，只有把握社会交往技巧时才能掌握这门艺术。

人要学会沟通合作，就必须学会尊重别人，并且要把它变成一种基本素养；还必须学会表达自己，善于使用合适的语言来表达自己的愿望；特别要学会倾听，善于听取不同的意见和建议。其中最难的，就是学会集中大家的智慧，形成大家共同的发展愿景。当然，这是一种领导能力的体现，是领导者必备的素质。

（五）把握机遇能力，重在培养人的耐心

每个人都会遇到很多的发展机会，但人们又很难抓住每一次机会，这是因为人们很多时候不知道究竟需要什么样的机会，从而无法辨别适合于自己的机会，最终与机会擦肩而过。事实上，人与人的发展成就不同，很大程度上就是因为发展机遇不同。因为每个人的发展机遇都是不同的，都与个体素质具有密切的关系，所以机遇从来都不是平均分布的，往往因人而异，往往都是在特殊时间、特殊地点、特殊事件、特殊的人造就了一些特别的机遇。

机遇往往是在交往过程中产生的，如果不善于交往，往往就缺乏发展契机。所以，我们每个人都需要关注自己的德性涵养，只有让人觉得你是可信的人、可交的人，别人才会给你提供机会，才会有机遇。如果一个人品行不端，人们敬而远之，自然就缺乏发展的机遇。

(六) 风险防范能力,重在培养人的细心

中华民族是忧患意识非常强的民族,"人无远虑、必有近忧"已经成为多数人的人生格言。对于成功人士而言,他们经常能够以此来提醒自己。而对于日常生活的平常人,风险意识往往是不足的,身处校园中的大学生也是如此。因为他们缺乏社会经历,常常难以识别风险,所以经常会遭遇一些莫名的风险。风险往往发生在贪心之处或贪念之时,人在此处或此时很容易经不起诱惑。风险也经常发生在一个人粗心大意之时,"粗枝大叶、往往出错","小错不补、大错受苦",很多时候往往一些微小的过错就可能酿成大祸,人们常说的"失之毫厘、谬以千里"就是如此。很多风险也往往发生在制度疏漏上,因为缺乏严格的责任监督机制,常常使责任落实不到位,结果便酿成不可挽回的损失。当然,风险也常常发生在人们抱有侥幸心理上,人们总是误以为,细小的错误不会影响目标的实现,但积少成多,"千里之堤,溃于蚁巢"就是这个意思。所以提升风险防范能力,就需要从这些容易发生风险之处着手。

(七) 逆境奋起能力,重在培养人的韧性

现在的大学生,抗挫折能力低是一个公认的事实。大学生"跳楼事件"的发生,大学生心理疾患现象比较严重等,都与抗挫折能力低有关。所以提升抗挫折能力,培养逆境奋起能力,是人生修炼必须经历的一门课,这门功课的成绩决定了一个人究竟能够走多远。任何人都必须认识到,一般不经历失败是不可能成功的,能否在失败后继续前进,关键是对待失败的态度。如果把失败归结于运气不好,那是一种弱者、当然也是逃避责任的表现;如果把失败归结为自身谋事不周,那是一种负责任的态度;如果认为自己可以从失败中学到很多东西,这就是一种智者的态度;敢于在失败后再次尝试,更是一种勇者的表现。

人往往不是被失败本身打败的,而是被对待失败的态度打败的。所有的

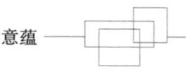

成功者都是在失败后没有气馁,敢于继续努力,再次尝试,最终才获得了成功。所谓"不经历风雨就难以见彩虹","世界上没有随随便便的成功",所有的成功都是敢于挑战失败的英雄所为。

第四节　关于创新创业能力的界定

我们对创新创业能力展开研究,首先需要对它进行严格的定义,这是持续推进研究的需要。事实上,进行这样的严格定义是冒险的,因为进行严格定义需要对事物进行系统的、全面的、彻底的认识,所以,我们一般都是从规定性定义出发,赋予某个概念特定的内涵。当然,也有采用描述性定义的方法,对事物是什么进行一般性描述,不对事物本质进行界定。

对于创新创业能力而言,最简单也是最直接的描述就是把它定义为从事创新创业活动的能力。这样的描述虽然并无错误,但显得空洞无物,因为它缺乏任何实质性的内涵。而稍微具体一点的描述是:人们在创新创业活动过程中表现出的能力总和。这个描述仍然缺乏实质性意义。更进一步的描述是:人们产生创新认识和做出创新成果并转化为社会生产力的能力。这个定义仍然是从字面意思出发的,并没有赋予创新创业能力特定的内涵。

我们在研究中发现,从狭义的角度来定义创新创业能力适用面非常窄,无法适应"大众创业、万众创新"的形势要求,必须从广义的角度,即从哲学的视野出发进行定义。我们认为,广义的创新创业能力就是一个人不断更新思想观念和向着理想目标持续奋进的能力。这个定义似乎仍然把创新和创业分成两个部分,即创新主要侧重于认识的更新,而创业侧重于行动的改变,还不是一种整合的观点。从整合的角度看,创新创业能力是一个人不断寻求理想自我并实现理想自我的能力。其核心就是认识自我和实现自我,这实质上既是创新创业的内生动力,也是创新创业需要的根本能力。

我们把创新创业能力看成是思想与行为融为一体的,连续不断的行动过程。这种能力又可以划分为七个比较具体的能力:目标确定能力、行动筹划能力、果断抉择能力、沟通合作能力、把握机遇能力、风险防范能力和逆境奋起能力。下面对各个能力进行分别论述。

一、目标确定能力

目标确定能力可以界定为一个人能够快速地确定行动目标的能力。我们对目标进行限定,限定为行动目标;对能力也进行了限定,把既快且好作为它的内涵。换言之,如果一个人始终找不到自己究竟该干什么,说明其目标确定能力较差;如果一个人很快就找到了自己的工作任务目标,说明其目标确定能力比较强。显然,这里"好"是针对"合适性"而言的,即目标确定得快并不意味着能力强,确定的目标合适才是关键。如何来衡量目标是否合适呢?首先从目标的难度而言,如果难度太大,无法实现,显然就不合适;如果难度太低,缺乏挑战性,对个体缺乏促进意义,当然也不合适。更何况难度大小也没有固定的衡量标准,因为难度是因人而异的。

目标究竟是否合适,该如何看待?我们提出的一个基本理论假设是:如果一个人的行动目标是基于个人的兴趣爱好而提出的,并且进行了理性评估,那么它对自己发展的带动意义就非常大,反之,对个体发展的促进意义就非常小。进而言之,创新创业能力是个体主动探索能力的表现,只有一个人乐意从事,并且能够预见到可能的结果,他才能最终有所突破。如果他不是心甘情愿地去从事且无法预计到可能的结果,那么他就无法获得非常理想的结果。由此可见,合目的性实际上就是合意性。

需要指出的是,仅仅从个体兴趣方面出发往往具有很大的盲目性,要与社会需要结合起来才能使兴趣具有现实的支撑。如果不与社会需要结合起来，那么目标本身的有效性就有问题，或者说实现的难度就难以估量。一般而言，所确定的目标反映社会需要越准确，就越容易获得支持，目标实现起来就越容易，反之亦然。

如此，就需要对目标确定能力进行重新界定：指一个人根据现实需要和内在追求而确定行动目标的能力。这个界定强调了两个因素：一个是现实的需要；另一个是内在的追求。这两者都是衡量目标合理性与有效性的维度，缺乏这两者显然不行。

二、行动筹划能力

行动筹划能力是指一个人对达到目标所需要的条件进行系统规划设计的能力。它是在行动目标确定之后才会考虑的或真正提到议事日程的。但这只是一种理想逻辑，还不是一种现实的逻辑，因为人们的思维活动是不能被机械分割的，都是有机地集合在一起的，只不过在不同时期思考的重点不同。人们在目标未确定之前总是感觉自己很彷徨，需要有一个明确的目标指引，于是总是要考虑自己的理想究竟是什么，以及社会真正需要什么，然后就在这两者之间进行反复权衡，最终找到一个平衡点。

一般而言，人们都不会单纯地从理想出发而完全不顾现实，也不会单纯地从社会需要出发而不顾个人兴趣爱好。如此，当一个人在明确自己的行动目标之后，就必然要筹划该如何行动才能实现自己的目标。这个筹划过程是指对影响行动目标的一系列因素进行系统周密的分析，把它们构成一个有机的系统，形成具有内在联系的行为链条。在其中既进行理性的科学性思考，也进行感性的可行性分析。可以说，这个时候对各种影响因素考虑得越全面越好，并且对各个影响因素之间的内在关系考虑得越透彻越好。只有这样，才能为之后的合理抉择提供科学的依据。如果对各种关系缺乏一个科学的认识,那么随后的抉择过程可能就是盲目的。因此可以说,行动筹划能力就是一个人对行动过程中可能出现的有利因素和不利因素进行系统而周密思考的能力。

系统思考指的是一种全过程思考,即把事物发展过程中可能出现的影响因子都考虑在内,进行一个总体评价,找到其中关键的影响因子和一般性影响因子以及核心影响因子;周密思考指对其中的显性关系和隐性关系进行一并的思考,如果只考虑显性因素影响,而不考虑隐性因素影响,显然是不周密的。所以,行动筹划能力是指,对行动过程中可能涉及的影响因素进行通盘考虑,并找到其中的核心因素和关键因素的能力。

三、果断抉择能力

果断抉择能力是指一个人能够在复杂的选择面前快速做出决定的能力。当一个行动计划要落实到具体方案时,必须具备进行具体措施抉择的能力。因为任何行动计划一旦要付诸行动就必须采取慎重抉择的态度,必须在各种行动措施之间进行抉择。通向目标实现的路径虽然有很多种,但没有一种是十全十美的,每一种方案都存在着弊端,各种方案之间也不可能采用简单累加的方式,而且各种方案之间往往也存在着相互排斥的效应,只能从其中进行优选。针对各种方案的优劣如何抉择则考验一个人对问题认识的深度和一个人驾驭事物的能力,从而也考验一个人的胆识。对于任何人而言,都希望最大限度地获益而最低程度地受损。果断抉择能力既考验一个人的辨识力,又考验他的决断力。所以,果断抉择能力就是一个人在面临多重选择时所表现出的毅然决然的态度,是对自我价值理念的进一步强化,是对行动目标认识的进一步深化和对行动筹划的高度聚焦。一般而言,一个人对自我价值目标认识越清楚,行为决断上越容易。

由此可见,一个人的行为决断能力主要依据他的价值理念,因此也考验他对理想自我认识的清晰度。一个人的抉择不可能是一种纯粹工具性选择，或仅仅看到近期的利益而不顾长远发展目标，一般都试图把近期发展目标与长远发展目标结合起来，既具有理想导向的品质，又希望符合现实需要，从而最大限度降低行动的阻力。因而从学理上看，果断抉择能力就是考验一个人对不确定性的辨别能力，考验一个人对事物本质的认识能力。

四、沟通合作能力

它是指一个人与他人形成一致行动目标并采取一致行动的能力，是一个人在团队之中发挥积极影响的能力。一个人为了实现自己的目标就必须与他人合作，与他人进行沟通，这是领导品质的重要体现。沟通合作能力绝不是指一个人能言善辩，也不是指他善于配合，而是指他能够充分地表达自己的意见并获得别人认同及支持的能力。为此，取信于人是沟通合作能力的第一位表现；而能够把自己的思想精髓精准地传达出来，并且以合适的方式传播出去是沟通合作能力的第二位表现；当遇到质疑之际能够耐心解释并能够虚心接受批评意见是沟通合作能力的第三位表现；始终发挥一个积极的正向的作用则是沟通合作能力的一贯表现。可以说，这种能力能够成为团队的平衡器。

沟通合作能力是一个人整体素质的表现，也是一个人人格魅力的展现，更是他的人生态度的展现。如果一个人的性格不是开朗的，其沟通合作能力就会受到很大的局限；如果一个人的行为是自私自利的，自然就限制了其沟通合作能力；如果一个人没有真才实学，其交往范围就会受到局限；如果一个人没有鸿鹄大志，也很难具有持久的乐观心态，也就难以给人一种积极的正向的印象。之所以产生沟通需要，是因为团队之中存在分歧或意见不一致，那么沟通的出发点就是要站位高，思考长远，照顾共同利益，这样才可能消除分歧，达成一致意见。所以，具有远见卓识是有效沟通的前提。

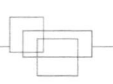

进行沟通就要求善于言辞,能够言辞真切,能够打动人的内心,这就需要具有换位思考能力,能够运用别人听得进去的语言进行交流,如果只知运用冠冕堂皇的语言,就很难收到预期的效果。达成合作的目标就是实现双赢,不能单纯照顾某一方面的利益。具有这样的眼光就需要具有宽广的心胸,需要具有战略思维能力,需要具有超强的意志力,而且必须具有踏实肯干的精神。只有这样,才能真正地取信于人,赢得别人的尊重和主动合作。故而,沟通合作能力就是人们达成共同奋斗目标、形成团队合作氛围的能力。

五、把握机遇能力

把握机遇能力是指一个人快速识别机遇并准确地把握机遇的能力。它是创新创业能力的重要构成部分。成就任何事情都需要善于利用环境中的一切有利因素,服务于自己所确定的总体目标的实现。如果不善于利用环境中的有利因素就会延迟事情的发展进程。可以说,人生机遇无处不在,就看人们是否善于发现并及时把握。如果一个人不善于发现哪些是有利的因素,也就很难区别出哪些是不利的因素。

一个人只有对自己的目标认识得越深刻、越清晰,对自己行动筹划越全面、越系统,才可能真正提高自身对机遇的发现能力。而对机遇的把握能力很大程度上取决于个体的果断抉择能力。世界上没有免费的午餐,把握机遇也需要付出相应的努力或代价,即必须具有相应的投入。所以,善于抉择意味着善于进行利弊权衡,只有用尽可能小的代价获得尽可能大的利益,这样的选择才是明智的。

创造机遇意味着一个人需要更加主动地作为,通过先期的努力,成功地获得社会的认可和关注,从而为自身赢得更多合作机会与发挥作用的舞台或市场。"若欲取之,必先予之。"所谓机遇,就是特定情况下出现的有利情

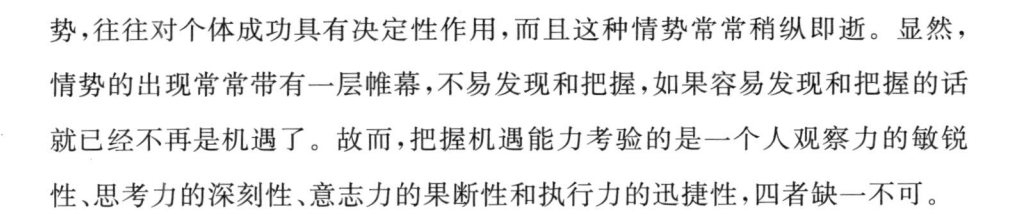

势,往往对个体成功具有决定性作用,而且这种情势常常稍纵即逝。显然,情势的出现常常带有一层帷幕,不易发现和把握,如果容易发现和把握的话就已经不再是机遇了。故而,把握机遇能力考验的是一个人观察力的敏锐性、思考力的深刻性、意志力的果断性和执行力的迅捷性,四者缺一不可。

六、风险防范能力

风险防范能力是指一个人发现潜藏的风险并预先采取对策的能力。它也是创新创业过程中一个非常重要的能力,也是创新创业活动中的关键能力之一。创新创业的过程中机遇与风险常常是并存的,而且风险的隐蔽性更强,常常具有欺骗性和诱惑性,更难以发现。一般而言,完全风险防范是不可能的,人们只能在一定范围内防范风险。很多时候,风险防范能力一般都是在遭遇失败经历之后才能获得提升的。没有切身体验,对很多风险的认识就不深刻,可以说,风险防范能力来源于人的反思能力,实际上也就是向失败学习的能力。无论是自己的失败经历,还是他人的失败案例,都具有很多值得借鉴与学习的地方。

风险防范能力所考验的是一个人是否具有冷静的头脑和辩证思维能力,以及"未卜先知"的能力。如果人们不善于辩证思考,就容易顾得不顾失;如果人们不善于见微知著,就很难做到有效防范。一般而言,一个人如果做事情小心谨慎,就可以少犯错误;一个人如果注重谋划长远,就不会只顾眼前利益而不顾长远发展;一个人如果在利益诱惑面前能够做到不心动,就会避免一些无妄之灾;一个人如果勤于修身并且为自己制定了严格的行为准则,就能够摆脱一些欲望的纠缠。

由此可见,风险防范能力实际上考验的是一个人的自律能力和反省能力。如果一定要定义风险防范能力的话,那么我们可以把它定义为善于预见风险并预先采取应对策略的能力。风险防范能力也反映了一个人对事物认识的全面性和深刻性,如果一个人对事物认识不深刻,那么许多潜藏的危机就难以发现;如果一个人对事物认识得不全面,那么就会出现顾此失彼的情况。

七、逆境奋起能力

逆境奋起能力是指一个人勇敢地面对失败的打击并寻求新的突破的能力。具体而言,它是指一个人虽然经历了挫折但并不灰心,仍然能够保持高昂的斗志,具有一种迅速调整心态和思维方式,并重新规划发展目标和行动方案的能力。这是创新创业者最需要的一种品质,它往往决定一个人究竟能够走多远。现实中人人都希望一帆风顺,但人生经常遭遇逆境,如何对待逆境,就是对一个人持续发展能力的最大考验。人生就像一场马拉松,不能只看暂时的成败得失,必须具有持久奋斗的意志。一个人必须认识到遭遇挫折是必然的,如何对待挫折是对自身发展潜力的直接检验。一个人只有认识到挫折对人生成长的价值,才能理智地面对挫折;一个人在挫折面前发现了自己新的成长空间,则证明他具有无限发展潜力;一个人能够迅速制定出新的行动方案,说明他具有超强的创造力;一个人能够以失败经验为鉴就证明他的行动方案越来越稳妥,越来越具有前瞻性。

如果一个人不能在挫折面前迅速地恢复自己的奋斗意志,就说明其发展潜力比较有限。可以说,逆境奋起能力是一个人是否具有奋斗精神的直接反映。一个人只有具有高度的自信心,具有挑战困难的勇气与决心,对自身奋斗目标具有执着的追求,才能不惧怕挫折,而且愈挫愈勇。故而,逆境奋起能力就是指一个人消除挫折影响并寻求新的发展机遇的能力。

总之,七种能力之间的关系是连续的、递进的、循环的。所谓连续,是指创新创业的各种能力构成了一个相互联系、相互依赖的整体。所谓递进,是指各种能力都存在一个逐级上升的过程,有第一个能力存在,第二能力才有意义,以此类推。所谓循环,是指各种能力都是处于动态的、发展的过程中,往往经过挫折的考验之后就会进一步提升。可以说,逆境奋起能力既是第一次能力系列的结束,也是第二次能力系列发展的开始,每经历一次事件,各种能力就得到了一次考验,因此各种能力就会形成一种循环往复发展态势。

第三章　创新创业人才的理想模型

第一节　创新创业人才研究的方法论思考

我们认为大学创新创业教育的有效开展,有赖于人们对创新创业人才所包含的人格特质、核心素质和关键能力有一个比较清晰的认识,否则创新创业教育开展就缺乏明确的目标导向和具体的衡量维度,以及准确的评判标准。我国推行创新创业教育的目的无疑在于造就数以百万计的创新创业人才,如果人们对创新创业人才所蕴含的人格特质和核心素质及关键能力认识不清晰,那么开展创新创业教育就容易成为一种盲目的行动。为此就急迫需要探明创新创业人才的人格特征是什么,核心素质是什么,关键能力又是什么,这些都是大学开展创新创业教育所面临的基础问题。

一、传统的典型个案研究方法的优点与不足

在国内,无论学术界还是实践界,都对创新创业人才培养问题表现出浓厚的兴趣,因为培养创新创业人才是对时代呼唤的回应,是当前高校面临的最急迫课题之一,也是亟待理论界回答的课题之一。事实上,无论理论界还是实践界都已经展开了对创新创业人才的素质特征的多方面探讨,从成立创

新创业学院到建立大学生创业园,再到开设系列的创新创业教育课程,都是实践界进行的尝试。理论界在创新创业教育探索方面也发表了大量研究性文章,从"广谱式"教育观念[①]的提出,到"多重蕴含"的确定[②]以及对其核心与难点的确认,直到对创新创业教育成效的评估,都可以看出理论界的不断努力。

然而无论国内还是国外,都没有对创新创业人才的人格特质、核心素质和关键能力进行确认,这就成为横亘在创新创业教育有效开展途中一股无形的阻力。人们渴望能够找到创新创业人才的人格特质、核心素质和关键能力,以便于对人们的创新创业行为做出最具有说服力的解释,并为创新创业教育开展制订行之有效的方案。人们惯常的思维方式是从那些创新创业成功者身上找到创新创业人才的人格原型,并进一步找到其核心素质结构以及其所具有的关键能力。这种努力往往并不成功,原因在于人们所搜集到的样本往往都是个别的、情境化的,不具有推广性,从而无法找到创新创业人才素质特征的全景图。毕竟这些成功者都是一个个典型个案,都具有自己的特殊品质,很难从中建构出一个普适性的理论模型来。故而这种"从个别到一般"的归纳式思维方法看来是无效的,因为无论搜集到多少个成功的创业者或科学工作者的典型案例,他们都依然是一个个孤立的个体,无法形成一个整体,即无法形成关于创新创业人才的一般性特征或普遍特质,抑或是理想品质。为此,就需要转换一下思维方式,走"从一般到特殊"的思维路线,即从哲学演绎的视角出发,寻找创新创业人才的普遍特征。

但不得不说,目前关于创新创业人才素质的典型个案研究仍然是非常具有启发性的,因为它展现了创新创业人才的众生相,揭示了影响创新创业人才成长和成功的复杂因素,对人们理解创新创业过程的复杂性无疑是非常有益的。正是这些影响因素的复杂性,造成了一种结局:要找到他们共同的素

---

① 王占仁."广谱式"创新创业教育体系建设论析[J].教育发展研究,2012,32(3):54-58.
② 王洪才.论创新创业教育的多重意蕴[J].江苏高教,2018(3):1-5.

质特征和能力结构是非常困难的！因为现实情况太复杂了，每一个成功者都展现出一种多元品质，都无法运用一个统一的模型来概括。如此，采用这种个案式研究途径未必适宜。

二、创新研究需要田野观察与哲学思辨相结合

对于创新创业人才的能力素质模型构建，需要在长期田野观察的基础上，通过哲学思辨的方式进行突破，因为没有长期的田野观察作为基础，就缺乏对创新创业人才品质的丰富多样的感性认识；如果不从哲学角度进行思考，就无法做到观点是系统的、整体的、立体的、全面的和辩证的。所以，将长期的田野观察与哲学思辨方法有机结合在一起，就能够得出一个既具有生动性，又具有普适性的能力素质模型，从而为开展创新创业教育研究，抑或是创新创业教育实践提供一个具有广泛解释力的理论框架，同时对于解释广泛的创新创业现象具有指导意义。

过去人们在创新创业人才能力素质研究中惯用的是典型个案调查方法，特别注重的是商业创业或科技创业的成功者所具有的突出品质调查，往往忽视了对基础科学领域创新人才的能力素质特征进行研究。也许这也代表了大学人才培养风尚的变化，即过去的人才培养理想目标是科学家和学者，现在的人才培养理想目标是企业家和经理，人才培养模式重点逐渐从知识生产者转向资本创造者。当然，理想的人才培养模式应该是综合两者特征，既培养科学家，也培养企业家；既能够进行学术创造，也能够进行经营管理。这就是一种理想的创新创业人才培养模型。

很显然，对于大学教育而言，要实现这个理想目标基本上是不现实的，因为大学教育阶段的时间有限，在非常有限的时间内能够培养出具有创新创业的基本素质的大学生就已经不错了，不能再奢望大学培养出成功的科学家或企业家。科学家、企业家都是在经济社会中经过长期拼搏和激烈竞争后优胜

劣汰的结果，很难在大学校园的温室环境里培养。一句话，如果能够培养大学生向这个方向努力，就已经是大学教育了不起的成就了。今日的大学生普遍缺乏一种雄心壮志，比较倾向于过一种安逸的生活，对于当下舒适的物质生活状态比较知足，对于激烈的社会竞争常常带着几分恐惧，为此也带上几分佛系色彩。这对于社会发展转型期迫切需要大批创新创业人才的经济发展现状而言是不适合的。为此，必须改变这种状态，培养大学生自觉成才意识，让他们主动向成为创新创业人才的目标努力。当然，大学教育环境氛围的塑造是更为急迫的任务，如果大学具备了浓厚的创新创业人才培养的氛围，大学生在其中自然而然地受到熏陶，也就会不自觉地成长为创新创业人才。

显然，要达到这一步，大学教育就必须首先搞清楚创新创业人才的人格特质和能力素质结构，弄懂创新创业人才成长的基本规律，了解创新创业人才的核心素质，明确创新创业人才必须具备的关键能力，如此才可以为创新创业人才培养起到引领性作用，从而引导大学人才培养模式变革。

第二节　创新创业人才的人格特质

一、创新创业人才以创造性人格为根本

讨论创新创业人才培养，我们首先要确立一个理论前提，即必须对创新创业人才最核心的品质——人格特质进行假设，否则整个研究就缺乏逻辑起点。我们认为，创新创业人才的最核心的品质是具有创造性人格，这是所有成功人士必须具备的特点，如果没有这一点，一个人就不可能走向成功。那么，创造性人格是指什么？

所谓创造性人格，就是指一个人立志为社会、为国家、为民族、为人类贡献自己的智慧和才能的追求。无疑，这种远大的人格一般都是长期的教育环境培养和时代要求相结合的产物，很难自发形成。往往在社会转型期或社会大变革时期就容易出现一大批具有这样人格特质的人。如在国家和民族危难之际，就会涌现出一大批仁人志士，主动承担"国家兴亡匹夫有责"的重任。今天的社会转型期同样也要求一大批勇于担当的有为之士承担科技创新和管理创新的重任。

二、创造性人格具有的品质特征

创造性人格具有哪些突出的人格特征呢？从理论上讲，创造性人格应普遍具有主体性强、批判性强、决断性强、合作性强、反思性强、逻辑性强、实践性强等系列突出品质。[①]

所谓主体性强，是指一个人具有强烈的独立自主意识，直接表现为具有强烈的人格独立意识，坚持不依附、不依赖的原则，做事情具有很强的主动性，表现出一种积极进取的姿态，会主动地思考社会和国家发展所面临的问题，主动地挑战自己的能力素质，把自己当成社会的主人翁，不会推诿扯皮，不负责任。很显然，这种人格特质是具有大局意识的，不会因为个人私利而消极怠工。

所谓批判性强，是指一个人善于发现事物发展过程中存在的问题，并敢于指出问题所在，进而积极地思考解决问题的对策。批判性强的人一般都具有追求完美主义的道德倾向，不能容忍不负责任、敷衍塞责行为，敢于同不良倾向做斗争，具有捍卫真理的决心与意志。当然，这种人格品质往往被认为个性太过突出，容易得罪人，常常难以为世俗所容，但真正理解他们的人则为

---

① 王洪才.论创新创业人才的人格特质、核心素质与关键能力[J].江苏高教,2020(12):44-51.

其精神所折服。

所谓决断性强,是指一个人能够明辨是非,善于抉择,不会瞻前顾后,从而具有一种果断的意志品质和理想主义气质。这种气质表现为具有魄力,敢于干事,不拖泥带水,做事情雷厉风行。这也是人们非常敬重的品格,而魅力型领导往往就具有这种气质。

所谓合作性强,是指一个人在做事情上不会我行我素、刚愎自用,而是非常尊重他人意愿,广泛征求他人意见,不会把自己的意志强加于人,从而会主动与人进行沟通协商,争取他人的支持,也希望获得他人的批评性意见,以便于完善自己的思想。这往往是民主型领导表现出的气质。

所谓反思性强,是指一个人长于反思自己的不足,对自己要求甚严,不希望自己做事情是马虎的,不计后果的,所以他具有一种止于至善的精神。可以说这是一种善于学习的气质,也是一个人具有谦虚谨慎品质的表现。

所谓逻辑性强,是指一个人在做事情上是内在一贯的,表里如一的,是经过深思熟虑的,也是经过自己良心审判的,是把行为初衷与结果综合在一起进行考虑的,从而表现出具有明确的目的性。可以说这是一个人的理性品质的典型表现。

所谓实践性强,是指一个人不是一位崇尚空谈者,而是一位崇尚实践者,是一个言行一致者,而且更信奉"行胜于言"的箴言,从而不奢谈理想,而是崇尚实干。

三、创造性人格特质的本质

这些系列性的人格特质内在地构成了一个有机整体。其中主体性强是一个根本特征或总体特征,其他特征均是由此派生的,换言之,没有主体性就没有一切。因为主体性强意味着一个人具有非常强的独立思考能力,善于运用自己的批判思维能力,从而善于发现事物存在的优势与不足,而且能够在肯定事物发展存在优势的同时进而找到事物改进的方向与目标，这就表现出决断性强的特点。一个人能够明智地意识到推动事物进步必须依靠群体的力量，不能逞一己之能，图一时之快，故而又展现出合作性强的特点；在合作过程中他又是非常清醒的，能够保持自己的独立性，不放弃自己的原则立场，同时尽力弥补自己在思考与行动上的不足，从而展现出反思性强的特质；在反思过程中他时刻要求行动与目标的统一，个体与集体的统一，手段与目的的统一，这是一个人思维逻辑性强特质的体现。另外，一个人非常注重自己的理想目标，但更注重通过实践来检验自己的理想设计是否合乎实际，相信只有通过实践检验的认识才能称为真理，而且也相信实践更复杂，挑战性更强，只有实践才是目的，认为实践是对人的能力的更大的证明，故而在其个性特征中又展现出实践性强的特征。实践性也是主体性的最终实现，如果没有实践性，主体性就无法完成自我和实现自我。

可以说，没有主体性，就没有批判性、决断性、合作性、反思性、逻辑性和实践性等系列品质的存在。主体性是根基，主体性产生了批判性，批判性又产生了决断性，决断性产生了合作性，合作性再产生反思性，反思性又产生逻辑性，最终走向实践性而回归到主体性本身。可以看出，批判性、决断性、合作性、反思性、逻辑性都是思维特质的呈现，实践性则注重行动，主体性是思维与行动的统一。

四、创造性人格特质的表现

这些内在品质在现实中具体表现为自信、敏锐、果敢、合群、自律、谨慎、务实等一系列明显的性格特征。自信是主体性强的直接表现，具体表现为一个人相信自己的独立判断，从而不依附于任何人，也不轻信任何人。敏锐是指一个人看问题能够看到实质，重视事物的细微变化可能造成的影响，具有一种见微知著的直觉，这种性格特征是批判性强内在特质的反映。果敢表现为一个人敢于在复杂局势面前做出决定,并且坚决执行自己的决定,不会瞻前顾后,畏首畏尾,这种性格特征是决断性强的内在品质的反映。合群表现为一个人善于换位思考,能够主动适应集体的要求,能够在坚持自我和维护集体团结之间做出让步并达到平衡,不会表现出个人英雄主义,但在集体需要之际又能够挺身而出,坚定地维护集体利益不受损害,这一性格特征是合作性强的内在品质的反映。自律表现为对自己有严格的原则要求,在为人处世上决不违反自己订立的原则,始终保持自己做人的底线,这种自律性是个体反思性强的反映。谨慎表现为做事情不莽撞,善于做调查研究与周密思考,做事情有计划有步骤,这个性格特征是逻辑性强的反映。务实表现为不沉湎于空想,而是讲究实效,反对形式主义和文牍主义,这个性格也是实践性强品质的反映。

这些性格特征总体上表现为豁达和坚毅这两种综合品质。所谓豁达,表现为一个人能够不计较个人利害得失,一切以大局为重,能够从长远角度考虑问题,这是一个人具有自信、自律、合群与务实品格的综合性格特质;坚毅表现为他有理想、有抱负,能够正确面对困难挑战,不轻言放弃,做事情有始有终,这一综合特质是一个人具有敏锐、果敢、谨慎等品质的合成。而且只有性情豁达的人,才能成为性格中具有坚毅品质的人,所以,豁达与坚毅构成一个人性格的两面。

第三节 创新创业人才的素质结构

创新创业人才究竟具有哪些典型的心理素质特征呢?在长期的田野实践观察中,我们发现,创新创业人才普遍具有如下的核心素质:它们是自信心、责任心、冒险精神、合作精神、市场意识、风险意识、抗挫折性。这些核心素质是创造性人格特征的综合体现,并且各种素质之间具有一种层层递进的特征。它们是创新创业能力模型生成的内在依据,并在创新创业行动中扮演着不同角色。

一、自信心是创新创业行动的出发点

创新创业人才的第一个突出表现是自信心特别强。具有创造性人格的人普遍对自己非常自信,他们一般都有自己的独立主张,不轻易放弃自己的主张;对任何事情都希望坚持自己的判断,不轻易被别人说服;他们都非常相信自己的直觉,而且这些直觉判断也在现实中能够得以实现,从而也更加强化了他们的自信;他们善于发现事物的细微差别,看问题时常常能够一语中的,一针见血,直指要害;他们的批判力也特别强,能够抓住事物的关键矛盾,进而能够发现事物的致命缺陷并能够给以启发性的建议;他们也不是固执己见者,而是善于倾听别人意见,对别人合理的建议能够言听计从,不会刚愎自用;他们非常虚心和特别好学,这使他们见闻广博,思维不拘于一隅,视野开阔,心胸宽广;他们自信心强,又不使自己陷于盲目的自我崇拜和莽撞武断之中。总之,自信心强就表现为相信自己能够通过运用理性的力量解决一切复杂的困难问题,相信一切问题都是有解的,困难都是由于没有充分挖掘自身潜力造成的。这种自信心既是他们行为的动力,也是他们战胜困难的决心,同时还是他们坚持到最后胜利的毅力。

二、责任心是创新创业行动的动力源

创新创业人才的第二个突出表现是责任心非常强。创造性人格具有强烈的奉献意识,希望能够为社会、为国家、为民族和为人类做出独特贡献。所以,他们往往以天下为己任,常常表现出强烈的社会责任感,敢于对社会上的丑陋现象进行揭露与批判，也经常对社会上出现的不良行为表示愤慨。他们迫切希望改变社会上的不正之风，从而积极为社会进步建言献策。他们对自己的工作不仅兢兢业业，而且力求精益求精、尽善尽美，希望能够成为人们行为的楷模和对事物评判的标准。他们的表达方式是理智的和冷静的，不会出现头脑一热而不顾一切的冲动行为。他们反对过激行为，认为那样非但无助于问题的解决，而且很可能惹出更大的麻烦。因此他们的批判风格是理性的、对话的，而不是武断的、偏激的。他们的责任心集中表现在积极为问题的解决寻求答案上，不会做社会发展的旁观者。因为他们相信科学和理性，认为只有科学手段和理性方法才能够解决一切困难问题。他们坚信人们只要用好科学的武器和理性方法，就有助于问题的解决，就能够推动社会进步。

三、冒险精神是创新创业行动的翅膀

创新创业充满风险，只有敢于冒险的人才能取得成功。创造性人格富有冒险精神，因为他们相信一切都没有现成答案，一切都必须自己去寻找，并且认为过去的经验不能代替对现在问题的思考，更不能代表未来事物的答案。他们相信一切事物都处于发展过程中，都没有确定的答案，都必须不断地寻找，这些答案只能在探索的过程中出现。所以他们特别强调亲力亲为，反对夸夸其谈，坚信"实践出真知"这一唯物论命题，在行为上表现出勇于探索的品质。他们比较善于观察事物发展的倾向，善于把握事物发展的机遇，敢于把自己的想法付诸实践。他们不相信有什么可以百分之百成功，但相信只要有百分之一的希望就要付出百分之百的努力。因此，他们非常懂得抢占先机的意义，而且认为任何行动方案都是在行动过程中不断完善的，完全按照行动方案执行就会有导致失败的可能。因为事物是发展变化的，要求行动者本人必须具有高度的敏感性，必须能够根据环境变化来调整方案，做到随机而动，所以他们对行动过程更为重视，反而对行动的结果并不持有太多的关注，他们非常享受挑战困难和危机的过程。

四、合作精神是创新创业行动的灵魂

创新创业成功必须依靠大家的合作，孤军奋战就难以成功，故而合作精神在创新创业过程中具有重要的作用。创造性人格的人并不迷信孤胆英雄，而是相信团队力量，相信"一个好汉三个帮"的道理，故而在行动过程中，他们非常重视选择合作伙伴，认为选对合作伙伴就成功了一半。他们相信合作伙伴与自己是一体的，是不分彼此的，不能厚此薄彼，必须一视同仁，从而非常重视订立契约，把一切利害关系说清楚，力求获得大家的共识和信任，避免在行动过程中出现大的分歧和矛盾，争取在即使出现分歧和矛盾情况后也能够圆满地解决。说到底，这是具有创造性人格的人批判与反思意识强的表现，因为他们认识到了自己的不足，也认识到了每个人的局限，认识到了只有合作才能使自身强大起来，只有合作才能够弥补彼此的不足。正是这种合作意识，才使他们学会尊重对方，从而能够平等地处理彼此关系，进而在危难的时候能够相互依托、相互支持，在成功的时候能够共享欢乐、畅想未来。

五、市场意识是创新创业行动的方向盘

具有灵敏的市场意识是创新创业成功的前提。具有创造性人格的人一直在寻找发挥才能的机会，发现社会的重大需求是做出突出贡献的前提，而变动的市场信息能够使他们发现贡献自己力量的机会。显然，他们不会对任何市场变化都关注，而是只关心自己感兴趣的领域。因为每个人都有自己的优势领域，只有在自己具有优势的领域才能充分发挥自己的才能，所以他们始终对自己所关注的领域保持敏感性。满足市场需求，就是自身创造的动力

源,发现市场需求,就是找到发挥自己专长的切入点。一个人只有在自己感兴趣的优势领域才能做出最大的贡献,离开了个人的优势领域,就相当于鱼离开水而无法生存。敏锐的市场意识意味着对社会需求变化信息能够提前感知,提前采取行动,事先做出应对举措,不是等待需求信息明朗之后才做出反应。

六、风险意识是创新创业行动的防火堤

创新创业是充满冒险的事业,为此要求行动者必须格外小心谨慎,必须严格要求自己,做好每一项准备工作,弥补各种漏洞,避免遭遇不必要的挫折。具有创造性人格的人敢于冒险,但不代表不怕风险。事实上,具有理性思考能力的人都具有比较强的风险意识,但过度的风险意识又会束缚手脚;而轻视风险又会出现麻痹大意,进而造成不可估量的损失。因此,具有创造性人格的人在做任何事情之前都必须未谋胜先谋败,这样才能使自己的方案制订更加完备。为此在做任何事情之前都需要料敌于先,谋而后动,都需要估计失败的风险并预备应对之策。但具有创造性人格的人往往长于进取而疏于防范,常常在风险意识方面的表现是不足的,这与他们具有一种内在的理想主义气质有关。虽然他们也有一些基本的防范措施,但在重大危机面前往往不堪一击。之所以如此,就在于他们害怕过度的防范心理容易造成自己在行动上缩手缩脚,进而影响到自身创造性的发挥。

七、抗挫折性是创新创业行动的减压器

创新创业是一种高挑战性的行为,要求个体必须具有超强抗压能力,特别是超强的耐挫折品质。具有创造性人格的人的坚毅品质在挫折面前表现得淋漓尽致,因为他们普遍不会接受失败的命运,总是在挫折面前积极思考

突围之策，思考如何降低损失，如何再次崛起。所以，他们不会怨天尤人，不会自怨自艾，而是积极反思自我，思考方案设计和行为策略的主要漏洞所在，然后总结教训，避免以后重犯。

综上，这七种心理素质之间层层递进，即前者是后者的基础，后者是对前者的发展与上升。有很强自信心的人才能表现为具有很强的责任心，因为他们敢于承担责任，没有自信心的人很难具有什么责任心。所以有责任心的人都是敢于担当风险的，是具有冒险精神的，他们认为这样做是值得的。具有冒险精神的人往往也是具有合作意识的人，他们不认为冒险纯粹是为了个人的利益，还是为了集体的利益，为此他们也希望得到社会的理解和支持，认为大家一起努力才更能够解决问题，所以期待与他人合作。他们具有了解社会需求的内在要求，对社会变化趋势保持敏感性，从而也具有比较敏锐的市场意识。他们当然也会意识到自己的努力很可能失败，为此也采取必要的防范措施，可以说他们具有比较强的风险意识。然而无论如何防范，风险总是存在的，也必然会对个体造成打击。针对这种挫折，一个人就必须善于进行心理排解，善于寻求摆脱危机的对策，及时抓住再次崛起的机会，展示出超强的抗挫折性。这种抗挫折性也是个体自信心的表现。所以，这七种心理素质不仅是内在一致的，而且也构成了一个闭环系统。

第四节　创新创业人才的能力模型

创新创业人才在能力上具有自己的显著特征，集中表现在普遍具有以下七种关键能力，即目标确定能力、行动筹划能力、果断抉择能力、沟通合作能力、把握机遇能力、风险防范能力和逆境奋起能力。前文曾对这七种关键能力进行了界定，此处我们重点阐释它们在人生旅途中扮演着的不同角色，进一步呈现它们之间的层层递进、螺旋式上升的关系。如前所述,这七种关键能力构成了一个有机的能力系统,如果某一个环节发展不好,就会阻止个人能力的进一步发展,甚至还会出现个人能力发展的退缩,因此展现出可逆性的特点。

一、目标确定能力是人生的定位器

人是理性的动物,人的行为特征就在于目的性和计划性,所以,创新创业人才的第一种关键能力就是目标确定能力。其价值就在于确认自己的目标追求是合理的、正确的。创新创业人才的一个非常显著的特征是非常清楚自己的目标是什么,自己能够做什么,从而能够找到自己的合理位置,不会与周围产生龃龉。人生活在社会中,最难的事情可能就是处理人际关系,如果人际关系处理不当,就会造成诸多麻烦。创新创业人才一般不会与人争长论短,而是专心于自己的事业,把更多精力用于钻研业务,往往对自己感兴趣的事物达到一种近乎痴迷的程度,从而不在意社会上的闲言碎语。而且对一些物质享受和物质利益比较淡漠,对挑战困难或克服技术难关表现出极大的耐心。所以他们对周围事物的反应虽然是敏感的,但却是冷静的。换言之,他们并非不食人间烟火,而是有更大的抱负,从而表现出具有非常大的定力。

二、行动筹划能力是人生的导航器

人的行为特征突出表现在行动的计划性上。创新创业人才的行动筹划能力,是针对在目标实现过程中可能遇到的各种困难阻力,而进行的理性思考和规划设计。创新创业人才具有自己的行为逻辑,首先在于他能够屏蔽外界的干扰,从而保持自己内心的安静,能持久地追求自己的目标。当他完成了自我发展定位之后,就会对自己接下来的行动路线进行规划设计。因为他

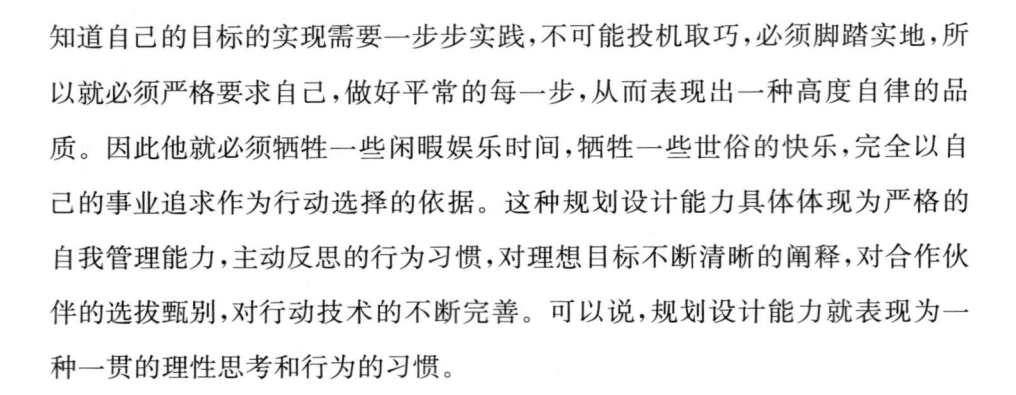

知道自己的目标的实现需要一步步实践，不可能投机取巧，必须脚踏实地，所以就必须严格要求自己，做好平常的每一步，从而表现出一种高度自律的品质。因此他就必须牺牲一些闲暇娱乐时间，牺牲一些世俗的快乐，完全以自己的事业追求作为行动选择的依据。这种规划设计能力具体体现为严格的自我管理能力，主动反思的行为习惯，对理想目标不断清晰的阐释，对合作伙伴的选拔甄别，对行动技术的不断完善。可以说，规划设计能力就表现为一种一贯的理性思考和行为的习惯。

三、果断抉择能力是人生的控制器

人在行动过程中总面临着多种策略或多种路径选择，善于抉择是创新创业人才应具备的基本能力素质，它往往在不确定性情境下表现得比较突出。创造性人格总是不断地充实自己的能力，把每次挑战都作为自己的发展机遇，因此每遇到一个新任务和新问题，都会主动去尝试而不是退缩。主动尝试意味着必须进行抉择，不能犹豫不决，因为他能够看到尝试背后所蕴含的意义。对一个人而言，任务成功完成固然重要，而在其中获得真实的挑战体验则更为重要。因为在这个挑战过程中自己的思维能力和行动能力都得到了一次检阅和提升，从而可以完善自己的行动计划设计。从根本上说，敢于尝试也是在磨砺自己的意志品质，在提升自己的自信心，使自己对自我潜力产生一个新认识。人们正是在不断尝试的过程中，使自身的抉择能力获得巨大提升的。没有果断的抉择能力，就可能错失良机，难以获得巨大进步。

四、沟通合作能力是人生的助力器

只要在群体中生活就必须懂得沟通合作，只有善于合作才能取得事业的成功，创新创业人才一般都具有较强的合作能力。沟通合作能力是创新创业人才在获得成功之路上一个非常重要的能力，而且它是一种理性思考和有效行动的能力。之所以是理性思考能力，就在于他们认识到要获得成功就必须进行合作，个体力量是有限的，不合作意味着无法成功。但他们自身的独立性又非常强，对自我又具有非常强大的自信心，从而合作起来往往是一个不小的难题。为了实现自己的目标，他们也在不断地学习合作，不断地培养自己的领导能力，即不断地学习如何进行更好的沟通，如何协调不同意见，如何使得各方利益获得最大化，如何形成一个更高的目标成为大家共同的追求，如何在出现矛盾之后能够主动去协调解决。所以，没有人天生就具有领导品质，都是因为认识更理性、目标更高远，从而培养出了领导能力。

五、把握机遇能力是人生的加速器

成就任何事情都需要把握恰当的时机，把握时机对任何人都是非常重要的，创新创业人才尤其需要这种能力。只有善于合作的人才能把握住机遇，不善于合作就无法把握机遇，这种能力往往在交往过程中得以展现。把握机遇需要具有明辨善断的能力作为前提，如果一个人不善于辨别机会就无法把握机会，而当认识到了机会而又犹豫不决，就会错失机会。机会只留给有准备的人，有准备的人也是有经验积累的人，只有有准备的人才能识别机会的价值，才不会轻易地错过机会。这不仅考验一个人是否具有冒险精神，更是考验一个人是否具有市场意识，能否认识市场的潜在价值。这是一种"拨开浮云见日月"的能力，没有自信心和责任担当精神是不可能做到的。所以，把握机遇能力是一种综合能力，考验的是一个人是否具有深邃的眼光和果敢的决策力。

六、风险防范能力是人生的防滑器

机遇与风险总是同在，人们在捕捉机遇的同时必须善于防范风险，因此，风险防范能力也是创新创业人才的关键能力。它是针对一切机遇而言的，因为所有的机遇也都蕴含着风险。所以，如何预见风险，规避风险就成为一个人走向成功不可回避的课题。一个人只有知道风险所在，才能成功地规避风险。所有的风险无外乎利害关涉，只要能够明确一切行动的利害关系人的意图，就能够成功地预见风险并有效地规避风险。这不仅适用于团队组织内部的合作，也适用于社会交往中的一切关系的处理。当然这一切都取决于对环境状况的识别和环境变化的判断，特别是对自己掌控环境变化能力的判断，如果对自身能力缺乏清醒的认识，就可能无法预知风险和危机的来临。所谓"人无远虑，必有近忧"，就是指一个人需要高瞻远瞩，能够看到时局变化将会对自己产生的影响，如此才能做到防患于未然。

七、逆境奋起能力是人生的转换器

失败是成功之母。人生遭遇失败是不可避免的，如何对待失败则是能否成功的关键，所以，创新创业人才必须具备逆境奋起能力，即针对风险发生后做出有效反应的能力。创新创业人才的优势在于敢于冒险，同时也注定必须不断地面对挫折。因为做任何事情都不可能是一帆风顺的，都可能会遭遇失败。一个人无论如何防范风险，总有一些风险是无法预防的。因为生活中经常存在着许多不可抗拒的因素，这就使得人必须学会承受失败的结果。但这并不意味着必须接受失败的命运摆布，如何在逆境中扭转危局更是创造性人格的独特之处，善于变危机为机遇正是创造性人格的潜能优势。创新创业人才是抗挫折能力非常强的人，当然不接受失败命运的安排，在失败的结果出现之后，仍然能够发现崛起的新机遇。

　　一个人的自信心强就直接表现为具有很强的目标确定能力，具有明确的自我发展定位，能够准确地把握自我，为自己规划发展方向。当然，从根本上讲它也是主体性强的表现。行动筹划能力具体表现为规划设计能力，它既是责任心的表现，也是对自我定位能力的具体实践。其中，首先是对自我负责，其次才能对他人负责。冒险精神就表现为果断抉择的能力，这是一种敢作敢为品质的反映，是性格中果敢性的集中体现。沟通合作能力是合作精神的反映，也是合群性格的反映，从本质上讲则是合作性的体现。冒险也需要化解风险，而合作能够降低风险。要取得成功就必须把握机遇，机会对任何成功者都是非常重要的。把握机会建立在对市场变化的敏锐感知基础上，也建立在对社会需求深刻认识的基础上。没有对社会需求的深刻认识，就无法对社会变化做出敏锐的反应，当然就无法把握住机会与机遇。机会与机遇的把握需要一定的前期付出，需要付出一定的努力，如果不能重视机会和机遇提出的要求，那么机会也可能变成一种危机，机遇就可能成为一种遭遇。

　　所以，在把握机遇的同时也必须警惕可能带来的风险，故而缺乏规避风险的能力也不容易获得成功。对于那些无法防范的风险，我们只能去面对它，不是逃避它，而且需要从风险中看到机遇，看到事物的转机，并做出最大的努力，促进事物转机的到来，这就是抗挫折能力的积极表现。这种抗挫折能力是对自我定位能力的检验，也是对规划设计能力的提升，同时也是对大胆尝试能力提出的新考验，当然也是对团队合作能力的检验，进而是对识别机会能力和规避风险能力的促进与提升。所以，对于任何一位创新创业人才而言，这七种能力都是必备的，而且是需要不断强化的，只有这样才能使自己不断走向成功。

第四章　创新创业教育的价值承诺

第一节　高质量高等教育命题的提出

我国高等教育在经过了大众化阶段的快速规模扩张之后，发展速度逐渐趋于稳定，于是如何提高高等教育发展质量问题就成为新的时代发展主题，可以说，质量提升是当下高等教育发展中面临的最急迫的课题。如果我们把偏重于规模扩张的高等教育阶段称为低质量发展时期的话，那么就可以把注重质量提升和结构优化的高等教育发展阶段称为高质量发展时期。那么，何谓高质量高等教育？其核心内涵是什么？其基本内涵又是什么？

一、高质量高等教育的核心内涵

我们认为，高质量高等教育首先是指高等教育的人才培养标准达到了时代发展要求。时代要求高等教育培养出大批的创新创业人才，那么创新创业教育就承担起实践高质量高等教育使命的责任。故而，进行创新创业能力培养是高质量高等教育的基本要求，也是它的核心内涵。我们知道，创新创业人才集中表现在具有很强的创新创业能力上，如果创新创业能力不强，就无法称为创新创业人才。创新创业人才当然需要具有创新创业精神，但精神必须体现在能力上,如果不能体现在能力上就是空的,可能就是口号式的。创新创业精神的真正内涵应该体现在具备创造性人格上,如果不具有创造性人格,就很难说具有创新创业精神。正是在创新创业精神驱动下,个体创新创业能力才会持续不断地提升,才能最终成为创新创业人才。所以,创新创业精神就表现为一种意志追求,一种人格品质。创新创业能力具体表现在克服困难和解决问题的能力上,从而就直接表现在积极推动社会发展变革上。可以说,具有这种能力品质的人一般都是各行各业的骨干和领军人才,绝不是庸碌无为之辈。

二、高质量高等教育的基本内涵

高质量高等教育的一般内涵或基本内涵是什么呢?我们认为,高质量高等教育具有以下四方面的基本内涵。

首先,它是指公平的高等教育,即每个学习者都有机会接受创新创业教育,培养自身的创新创业素质,使自身具有较高或比较理想的创新创业能力,从而胜任人生的各方面挑战,使自己能够赢得并享受精彩的人生。

其次,它是指规范的高等教育,即每个学习者所接受的创新创业教育符合一定的规范要求,得到了权威的认证,不会是滥竽充数的创新创业教育。

再次,它是指协作的高等教育,即每个学习者在接受创新创业教育过程中,无论是师资条件还是外部条件都是相互支持的,不会对创新创业教育产生掣肘,从而可以享受一个良好的创新创业教育环境。

最后,它是指个性化的高等教育,即当学习者接受创新创业教育时,无论是课程设置还是考核要求,都与个体的兴趣爱好是比较一致的,从而也是个体喜欢的,因而也是能够调动个体的能动性的,唯有如此,才能达到高质量发展的要求。

第二节　高质量高等教育的核心内涵释义

一、高质量高等教育目标指向创新创业人才培养

创新创业能力培养作为高质量高等教育的核心内涵[①]是具有充分理由的。因为高质量高等教育第一位的含义就是指它的目标属性。换言之,培养什么样的人是高质量高等教育首先要回答的问题。在今天的社会发展大背景下,培养创新创业人才无疑是一种最好的选择。这意味着,如果不选择创新创业人才作为人才培养的基本目标,那么这样的高等教育就是低质量的,就是要被淘汰的。创新创业人才的内在品质是具有创造性人格,而突出特征就是具备很强的创新创业能力,故而培养创新创业能力是高质量高等教育的核心内涵。

创新创业能力培养之所以是高质量高等教育的核心内涵,就在于今天的社会是一个创新驱动发展的社会,社会发展变化速度非常快,个体必须主动去适应社会发展变化,不断地调整自己的人生目标追求。如果一个人不能适应社会发展变化,就注定是无法获得快乐的。快乐是人生意义的基本追求,没有快乐,人生的基本价值就丧失了。人都希望自己能够主导自己的命运,适应社会发展变化是人的一种最基本的诉求,不然就谈不上为自己做主。要适应社会发展变化,个体首先必须具备创新思维能力,必须善于改变自己的思维方式,接受事物发展变化,调整自己的心态,提升自己的能力,从而能够应对社会发展变化。这种创新思维能力,就是一种基本的创新能力。

---

① 王洪才.创新创业能力培养:作为高质量高等教育的核心内涵[J].江苏高教,2021(11):21-27.

问题关键在于个体在面对纷繁复杂的局势时,必须能够认清自己的地位,能够从容地选择自己的行动方向,保持自己基本的价值追求,而且在关键时刻能够做好抉择,做好利弊权衡。当然,这需要个体对事物发展变化本身具有很强的辨别能力,即认识事物的本质,理解事物的内在规定性,从而能够按照事物发展的内在要求进行取舍,没有这种辨别能力,就没有后续的合理抉择和果断抉择。如此而言,个体就必须具备一定的专业思维能力,能够站在一定的专业水准上思考问题,从而找到自己前进的方向。故而,适应社会发展变化已经成为当代高等教育对每一个学习者的基本要求。从适应的本质看,就是顺应社会发展变化,改变自己不能够适应的部分,从而使自身具有良好的心理状态。

二、创新创业能力培养与个体价值追求密不可分

可以看出,创新能力从根本上说就是根据环境变化要求而主动做出自身调整的能力,即不再固执于自己过去的习惯或思维方式或既得利益,而是勇于放弃,使自己更好地应对社会发展的局势。显然,这种适应不是一种简单的适应、被动的适应,而是主动的适应,是有选择的适应,是根据自己发展潜力和自己内在的召唤,选择最适合自己的方向做出的主动调整。可以说,个体的价值导向在其中起到了根本性作用。如果一个人没有自己的成长目标,那么在关键时刻就无从抉择。每一次挑战都会使个体进行深入反思,从而强化自己的价值追求。个体在思考自己的价值追求之际,也在思考如何才能更好地实现自己的价值目标,他就会考虑如何把价值目标变成可操作的现实目标。

现实目标之中既有长远发展目标,也有近期工作目标。在个体工作目标中包括日常必须完成的任务和平时必须满足的要求,可以说,这是一种自我要求的表现,是个体获得主动性的表现,也是使个体保持创造性活力的基本表现。我们知道,日常工作是繁杂的、琐碎的,如果缺乏长远目标导引,那么

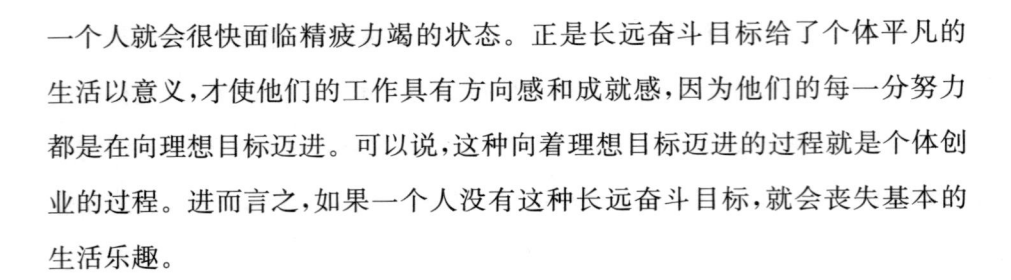

一个人就会很快面临精疲力竭的状态。正是长远奋斗目标给了个体平凡的生活以意义，才使他们的工作具有方向感和成就感，因为他们的每一分努力都是在向理想目标迈进。可以说，这种向着理想目标迈进的过程就是个体创业的过程。进而言之，如果一个人没有这种长远奋斗目标，就会丧失基本的生活乐趣。

三、创新创业能力培养必须遵循科学规律

创新创业能力培养，就是要使一个人更好地认识自己，认识自己的潜能，认识自己的努力方向，认识自己必须做的基本工作，从而使自己持续不断地努力，进而使自己的人生充满意义。正是从这个意义上来说，创新创业教育具有终身教育的意蕴，也具有通识教育的意蕴，同时还具有科学教育和专业教育的意义。很显然，如果不遵守科学基本规律，不接受专业教育，就很难使个体的认识水平达到事物的本质，也很难为自己的人生提供指导。对各方面知识的获得，有助于使个体做出正确的价值选择，为自己确立正确的人生目标，也可以为个体制订正确的行动计划提供参考，这就是通识教育的意义所在。个体必须终身地学习才能使自己的思想水平站在时代发展的前沿。这种终身学习能力的培养就是在自我不断反思过程中形成的，是个体在与环境变化的互动间形成的，是创新能力的基本内涵，也是创业能力的基本构成因素。

我们知道，高等教育的成功在于使每个学习者都变成有知识的人，有价值追求的人，具有高度社会责任感的人，可以创造社会价值的人，这些都是创新创业人才的基本品质。其核心内涵就是一个人具备了创新创业能力，知道自己该做什么和该如何做，从而满足自己成长的需要和社会发展的要求。如果高等教育能够使每个学习者都具备这种能力，无疑就是高质量的。如此而言，创新创业能力培养作为高质量高等教育核心内涵是成立的。

第三节　高质量高等教育的主要认识误区

一、误把物质条件作为高质量的标志

第一个误区是把高质量高等教育看作是豪华的高等教育,认为仪器设备越先进越好,大楼建设得越漂亮越好,教师的学历越高越好,学生过得越舒适越好。换言之,就是根据高等教育的物质条件来判断高等教育质量高低。显然,我们既不能否定物质条件所具有的必要的支撑作用,也不能持简单的物质决定论观点,因为高等教育的核心价值在于育人,育人的根本目的在于塑造人的灵魂,使人具有卓越的追求,而非使人迷恋于物质享受。事实上,物质满足与精神消退之间具有内在的关联,往往是贫乏的物质生活条件更能够磨炼人的意志,而奢华的生活条件容易让人丧失奋斗意志。不可否认,美丽的校园有助于吸引到优质的生源,但如果不能给学生以正确的价值引导,奢靡的生活条件容易成为人们不思进取的温床。目前,办学条件评估往往走向了一个极端,即只问拥有了什么样的物质条件,而不问这些物质条件究竟在发挥什么样的作用。这样就容易把办学引向误区,即人们只追求投入成本而不问产出效益。

二、误把科研绩效作为高质量的代表

第二个误区就是把科学研究绩效代表高质量,这是当下高校办学过程中最为突出的问题。高等教育质量离不开科学研究活动,高等教育质量依赖于

知识本身的质量,如知识的科学性、先进性和全面性等,但科学研究投入增加并不代表人才培养质量提升。虽然科学研究无疑要解决科学发展中面临的难题,但更需要解决生产生活过程中面临的突出问题,这些问题是复杂的、综合的,并非一般的科学研究所能够解决的。社会发展到一定程度之后,越来越依靠社会管理水平的提高,对社会治理的现代化水平要求越来越高,这些并非传统的学科研究所能够回答的。如果高等学校把过多的精力投向于外在的科研指标提升,而忽视了人才培养过程中的基础科研课题,特别是与学生成长有关的现实课题,那么科学研究对人才培养的支撑作用是微乎其微的。

不仅如此,如果教师们普遍把精力过度集中于科研指标的提升上,无心于课程教学质量的提高,甚至无心与学生进行交流与互动,那么科研指标提升可能与人才培养质量提高之间就是一个负相关关系。遗憾的是,目前这种现象非常普遍,已经危及高等教育质量的根本,是当前人们对高等教育质量忧虑的重点所在。"破五唯"命题的提出,很大程度上就是在回应社会对高等教育质量的焦虑。"高质量高等教育"命题的提出也正基于此。

三、误把科技手段作为高质量的标识

第三个误区就是把高科技手段运用作为高质量的标识,这也是目前高等教育的流行病。我国社会正处于信息技术高度发达的时代,高新科学技术层出不穷,从而直接影响到高等教育环境的建设。今天,互联网技术的发展已经成为大学办学的基本条件,智慧校园建设成了衡量大学办学先进性的重要指标。不仅如此,传统教学方式、教学手段面临着挑战,人们在争议是否可以用新的信息技术全部替代过去的教学方式方法。新兴起的云课堂、虚拟大学和慕课以及微课正在抢占传统教育的空间。同时,人们也发现,无论信息技术如何发达,都无法完全取代传统课堂,无法超越面对面授课的优越性。但传统课堂又在经历着深刻的知识传授危机,因为目前大量的课堂教学已经成

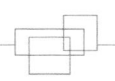

为无效教学。

显然，传统课堂的无效性是无法用信息技术来弥补的，因为它是由授课质量本身决定的，是传统授课方式落后造成的，而非课堂教学本身引起的。但不少人混淆了这两者之间的关系，似乎只要有了先进的信息技术就可以改变无效课堂的局面。然而事实证明，大量的慕课课程也容易成为无效课程，网络教学的有效性也不容乐观。这说明人们所关注的焦点仅仅是形式，而没有注意到课程建设的本质，即没有从课程内容下功夫，没有从师生互动方式上想办法。如此，把课程教学质量寄希望于信息技术就是一种误区。

四、误把高质量标准唯一化

第四个误区就是把高质量高等教育唯一化了。似乎清华、北大是中国高质量高等教育的标志；哈佛、麻省理工学院就是美国高质量高等教育的标志；牛津、剑桥就是英国高质量高等教育的标志。如果每个学校的教育质量都与这些标杆学校看齐，就必然达到了高质量。

这种误区存在是非常普遍的，而且经常存在于人们的潜意识之中，常常不由自主地流露出来。这种流露常常表现在言必称清华、北大、哈佛、麻省理工学院或牛津、剑桥，而且不自觉地进行模仿。不得不说，这个误区的发生就在于人们对高等教育本质缺乏了解，对高等教育质量内涵缺乏深刻认识，不明白高等教育本质就在于促进个性自由的发展，不理解高等教育质量就在于创造条件满足个性发展需求。

我们知道，清华、北大实施的基本上是一种精英式教育，因为那里精英荟萃，教育内容的难度自然都很高，并非适合每个人。如果说有人群的地方就有竞争，那么适度的竞争是有利于个体发展的，而残酷的竞争并不利于个体发展。每个人的发展程度不同，所具有的竞争潜力也不同，要适应北大、清华的竞争氛围并非易事。故而，适应不同个体发展的高等教育必然是多样化的,如果高等学校都能够主动为每个学生的发展进行设计,能够促进每个个体潜能的最大限度发挥,那么它的教育就是高质量的教育。因此,高质量的高等教育必然是个性化的高等教育,用统一化标准来要求整个高等教育显然是错误的。

第四节 创新创业能力的生成机制

一、创新创业能力根源于创造性人格

创新创业能力是一个人在事业追求和奋斗过程中所表现出来的能力总和,它是以创造性人格为根本,创新创业素质作为重要依据,创新创业关键能力作为支撑的"人格—素质—能力"系统。可以说,一个人只有具备了创造性人格,才能使自身向创新创业人才方向发展。认识到只有发明创造才能推动社会发展是其基本的认识模式;认识到自己就应该成为发明创造的一分子是其努力的方向;认识到不断地向这个方向努力就是其人生成长的根本动力,这就是创造性人格的基本特征。

我们认为,具备创造性人格特质的人有以下表现:第一,主体性非常强。他们坚持自己独立判断,实事求是,不等不靠,主要依靠自我奋斗和努力,把人生成功的根本建立在自我努力的基础上,从而坚持真诚是第一位的,把探索作为对人生意义的注释,把成功贡献于社会作为人生的追求目标。第二,批判性非常强。他们不断地发现自身存在的不足,反思社会发展过程中存在的弊端,具有一种至善追求的动力。这种对至善的追求实质上就是对完美的追求。通过对至善的追求,他自身才能获得快乐,他们无法容忍社会上的不善长久地存在。第三,具有果断性品质,即勇于抉择个人利益,会主动从社会

利益出发选择自己的价值立场。第四,善于使用合作性手段。他们意识到只凭个人力量是无法改变社会整体局势的,只有与社会展开广泛的合作并形成社会合力,才能达到比较满意的社会效果,才能更快地实现自己的人生理想。第五,具有非常强的行动力和逻辑思维能力。他们使自己的一切行动服从自己的根本价值追求,在任何行动之前都会进行缜密的思考。第六,反思性非常强,他们常常以行动的效果来反思自己的思考与行动是否严密,是否合乎规律,这种反思性品质也是他们成长的动力来源。第七,实践性非常强烈。他们希望无论什么样的美好设计都要通过实践来检验,不希望自己的追求仅仅停留在空想过程中。

所以,创造性人格品质具有很强的主体性、批判性、果断性、合作性、逻辑性、反思性和实践性等。这些品质都隐含在个体思维方式和行动过程中,如果不进行认真品味就无法发现。只要认真关注,就会发现这种内在气质贯穿于人的所有行为之中,因为它们已经成为人的基本思维方式和行为原则。

二、创新创业能力发展基于七种核心素质

创新创业能力是通过一系列心理素质表现出来的,这些心理素质形成了由低到高七个等级。

第一,自信心非常强。自信心就是对自我能力的认可,是对自我的肯定,也是自我效能感的体现。正是自信心非常强才使一个人善于谋划与决策,敢于与他人进行辩论与合作,争取最大的利益实现,也使他们能够在关键时刻舍得甚至放弃自己的利益,从而服务于更高的目标要求。

第二,责任心非常强。具有创新创业能力的人忠诚于自己的价值信仰,敢于为实现自己的理想目标承担起相应的责任。因为他们知道,无论自己做出什么样的选择都会对别人产生直接的或间接的影响,所以一个人必须对自己的行为负责。

第三，冒险精神非常强。具有创新创业能力的人能够意识到无论做出什么样的探索都需要有付出。一个斤斤计较的人将一事无成。很多时候个人必须为了长远目标的实现而牺牲眼前的利益，不然自己的事业就无法取得进展。换言之，成功是在抛弃一些利益包袱和羁绊之后才能实现的。

第四，合作意识非常强。具有创新创业能力的人知道单枪匹马是干不成大事的，只有通过组织大家积极参与，将大家团结起来才能成就一番事业，所以他们乐意于沟通、非常关注他人的需求，这也是他们的基本心理素质。

第五，市场意识非常强。具有创新创业能力的人知道满足社会需求是根本目标，而社会需求的满足不能单靠个人的一腔热血，还需要经过市场的选择，只有拥有很强的社会服务精神才能经得起检验。

第六，风险意识非常强。具有创新创业能力的人意识到任何努力都可能存在失败的风险，都不必然取得成功，为此就必须慎之又慎，不断地完善和优化自己的行动方案，尽可能做到万无一失。这实际上就是一种精益求精的精神体现。

第七，抗挫折性非常强。任何成功都是有条件的，而任何时候人的思维都具有局限性，只有当个人努力与外在环境条件非常契合的时候才能获得成功。然而这种非常契合的时候并不多，总会存在这样或那样的问题，遭遇到一定的波折，或挫折，甚至失败。无论什么样的挫折和打击，都要求一个人必须能够承受，而不能一蹶不振。

三、创新创业能力集中表现为七个关键能力

创新创业能力集中表现为七个关键能力，而且这七个关键能力之间也是一种递进的、螺旋式上升的、循环往复的关系，甚至受到环境影响会出现逆向发展的情况，从根本上讲这都取决于个体的主体性品质。

第一位的是目标确定能力。一个人只有确立了合理的行动目标，才可

能为随后的行动开好头,铺好路。目标确定能力受到的影响因素非常多:首先就是个人视野,它是最主要的参考系;其次是个人的经历,它决定了一个人目标确定的范围;再次是自我期望,即对个人发展前景的自我定位,不同定位对目标的预期也不同;最后是个人所处的环境,具体所处的问题情境不一样,直接影响一个人的目标抉择。

第二位的是行动筹划能力。行动筹划能力与目标确定能力具有直接的依存性,因为行动受目标牵引。行动筹划能力受个人的知识面影响,受个人的交往关系影响,受个人的资源状况影响,受环境的急迫性影响。一个人的知识面越广,思考的维度就越多,思考得就会越全面、越立体;一个人的交往关系越广,那么进行取舍的范围就越广,从而行动筹划就越容易;个体自身拥有的资源越多,对外界的依赖就会越低;个体所处的环境越不窘迫,那么其行动筹划过程就会越从容。

第三位的是果断抉择能力。当一个人面临众多可选择对象时,特别是每一种选择都意味着不同的利害关系时,确实在考验一个人的抉择能力。是否善于抉择,首先是看他对自己的价值目标认识如何,其次是看一个人自信心如何,看他对各种风险状况的分析程度如何,特别是他对各种资源的调动能力如何,最重要的是看他对自身的抗挫折性的估计如何。这些因素都会影响个人的抉择能力。

第四位的是沟通合作能力。这实际上显示的是一个人的领导管理能力,因为它反映了一个人能否与他人结成利益共同体,使他人心甘情愿地与他一起奋斗,而不是一种临时的利益联盟。所以,沟通合作能力往往反映的是一个人的人格魅力、他的沟通技巧、他对他人的尊重和利益维护情况。只有他具有令人信得过的品质,人们才会心甘情愿地与其一起奋斗。

第五位的是把握机遇能力。这实际上考验的是一个人的市场敏感性,对社会需要的认知深度和对各种资源的调配能力,以及对各种政策的灵活运用能力。如果一个人习惯于按部就班,就很难把握机遇。一个人对市场不敏感就会错失机遇。如果他对社会需要缺乏深度的感知，就很可能会被表面现象所惑。当他认识到面临机遇，但又没有充足的资源实现自己的计划时，也只能看着机遇错过。面临机遇时，灵活地采用各种政策，使各种政策相互搭配，并收到最好的效果，这也是把握机遇的一种能力。

第六位的是风险防范能力。这种能力就是考验一个人是否具有辩证思维能力，是否具有危机意识，是否能够未雨绸缪，是否善于不断反思总结过去的经验教训，唯有如此，才可能规避各种可能的风险。

第七位的是逆境奋起能力。这更是考验一个人是否善于换位思考，是否善于辩证思考，是否善于变被动为主动，是否善于重新整合资源。每个人都是从失败过程中走出来的，不经过失败的锤炼不可能获得更大成功。在逆境的反复历练下，如何使一个人性格更加顽强，对理想目标更加坚定，对自信心更加提升，从而使个体变得更加精于行动筹划，都是创新创业人才成长过程中的必修课。

四、创新创业能力培养的四个着力点

如何培养每个个体的创新创业能力？我们认为以下四点是必须的。

首先是进行人生目标的教育。这种教育绝不能是灌输式的，必须是启发式的，是通过大量的广博知识学习和实践体验进行的。广博的知识学习，有助于使个体发现自己的潜力和发展方向，而真实的实践体验能够促进个体找到自己真正的努力方向。没有广泛的知识涉猎和挑战体验过程是难以找到人生发展方向的。很显然，个体的兴趣爱好与成长环境是密不可分的，正是长期的生活体验让自己逐步发现了自身的潜能所在。而自己究竟要成为什么样的人，需要不断尝试和反思，只有不断尝试才能使自己对事物的认识从表层进入深层，只有不断反思才能矫正自己的认识偏差。

每个人的选择都是非常有限的，都只能是在自己所接触的范围内进行，而且根本不存在什么最为理想的选择,只有是否适合自己的选择。一个人只要找到适合自己的并且喜欢从事的职业,就基本上找到了自己的人生目标。每个人的性格特征与不同职业之间具有或多或少的关联。一般而言,个体性格趋向与职业关联度越高则说明自己越适合,否则就越不适合。人们总是倾向于找到与自己个性特征关联度强的职业,只有这样才能够使个体心情舒畅,乐意从事,才能更好地激发自身的创造性潜能。毋庸置疑,个体的创造性越强,则发展潜力越大。可以说,人生目标教育就是在训练人的目标确定能力。

其次是进行职业生涯规划训练。今天,职业生涯规划已经成为大学的必修课。在国外,职业生涯规划已经进入中小学课堂,学生从很小的时候就开始畅想以后想从事什么样的工作,接受职业生涯规划训练。只不过中小学生对人生目标的认识还处于一种懵懵懂懂的状态,是一种不确定的状态,容易受到环境的影响。而随着年龄的增长和成长环境的改变,职业目标也会发生改变。进入高等教育阶段后,人们的职业目标取向越来越确定,从而就可以开始正式地筹划人生发展规划设计了。此时,人们会不自觉地向理想职业目标进行对标,看看自己究竟具备什么样的条件,还缺乏什么样的条件,以及该如何巩固自己的优势和弥补自己的不足。人们无不把自己的专业知识学习作为职业生涯规划的基础,把课内课外的实践当作能力培训的机会,因为人们相信,个体储备的专业知识越多就会给自己带来越大的发展空间,个体越擅长交往就越能够赢得越多的发展机遇。在专业学习的同时,人们也会关注对相关知识的学习,希望自己未来职业发展具有更大的灵活性,不至于终身固定在某种具体的职业中。

人们对未来职业进行主动筹划是人的理性本质的反映,人们都不希望在面对未来职业挑战时完全是门外汉。人们在接受高等教育阶段一般会比较主动地思考未来职业究竟需要什么样的能力,应该具备什么样的素质,这些思考会变成他在课程选择、活动参与等方面进行选择时的参考。职业生涯教育的核心就是进行行动筹划，以便确定自己该做什么和不能做什么；重点就是培养个体的行动筹划能力。

再次是进行科学方法的训练。"工欲善其事，必先利其器"，科学方法是一个人获得成功的前提。高等教育的重心不在于给学生传授或灌输多少知识，而在于教给学生探索知识的方法，这个方法无疑就是科学思维的方法。科学思维方法就是人们发现问题、分析问题、提出假设、验证假设和做出结论的方法。我们知道，一个人无论知识有多么丰富，如何充盈，都无法直接去面对现实问题，因为现实问题非常复杂多样，必须具体问题具体分析，无法按照书本上的原理进行照搬照抄，否则就会遭遇挫折的打击，为此就必须学会分析问题和解决问题的基本方法。

分析问题的过程就是找到各种影响因素的过程，解决问题过程就是找到最关键影响因素并把它转变为实践操作方案的过程，其中就蕴含着分析判断、提出假设、经验验证和做出结论的过程。人们经常习惯于用过去的经验去分析问题和做出判断，然而，如果不结合具体问题情境，仍然会面临失败的打击。所以，掌握具体问题具体分析的原理就是一个人面对生活挑战的基本功。科学研究方法训练，就是让大学生直接面对现实生活和生产中存在的问题，组织他们尝试找到最优解决方案的过程。今天开展的探究式教学、创新创业计划训练，就其实质而言，都是在进行科学思维方法的训练，而且在这个训练过程中，也培养学生的目标确定能力、行动筹划能力、果断抉择能力、团队合作能力、把握机遇能力、风险防范能力和逆境奋起能力。

最后是人文精神陶冶。创造性人格的养成需要以丰富的人文知识为积淀，如果没有历史上的先贤为榜样，一个人就很难具有超越的理想目标。正是先贤的历史功绩，才激励后人不断超越。人文精神的核心在于具有一种普世情怀，以及对他人的责任感，这经常被人们理解为家国情怀，即对国家、对民族、对社会、对集体、对家人的爱。每个人都是社会的一分子，也是民族的一分子，更是家庭的重要成员、集体的一个细胞，都是现代国家的公民，都具有为社会进步、民族昌盛、国家强大、集体兴旺、家庭幸福做出贡献的责任和义务,如此就必须思考自己该如何进行价值定位,思考在个人目标实现过程中如何促进社会发展。只有通过服务于社会,贡献于社会,才能赢得个人的地位和荣耀。有了这样的价值定位就能够为个体不断探索、不断创造、不断成长输入源源不断的动力。

第五章　创新创业教育的理论创新

第一节　创新创业教育的逻辑前提

一、创新创业的可教性

创新创业教育概念提出的基本寓意是指创新创业能力都是可教的,或者说创新创业能力并非先天注定,而是后天培养起来的,从而创新创业能力可以成为一种能够被普遍学习的能力,而不是只有少数人才能拥有的能力,每个人都可以通过自己的后天学习和努力来提升自己的创新创业能力。这种后天习得性就是创新创业教育的前提,否则就难以进行创新创业教育。今天,创新创业教育成为世界普遍关注的课题,也从侧面证明了人们普遍相信创新创业能力是可以培养的,是能够通过个人后天的努力提高的。当然,谁都无法否认,无论什么样的能力培养,都需要依赖一定的先天基础[①],没有一定的先天基础是无法进行教育的。所以,承认创新创业能力是可教的,并不意味着要否定创新创业教育必须依赖于一定的先天素质。

[①] 这个先天基础一般是指具有一定的理性思维能力,能够进行基本的分析、判断,从而能够进行正常的交流。如果从智力发展水平看,需要达到正常或中等以上的水平,如果智力水平过低,就缺乏基本的交流能力,那么进行能力培养也是不可能的。

承认创新创业能力是可教的，说明创新创业活动本身是有规律的，这种规律是可以被认识的，通过掌握这种规律并自觉地运用就可以提高创新创业能力。因为创新创业教育的目标无外乎是培养人的创新精神和创新能力以及创业意识和创业能力，形成一种创新创业素质，最终致力于培养一种创新创业型人格。所以，创新创业型人格培养是创新创业教育的最终目标。当然，创新创业型人格培养是一个过程，并不是一蹴而就的。

所谓创新创业型人格，就是一种以创新创业作为人生最高追求的意志品质。从类属关系看，创新创业人格也是创造性人格的一种，是创造性人格的具体体现。当然，创新创业型人格与创新型人格或创业型人格有共性也有差异。一般而言，创新型人格偏重于知识追求，创业型人格偏重于实践追求，它们都是创造性人格的类型之一，但创新创业型人格则主张理论认识与行动实践的统一，注重把理论认识成果转变为实践操作方案，所以它与创业型人格更侧重于实际业绩的做出及创新型人格偏重于认知领域的探索不同。创新创业人才是一种兼顾理论创新与实践创业的人才，既追求在认识上获得突破，也希望在实践过程中获得收获。这种平衡性的人才素质是当今社会普遍欢迎的人才类型。

二、创新创业是在理性思维主导下的探索活动

当我们谈到创新创业是有规律的时候，意味着创新创业活动在主体上仍然是一种理性主导的活动，而非由情感主导，我们当然不否认情感或激情所发挥的动力支撑作用，以及直觉因素所发挥的先导作用。在创造性活动中，我们都意识到直觉思维发挥着非常重要的作用，都意识到情感的影响非常大，但这些非理性因素都无法发挥持久的作用，只有经过理性审判之后才能发挥稳定的作用。在经过理性审判之后，直觉认识可能转化为理论假设，情感或激情能够转化为意志，从而可以在个体探究活动中发挥持久的作用。如

在重大科学难题探讨过程中,在百思不得其解之际,如果突然闪过一丝灵感,这种灵光乍现抑或福至心灵能够使许多科学难题迎刃而解,但这些灵光乍现也并非无缘无故,而是长期理性积累和不断孕育的结果。所谓"日有所思夜有所梦""念念不忘必有回响"即是如此。

之所以出现这种情况,就在于我们在很多时候主动思考会转变为下意识思考,而这些下意识思考机理往往是难以捉摸的。但不管如何难以捉摸,思维总是遵循联想律或对比律,抑或是辩证进行的,总是那些最接近的事物容易联系在一起,相反的事物容易联系在一起,当然,多数情况下两者兼有。可以说,思维的同质性规律[①]与异质性规律[②]是并存的,如果存在任何一种缺失的话就是一种缺陷。我们经常强调对反思性思维能力的培养,就说明人们惯于从相反的方面思考问题。而物以类聚、人以群分说明了人们追求安全的需要,这也是学科划分的基础。因为与意见一致的人在一起是容易沟通的,个人的意见容易受到肯定和强化;而与意见不一致的人在一起,则容易受到启发,更容易获得思维突破。今天所倡导的跨学科交叉融合在很大程度上也起因于此。

文化适应性原理[③]告诉我们,要适应不同的文化并非一件容易的事情,有的时候是表面的适应,而在深层却是不适应的。人在独处的时候常常会有一种危险意识(意识到个体是渺小的),这个时候也容易怀疑自己(认识到自身的局限性,能力的有限性)。这也是为什么人需要独处(能够充分发挥个体的理智判断能力),需要忍受寂寞的考验(促进人的独立自主,促进人成长成熟)

---

① 同质性规律即"接近律",即相近的事物容易聚集在一起,具有共生共荣效应。这是一种类型化思维的表现,所谓"物以类聚,人以群分"就反映了思维的同质性原理。正是相同的事物聚集在一起才能发现其规律性的存在。

② 异质性规律即"对比律",即相反的事物在一起容易形成鲜明对比,具有相克相生效应,所谓相映成趣就是这个道理。

③ 文化适应是一个价值认同过程,不是简单的行为趋同过程。行为趋同是一种外在的表现,价值认同是一个内在过程,中间需要经过思维模式的不断调整。因此,文化适应是一个长期的浸染过程,是一个濡化过程,无法一蹴而就。

的原因。人正是在寂寞独处过程中才使自己的心理变得非常强大,而人在群体中往往是失去独立意识的(容易受到别人的思想或行为的影响),往往容易意识不到自己的存在,当然也意识不到危险,这实际上就是一种归属感。只有那些不合群的人才经常感到孤独与寂寞,因为自己与他人太不同了,从而找不到存在感。

三、创新创业需要创造性思维、逻辑思维与辩证思维

创造性思维包括发散性思维与聚合性思维。发散性思维使思维具有广度,聚合性思维使思维具有深度,这两种思维都需要遵循思维的逻辑性规律,才能产生有价值的成果。创造性思维主要表现为求异思维,求异思维同样也需要遵循思维的逻辑性规律,否则就难以产生有价值的成果。有人说创新创业活动主要是求异思维发挥作用的结果。这句话虽然有一定的道理,但不全面。确实,人如果没有求异思维的话就很难创新与创业。而求异思维的本质就在于质疑精神,即不是简单地接受现成事物,而是要探求其中的因果关系。当人们对事物规律很难想得通的时候,就会怀疑面前的对象是否是真的。人能够明白其中的道理,一般都是基于已有的知识。当已有知识无法解释对象时,往往会出现两种不同选择:要么简单地拒绝,思考就此终止;要么进一步探求其中的道理,这就是容忍或包容。具有第一种态度的人往往表现出保守的人格特质,即对新事物采取简单排斥的态度。具有第二种态度的人则表现为开放的人格特质,即默认差异性的存在,认识到自己的知识存在局限性,并且希望认识差异的根由,从而具有一种试错心理。这种试错心理存在就是创新创业的基础。如果一个人经常采取非此即彼的态度,就很难具有创新思维。换言之,思维中具有辩证性特质或包容性特质(容忍不确定性)是进行创新思维的前提条件。因为创新思维从本质上讲就是要打破自己的惯常思维模式,创新自己的认知方式,获得一种新认识。如果可以确证这种新认识是

正确的,且是之前不曾存在的,那么这就是一种创新成果。人们在有了创新认识之后,才能有进一步的创业行为。

创新思维并没有什么绝对的门槛,并不是一种"只有达到什么样的条件才能进行创新思考"的思维方式,而是一种"只要不断挑战自己传统的认识模式就可以实现创新"的思维方式。这个原理说明,创新并非属于固定人群,也不存在一个绝对的条件。相反,创新思维是受复杂因素影响的,它与个体的探求努力是分不开的,与个体思维的独立性具有不可分割的关系。说到底,创新就是要尊重个体思维的独特性,即只要是个体真正的认识(指遵循诚实原则,客观地展现认识结果),就可能是创新认识。因为每个人都是不同的,都不可能产生完全相同的体验,所以就不可能获得完全相同的结论,这个原理就是创新的个性化原理。换言之,只要是尊重认识的差异性,就可能带来新认识,在这里拒绝的是标准化认识模式,即认为认识存在着一个绝对正确的标准。

四、创新创业能力取决于人的探究能力

创新创业能力培养从本质上讲就是要培养人的持久的探究能力,追求对事物本质的认识,坚持个人的理想价值追求,并且用这种认识指导行动,最终达到人与自然、人与社会的和谐。换言之,探究是因,创新是果,创业则是一种验证过程,如果没有持久的探究过程,就不可能出现创新的成果与创业的行动。探究的指向就是事物本身究竟是什么,也即追问事物的本质究竟是什么。这个本质就是要形成一种确定的概念或理念,最终构成个人理想追求的一部分。自然而然,这种概念或理念形成就是试图对事物进行全面的把握,从而对事物的本质达到一种全面的理解。当然这不是指对事物各种表现的全面接受,而是对其核心内涵(最内在的品质)的解释。

认识是一个不断深化的过程,人们很难一步就接近事物的本质。往往人

们在一段时期内认为已经把握了事物的本质,而在另一个时期却发现有更新的或更深刻的本质出现。之所以如此,就在于人们的认识总是受一定的情境制约,当观察事物的角度变了,参考系就变了,观察的结果也就会发生变化。历史上之所以会出现不同的哲学流派,主要是由于观察角度不同造成的。因为无论谁都难以全面地、彻底地观察事物,从而在观察事物过程中就难以克服主观性和片面性,就会出现不同的认识结果,这是由人的理性认识能力的天然局限性所致。原因在于我们自身就是一个阴影部分,我们看不到自身对所观察事物产生的影响,总是不自觉地把自己的思想投射到所观察的事物上,这样就造成了观察的片面性。

既然人的创新认识依赖于探究过程,那么人的探究能力就决定了人的创新创业能力。探究高度依赖于人的主观能动性,这种特性往往是不可比拟的。探究过程往往不局限于某种方法,它所运用的方法往往是多元的、立体的。对于技术技能可以用熟练程度来形容,而对于方法而言就很难如此看待。因为方法常常表现为一种思维方式,或者说是一种与世界的独特沟通方式,这种沟通方式的个性化非常强,一般是外界无法衡量的,从而也是难以理解的。我们对事物认识的深度往往不是某种技能能够决定的,而是依赖于我们与世界的沟通能力,和对事物内在意志的反应能力,特别是满足事物发展需求的能力,这些往往决定了一个人是否对事物产生了真正认识。

人在与世界沟通的过程中,情感因素往往占据了主导地位,理智仅仅在于把握方向;情感常常决定了认识的深度,决定了认识的内涵,理智仅仅决定了认识的形式。理智让思维具有了逻辑性和系统性,而情感使思维具有内容和深度。因而,没有内容和深度的形式是空虚的,是无意义的,而没有形式的内容是杂乱的,难以体现深度。这就决定了人的认识过程必然是一个爱恨交织的过程,是一个感情高度投入的过程,也是一个目的性非常强的行动过程。意志显然不单纯是情感作用的结果,也是情感与理智凝结或交织的结果。正是这个凝结或交织过程,才可能有真正的行动。人们经常说的知行合

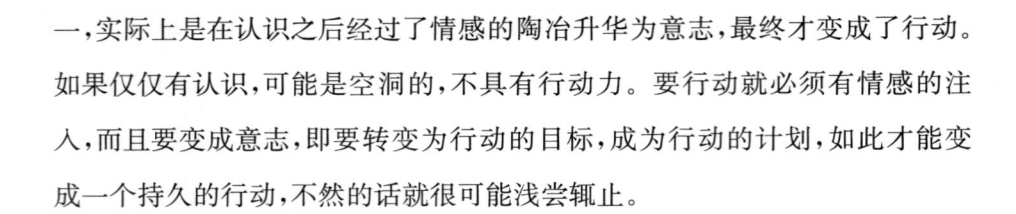

一,实际上是在认识之后经过了情感的陶冶升华为意志,最终才变成了行动。如果仅仅有认识,可能是空洞的,不具有行动力。要行动就必须有情感的注入,而且要变成意志,即要转变为行动的目标,成为行动的计划,如此才能变成一个持久的行动,不然的话就很可能浅尝辄止。

五、创新创业活动受不同层次需要驱动

一个人认识世界的过程,同时也是发现自我的过程,正是在与环境接触和互动的过程中,一个人的内心世界才徐徐展开。当他发现了世界存在的不足并试图去改进它的时候(这似乎说明人都具有追求完美的天性,说明"人的本性是善的"也是成立的),人的创造潜能就开始展现出来。当一个人对自己所熟悉的世界形成了一个比较完整的认识方案并尝试付诸行动时,就说明他的创造才能开始充分展示出来。然而要使一个人的认识方案获得别人的认可与支持,则考验他的社会活动能力,这实际上就是他的创业能力。

一个人的创新成果并不必然被人接受,因为人们在接受外界事物时总是有选择的:第一位考虑的当然是安全需要,只有确认是安全的时候才会接受它;第二位考虑的则是社会影响如何,即如果得到社会肯定性的评价,就倾向于接受它,否则就倾向于拒绝它,尽管这并非绝对的,但在绝大多数情况下是成立的;第三位考虑的是个人价值满足,即它可以满足个人比较独特的需求,使自我价值得到提升;第四位考虑的是审美需要,即可以带来一定的心理满足;第五位考虑的是长远发展需要,即对自己未来发展是有利的。

安全需要对于每个人而言都是最基本的需要,属于人的本能性行为,从而是第一位的。事实上,从满足安全需要出发所做出的创造性成果也是最多的,因为它属于人的基本需要,最能够激发人的创造性。当然,从安全需要出发做出的创造性成果往往属于技术成果,也即通过技术创造提升人们的安全系数。社会认同需要是由个人的身份所决定的,他会考虑到社会舆论,说到

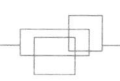

底是一种归属和爱的需要。社会认同需要对人的创造性激发作用非常大,人们常说的"为荣誉而战"多是从这个层面出发的,许多展现社会价值的精神产品就是在此动机激发下产生的。个人价值满足则是指个人的兴趣爱好的满足程度。这是一种精神需求,实际上是一种自我价值实现的需要。个人价值满足放在第三位,说明人不全然是一个功利主义者,不会只考虑到当下满足。审美需要是一种高级需要,这只能是在基本需要满足之后才能提出的课题或要求。在这些基本需要满足之后,人们才会为未来打算。这实际上就是一种精神需求,是对终极价值的追求。

我们对一个人能力的衡量往往是从他能够满足社会需求的程度展开的。换言之,就是基于他创造的社会价值。人们很少从自我发展的角度衡量一个人的能力。固然,人们之所以能够做出贡献,首先在于自我发展比较成熟,否则就难以把主要精力投入满足社会需求的活动之中。这恰恰说明,人们对能力的衡量是采取结果主义的态度而非过程主义的态度。之所以如此,是因为进行能力评价的目的在于给予行为人以报酬或奖励,而非为了做一种发展性评价,进行这种发展性评价恰恰是教育工作的价值。但由于进行发展性评价太复杂,难以获得一致结论,人们就会有意无意地过滤掉这些内容,所以,目前的评价主要是功利主义取向,而非理想主义取向。理想主义取向不是为了追求评比或奖励,而是为了促进人的发展,其宗旨就是人本关怀。这就产生了一个悖论现象,即人人希望通过评价而获得尊重,但最终却无法获得真正的尊重,因为人们在相互比较过程中只能获得一个相对位置。这种相对位置是同质性比较的结果,忽视了个体独特性,从而往往会严重挫伤个体的自尊心,这就是社会本位主义价值观的结果。在一个多元化的社会里,要减少这种评比活动,尊重个体自由发展,使个体独特性得到充分发展,从自我成长中获得满足。

创新创业教育从根本上讲就是要激发人的求知欲、探索欲,使人能够主动地探求世界,以获得人生目标与价值的启迪,从而找到自己的兴趣源头,进而找到自己钟爱的事业,激发自己探究世界的内生动力,使人能够在自己感兴趣的领域深入探究,最终获得一种认识上的突破,解决人们认识上和实践中存在的难题。

人的认识动力很多时候都来自实践需要,即生活的困惑或生产的需要。而实践难题或生活困惑本质上都是认识困惑,都是由于不明白事物本身的规律所致。如果认识问题解决了,那么实践中的问题也就解决了。往往对实践问题的认识需要深入到实践中去,在实践中发现问题和提炼问题,找到真正的难点所在,最终解决难点,带动一系列问题的解决,从而使认识获得突破。

第二节　创新创业教育是本土化理论建构

创新创业教育并非一个普通名词,而是一个理论创新表现。目前在国外没有谁曾经提出过这个概念,是中国教育界率先提出的这个概念,它是一个中国特色的教育理论。因为它主要是在高等教育领域提出的,所以是一个中国特色的高等教育理论。[①] 之所以成为一个理论,就在于它具有自己的假设,具有实践的基础,而且付诸了行动,特别是已经取得了比较明显的成功。

一、关于创新创业能力的基本假设

首先,创新创业教育隐含着一个非常明确的假设,即假设每个人都具有创新创业的潜能,只要通过适当的教育,就能够把这种潜能激发出来,并且认为高等学校就应该提供这样的教育条件,从而促使每个人把自己的创新创业

---

① 王洪才.创新创业教育:中国特色的高等教育发展理念[J].南京师大学报(社会科学版),2021(6):38-46.

潜能都展现出来。李克强总理在第八届夏季达沃斯论坛开幕式的致辞中率先提出了"大众创业,万众创新"倡议,随后才出现了"创新创业教育"的概念。无论是大众还是万众,都是形容词,是概指,而不是确指,意思是指芸芸大众,不是特指某个人或某个群体。这显然是对每个个体的尊重与信任,这完全颠覆了之前的一些认识。因为人们习惯上认为创新与创业都是少数人的专利,如把创新说成是科学家的专利,把创业说成是企业家的专利,一般大众与这两个高大上的词语是不沾边的。"大众创业,万众创新"显示出一种豪迈之情,是真的把人民群众当成历史的创造者看待的。当然这也对教育工作提出了很大的期望,期望教育工作者能够把这种理想变成现实。

其次,创新创业教育概念是针对中国国情提出来的。众所周知,中国教育传统上保守色彩一直非常浓重,教育的目的主要是传授前人积累下来的知识,是把个体变成社会发展变化的适应者,却忽略了作为受教育者的大学生也可以成为社会发展的创造性主体。所以,教育已经习惯于做"二传手"了,使受教育者(学生)成为原创性成果的创造者几乎连想都不敢想。人们(学生)对自己的受教育目标设计也比较现实,即获得一个现成的工作岗位。因为原来的工作岗位都是按照政府的招生计划安排好的,而且在工作分配之后还享受国家干部的待遇。只是到高等教育规模逐渐扩大之后,特别是在出现"双轨制"招生制度后,"自费"接受教育的大学生才开始实行"自谋职业"渠道就业,但这属于少数人。当高等教育大扩招开始之后,才发现过去由政府包办工作分配的方法已经根本行不通了,才开始了全面的"双向选择"就业模式,这就出现了大面积的"自谋职业"群体,进而由国家分配工作的办法才彻底成为历史。虽然这个转变有一点无奈,但却是历史的必然。

事实上,"自谋职业"开辟了自主择业的先河,这在很大程度上解放了人们的职业思想,改变了人们的职业观念。因为人们发现,自谋职业除职业的稳定性比较差之外,在收入待遇方面并不低,而且首先富裕起来的群体主要是这一部分人,他们的劳动付出与收入是直接挂钩的,率先打破了传统的平均主义分配模式,实际上也是改革开放的最大受益者之一。

当然,在历史发展的长河中,"不进则退",如果这些人继续保持过去的奋斗精神,继续追赶时代的脚步,他们可能获得更大的发展。如果他们止步不前,有了"小富即安""知足常乐"的心态,可能就要落伍了。而且其中一部分人原先在"体制内",后来主动"下海"才变成了"体制外"就业,这些人的奋斗精神普遍非常强。因为他们不习惯于过"体制内"的安逸生活,希望找到自己的人生价值,实现自己的人生理想,故而他们多半是非常成功的。相对而言,这批人更知道两种体制的优劣,更为主动地选择了挑战自己,因而更富于冒险精神和创新精神,从而开辟了一个非常辉煌的事业。

二、我国创新创业教育概念形成过程

中国引入创业教育概念是在 20 世纪 90 年代之后,即当中国开始实施"自费生""自谋职业"政策时,中国高校还没有正式开展创业教育。国外的创业教育概念兴起得比较早,出现在 20 世纪 30 年代美国哈佛大学,最初是培养企业家的教育,主要集中在商学院,后来集中在 MBA 和今天的 EMBA 教育。[①] 直到 20 世纪 80 年代之后才逐渐向外扩散,成为主要针对部分对独立创业特别感兴趣的人群所施行的教育。所以,直到今天,国外创业教育课程基本上都是自由选择的,而不是一种强制性的教育模式。中国大学在 20 世纪末才引进了国外创业教育概念,也沿循了国外创业教育模式。而直到 2010 年,才与创新教育概念合成为创新创业教育,并赋予了中国的独特内涵。[②] 在我国大学校园,创新创业教育课程是大学生的一门必修课,是为了提升大学生就业能力而开设的课程。这门课不是从西方的"创业教育"概念演化而来的,而是

[①] 刘志.哈佛大学创业教育课程建设的历程与经验[J].教育研究,2018,39(3):146-153.
[②] 王占仁.中国创业教育的演进历程与发展趋势研究[J].华东师范大学学报(教育科学版),2016,34(2):30-38,113.

具有自己的生成路径。它最初是一门生涯规划课程,之后是就业指导课程,再后来是创业培训课程,最后才变成一门公共必修课程。由西方引进的创业教育仍然继续保留着,可以说那是一种面向精英开展的专门教育,如商学院或管理学院开设的 MBA 或 EMBA,而面向大众的创新创业教育则是由后来成立的创业教育学院或创新创业学院来开展,负责统筹创新创业课程开设与创新创业活动组织以及创新创业大赛的培训等。此时,受各种创新创业大赛带动,在中国大学普遍兴起了一股创业教育文化热潮,大学内普遍建立了大学生创业园。因此,创新创业教育的开展是伴随着我国高等教育大众化形势而出现的,也可以说是高等教育大众化的伴生物。

创新教育最初是作为一种教育思想出现的,主要是为了培养人们的创新精神,可以说是我国高校开展文化素质教育的产物。众所周知,中国应试教育传统非常悠久。我国古代,人们在接受教育时具有非常浓厚的功利主义思想,即学习是为了博取功名,学习内容主要是儒家经典、圣人之言,学习方法注重死记硬背,考试方法采用八股取士的科举制度。我国在恢复高考制度之后,应试教育思想又重新复活,采用题海战术进行应试的风气非常严重,所以学生在学习过程中被动性比较强。换言之,人们学习知识一般不是为了自己的思想解放,而是为了应付考试需要,即是为了文凭与证书。此时,教育主要承担了社会阶层流动的功能。人们对创新的理解也比较简单而神秘,压根意识不到每个人都具有创新潜力,只是认为创新距离自己非常遥远,认为那是科学家的事情,认为创新必须是"站在巨人肩膀上"。作为学习者只有老老实实地积累知识,创新几乎就是一种奢望。学生在学习过程中如果有自己的不同想法,一般都会认为是自己错了,是因为没有真正理解书本上的知识或老师的意思,从来不相信自己会有创新见解。而在考试中普遍强调使用标准答案的做法,也强化了人们否定自我的认识,故而人们老老实实地把训练记忆力作为应付考试升学的法宝。

所以,当谈到创新教育时,人们认为那是针对少数具有科学天赋的学生而言的，如科技大学的少年班，包括后期的拔尖创新人才实验班等。一句话，创新属于绝对的小众，与大众是无缘的。即使是在研究生教育阶段，也只是进行学术规范性训练，很少提到创新能力培养。直到社会上出现了大量的大学生创新并创业成功的现象之后，才彻底颠覆了人们的传统认知，发现大学生不仅可以做出创新，而且也可以创业成功，甚至发现创新创业与年龄和学历无关，这个震撼是非常大的。人们才开始正视大学生是一个真正具有活力的创新创业群体，换言之，大学生是一个真正具有创新创业潜力的宝藏亟待开发。我国开展的挑战杯创新创业大赛与此背景不无关系。后来的"互联网＋"大赛也是它的升级版。人们发现，唤醒大学生的创新创业意识比让他们单纯地去接受一些现成知识更重要，让他们具有一种主动探索意识和探索精神才是赋予他们真正的人生财富。

三、创新创业教育带来中国学术界一场思想革命

目前，具有"大学生可以创新创业"这种意识的人毕竟只是极少数，绝大多数人仍然局限于传统的思维框架内，认为大学教育就是进行学术教育，就是接受学术规训，就是进行学术专业的继承，也只有在继承的基础上才能创新。换言之，如果不沿循前辈的路径而去另辟蹊径是不可取的，所以大学内非常讲究资历，讲究论资排辈。故而，在大学教学过程中仍然主张教学应该从系统的知识传授出发，认为这样才能给学生打牢知识基础，以后才能根深叶茂，茁壮成长，进而才能创新。这种保守主义思想对年轻人的思想产生了巨大的抑制作用。

进入新世纪之后，大学教育思想观念逐渐走向开放。人们对传统的教育理论观念不再抱着必须遵循的态度，而是逐渐开始带着质疑或批判性的眼光进行审视，传统的"一元化"思维方式逐渐被打破。与此同时，人们的思维开始从身份束缚中解放出来，师生关系从传统的"服从式"向新型的"合作伙伴"

方向转变。随着大批留学人员归国,他们把西方的平等讨论的教学思想引入课堂和校园,对师生平等观念的确立产生了革命性影响。对于大学生而言,他们尚处于转变过程中,还无法从过去的高压管制模式过渡到这样的自由讨论状态,他们一时还迷失在无人管教的舒适状态中,致使他们中不少人仍然沉迷于各种诱惑而不能自拔。当然,大学生中也有不少人在经历第一年的迷惘期之后在第二年就开始调整自己,已经有了自我负责的意识。但他们一般都没有从开发自我潜能出发,而是遵循传统的发展路径,即通过升学就业找到自己的未来归宿。目前人们已经发现,按照传统的满堂灌的方式进行教学越来越失去了吸引力,学生也发现这种获得知识的方式是低效率的,甚至是不科学的,而网络资源完全可以替代这种教学方式。这也是大学内慢慢开展翻转课堂的原因。

这种教学方式革新对大学生创新精神的培养具有直接的意义,因为在这种课堂上,学生的主体精神才会被激发出来。在这种课堂上,学生可以发表自己的意见,不需要按照老师的指示发表意见。学生通过课前学习环节,完全可以熟悉老师的教学思路,在课堂上可以直接针对问题进行讨论。那么学生的理解必然是多元的,看法也不可能完全统一,学生的个性特点就能够比较充分展现出来。如果没有学生个性的展现,学生的创造性就无法表现出来,也无法得到真正承认。同样,如果教师没有很深的知识积累和丰富的教学经验,就很难驾驭这种课堂。这种课堂需要教师具有教学智慧,因为只有鼓励学生积极参与,才能使课堂持续下去,不然课堂就会回归传统的沉闷状态。所以,可以从课堂的活跃程度来发现教学的创新程度,教学创新的程度越强,对学生的创新能力培养作用也就越大。离开了课堂学习的基础,学生在课外也不可能活跃起来,除非课外活动完全是与专业知识无关的。

四、政府在创新创业教育概念形成中的主导角色

政府在创新创业教育概念的形成过程中,发挥了主导作用,从而体现出真正的中国特色,也是中国高等教育体制特征的反映。最初,创新教育与创业教育是在两个系统进行的:创新教育主要是针对专业教育而言的,创业教育主要是针对就业辅导而言的,目的就是促进就业。前者进行的是系统知识传授(第一课堂),后者进行的是一种课外活动,或者说是第二课堂。而且两者也分属于两个不同部门进行管理。第一课堂一般由教务部门进行管理,第二课堂则是由学生处、团委在管理,前者主要管老师,后者主要管学生。如果两者不进行协作,显然彼此的教学效果都不会好。所以,怎么变两者的对冲状态为协作状态呢?这需要智慧和创造,如果不能把两者有机地结合起来,整体教育效果就不会好。显然,这需要进行顶层设计。于是,把创新教育与创业教育合在一起的思想就出现了。

把两者合在一起的直接意义就是提高创业的起点。传统的面向大众的创业教育活动主要是摆地摊、开网店,主要职能是培养学生的商业素质,目的就是赚钱。人们把这种创业称为"生存型创业"。此时的创业活动基本上没有涉及学生所学的专业知识,所以出现了不少学生因为创业而荒废了学业的现象,这也引起了人们的非议。把两者合在一起后就是要给创业教育一个新的导向,当然也是提出了新的要求,对高校而言就是不要单纯追求参加创业的人数,而是要追求创业的质量。同时也对专业教育提出了要求,即不能只传授一些纯理论性知识,而是要结合现实问题,关注现实难题,进行科学创新和技术创新,如开展项目教学,以问题为导向的教学等,从而使课堂教学内容逐渐丰富起来,生动起来,与实际生活的联系也逐渐紧密起来。如此一来,第一课堂与第二课堂就可以统一起来,从而第一课堂提升了其实践针对性,进而提升了教学效果;第二课堂不仅丰富了其活动的内涵,而且提升了科技创

新分量,从而创业活动受到越来越多人的重视,因为从中可以走出许多具有开创意义的新的产业领域,带动社会经济发展。

各种创新创业大赛,是政府采取的独特的、有效的、推动创新创业教育的方式,这种全员动员能力是其他国家和政府无法做到的。显然,目前的各种创新创业大赛的影响力主要是针对第二课堂而言的,第一课堂的参与性仍然非常不足,这也是创新创业教育理论构建过程中遇到的一个难题。人们虽然已经充分认识到了创新创业教育必须与专业教育结合,但对于绝大多数教师而言仍然是缺乏说服力的,因为教师们主要精力是放在自我发展或专业发展上,简言之就是职称评聘上,可以说考核的压力影响了他们的正常的教学投入。目前对教师考核不仅有很高的质的要求,而且对量的要求也非常高,这使不少教师只能把主要精力甚至差不多全部精力用在应付评聘考核上。今天高校评价中普遍存在的"五唯"现象并不是偶然的,而是在考评压力下诞生的。如果考核的指挥棒不变,那么想实现第一课堂与第二课堂有机协调就非常困难。对教师而言,毕竟谋求职业生存才是第一位的。故而,高校综合评价改革就是当前高等教育改革发展过程中遇到的最大问题。这既是高校内部改革的需要,更是外部改革的需要,因为高校内外部之间是紧密联系的。

五、全员动员是中国创新创业教育的基本特色

中国大学的创新创业教育是一种号召学生全员参与的教育。如前所述,政府扮演了全员动员的角色,政府在其中发挥了主导作用,不仅通过规定必修课的方式进行动员,而且还通过组织大赛的独特形式进行动员。高校自然在其中发挥着主体作用,可以说,高校对政府呼吁的积极响应是构成创新创业教育有效性的基础。如果没有高校的积极响应,创新创业教育概念很大程度上是不成立的,这个"动员"与"响应"过程,发挥了我国教育体制独有的优势。计划体制的特征就是集中管理,指挥权在中央,然后是全国一盘棋。但

不得不承认,绝大多数高校在其中并没有发挥创造性主体的作用,仅仅是作为一般配合者的角色出现的。绝大多数高校都把创新创业教育当成了一种活动或一门课对待,而没有意识到这是一种办学思想和办学理念的转变。换言之,没有意识到创新创业教育与高校所有工作都是联系在一起的。创新创业教育目标是培养创新创业人才,需要职工全员配合和共同努力,需要高校做一个系统性设计。目前,许多高校基本上缺乏这种深刻认识,很多人甚至把创新创业教育当成一种额外的工作对待,从而采取一种被动应付的态度,没有予以高度重视。

相对而言,高职院校的认识会更深刻一点,也许这与他们距离就业市场更近一些有关系。研究型大学对创新创业教育最不关注。可以这么说,在研究型大学里,虽然既存在创新教育的成分,也存在创业教育的成分,当然还存在着创新创业教育的成分,但都是分散的和零星的,实施的仍然是传统的专业教育和通识教育,这些教育与创新教育或创业教育基本上都是绝缘的,更遑论创新创业教育。创新教育主要集中在研究生教育,特别是博士生教育,少量的硕士生教育和个别的本科生创新实验班之中也有;创业教育则分散在大学生服务社、商学院课堂和大学生实践实习环节,也都是零碎的;创新创业教育则集中在大学生准备参加的创新创业大赛活动中,参加的人数也非常少。

在大学中,除少数具有强烈探索精神和社会责任感的教师之外,绝大多数教师对开展创新创业教育是不怎么积极的,他们也没有主动了解创新创业教育这个概念究竟是何意谓,因为他们的主要精力用在了自我发展上。而且多数管理人员也认为创新创业教育与自己是无关的,只有政工系统干部比较认可这一项活动,并定期组织这项活动,通过申报、筛选、评比、培训和参赛及总结反馈等环节来完成大赛的参与过程。一般而言,多数高校都创办了大学生创新创业教育实践基地或创业园;教务部门负责开设创新创业教育必修课,似乎仅有一个学分;承担课程者绝大多数人来自缺乏创新创业经验的辅导员队伍;团委部门一般通过聘请创业成功人士开设专题讲座来培养校园的创新创业教育氛围。虽然每个辅导员都参与了这项活动,但真正积极投入这项活动的人并不多。因为他们本身对这一活动的了解非常少,不能为大学生参与创新创业大赛提供多少帮助。

可以看出,创新创业教育的最大障碍是广大教师环节。教师应该是推动创新创业教育实践的真正主体,如果他们不能进行教学改革,仍然按照传统方式进行教学,实际上就是不支持创新创业教育。这一点也是中外创新创业教育的重大差别所在。国外高校创新教育的影子是无处不在的,是广泛融入课程教学环节,也渗透在管理活动之中的,因为从本质上讲,国外教育是尊重个性的教育,这就为个体创新思维发展提供了充足的空间。大学课堂广泛采用研讨式教学,注重学生实践体验,如此为学生创新能力培养提供了无限可能。课堂评价不是按照结果评价,而是根据学生的参与性进行评价,这就培养了学生的主体精神和负责意识,在无形中训练了学生的合作能力和创造性思维能力。对于每个大学生而言,很早就是自己为自己负责,不存在国家分配工作这一说,所以,他们的教育中自然就包含了就业服务元素。他们的创业教育主要是针对那些独立创办企业的人而言的,所以,这种教育是一种比较专门的教育,不同于我们所开展的"广谱式"教育。因而,国外的创业教育与我国开展的创新创业教育内涵具有本质的不同。

必须指出,创新创业教育是一种践行理论,不是一种思辨性理论。换言之,它不是在陈述一种事实,而是号召人们去行动,在行动中进行探索。这种行动理论采取逐级推进的方式进行:首先是从就业服务切入的;其次是通过创业大赛深化的;再次是通过必修课程开设进行普及的;最后是通过与专业教育融合来实现彻底变革的。显然它与专业融合是一个非常艰难的过程,因为它需要调动全体教师的参与,不仅专业课程教学需要改革,通识教育也需要改革。专业课与通识课的区别仅仅是针对学生而言的,对于教师而言,他们所授课程都是他们各自的专业范畴。

六、创新创业教育有待进一步深化与完善

创新创业教育需要一场教育管理革命,需要对高校评价模式进行彻底的改革。只有改革偏重于量化的管理方式了,改变了偏重于对教师进行科研评价的管理模式,使教师们普遍认识到培养人才成效在评价体系中居于优先的地位,才能使创新创业教育从观念形态走向实体形态。这实际上要求高校评价体系进行一次系统的改革,当然首先是对高校外部的评估系统进行彻底的改革。这也是高等教育治理现代化的主要课题之一,同时,也会涉及大学内外部治理的改革。如果不能把教师从自我发展专注中解放出来,创新创业教育真正落地就不太可能。这无疑呼唤大学必须进行科学的管理,一定要给教师合理的负担,不能无限制地为教师增负。这就需要尊重教师的工作特性,给他们更多的专业自主权,吸引他们更多地关注教学,关注学生发展。所以,高校教学评价改革是一个重大攻关课题。从这个意义上说,高校评价"破五唯"迫在眉睫,因为"五唯"反映的是唯科研、唯期刊,不是唯贡献、唯育人。

第三节 创新创业能力培养是新时代呼唤

一、创新创业能力是一种复合性能力

我们对于创新创业能力有以下基本判断:创新创业能力是一种复杂能力,并非一种简单能力;它是一种综合能力,无法进行严格的分解;它是一种动态的能力,而非一种固定不变的能力;它是一种与环境相结合的能力,不是一种孤立存在的能力。

所以，对创新创业能力认识无法通过传统的概念分析的方法来获得，往往通过调查来收集，即通过众多的创新创业成功案例分析来获得。因此，案例研究是创新创业能力分析的基本方法。

我们需要明确的一个基本认识是：创新创业能力概念形成经过了一个漫长的演化过程。最初，"创业"一词是对人们做出重大业绩的一种褒奖，往往是指创建一种比较宏大的基业，一般人的产业活动往往不会用到"创业"这样的词。后来，在我国出现大面积就业难的情况下，创业开始专指自谋职业的行为，是相对于传统的依靠国家分配工作而言的，从而带有美化的意味。接着，创业就是指独立创办企业的行为，只要是新建公司或企业都可以称为创业行为。最后，人们才把理想的创业目标定位为高科技产业，此时就开始把创业与创新活动建立了联系。

创新，在我国最初是一个很神圣的概念，也是与一般大众无缘的，它专指科学家的发明创造，如提出什么新理论、新思想或创造出新的专利产品。随后创新变成了一种意识形态，从而创新概念开始出现泛化，被广泛地运用到各行各业的革新活动，如管理创新、文化创新和技术创新等。再后来创新与创业建立起联系，凡是人们有新的创意并付诸生产、投向市场，就构成了创新创业活动。最后，人们认识到，创新创业是与每个人紧密相关的事情，只要我们不断地更新观念，就是在创新，创新本质就是挑战自我的过程。只要我们有理想、有目标并付诸行动，就是在创业。创业本质就是一种实现自我的过程，也可以说创业就是一种自我实现的过程。如此，人们在思考创新创业时，逐渐地从宏大叙事转向日常生活，从社会精英转向普通大众。这个思考的转向过程，与我国兴起的"大众创业，万众创新"的形势紧密相关。

我们还需要明确一个基本认识，即国内外学界对创新创业教育的理解是非常不一样的。国外大学开展的创新创业教育活动一般都称为"创业教育"，似乎创业活动是不可能离开创新的，创新就是创业的一个基本元素，从而很少提"创新创业教育"概念。换言之，创新创业教育更多的是我国学界使用的一个概念。这说明,创新创业教育概念具有明显的本土化特色。追究其中原因也可以理解,因为我国传统教育过程中比较强调文化知识的传授与接受,这在无形中把创新神圣化了,从而把这项艰巨的任务交给了科学家,没有意识到创新其实是我们每个人生活的一部分。传统教育更多地迎合应试教育的需要,没有把教育与科技创新联系在一起,从而习惯于把学生接受教育的过程看成是一个积累知识的过程,也在无形中把学生作为知识仓库对待了,并未真正去开发学生的主体性和创造性,即使在"创新教育"概念兴起之后,仍然没有多大改变。人们经常所言的"知识改变命运"主要是从接受知识、应付考试的角度说的(即获得一种社会身份,满足社会筛选的需要),不是从通过创造性应用知识来创造社会价值的角度讲的。所以,人们获得知识的目标普遍是为了谋得一个好的工作,并没有多少改变既有社会状况的企图。

经济全球化时代的到来,特别是科技竞争日趋激烈,我们才感觉到原创性科研成果严重缺乏,才发现我们急需培养人的创新能力。于是培养创新人才成为大学教育的一种重要目标,最典型的就是我国拔尖创新人才培养计划的提出与实施。这个时候,仍然把创新与少数具有天赋的学生联系起来,并且试图通过选拔机制将这些学生筛选出来进行重点培养,以实现创新人才培养出现一个大的改观。此时仍然没有把应试教育作为改革的对象,还没有把它与造成创新活力缺乏联系起来。我们把应试教育作为批判对象主要是因为它造成了人的片面发展,影响了人的健康发展。因为我们一直比较自豪我们的基础教育比较扎实,认为我们的本科教育质量比较可靠,却没有认识到我们的教育方式比较传统和落后。直到高等教育进入了大众化阶段后,社会出现了越来越大的就业压力,才发现应该重视大学生的创新潜力的培养,才认识到大学生有可能成为科技创新的主体,甚至成为经济发展的主要动力。从而,过去一贯坚持"积累充足知识"之后才能创新的观念才被打破。今天,大学里广泛开展的创新创业教育就是这个时代背景的反映。

在创新教育实施较好一些的国家的大学,由于在教育理念中始终是鼓励学生自由思考的，教学方式很少是灌输式的，因而学生的个性价值得到了极大程度的彰显。不仅课堂教学氛围是平等的，而且课下学生的自治社团也把大学生的创造性极大地激发出来。可以说，他们已经受到了全面的创新教育洗礼，故而他们不必再提创新教育，而是只提创业教育即可，即鼓励学生把自己的创新观念付诸实践，学校为此提供系列的指导与帮助。换言之，创新活动或创新元素已经自动地镶嵌在创业教育过程中，从而无须独立地开展创新教育。而我国由于创新教育的氛围非常缺乏，必须从改变教师的观念开始，到管理观念的改变与落实，最终使整个教育体系都具有宽容创新的精神，鼓励创新的意识，支持创新的举动，培养人的创新素质。并且意识到，进行创业教育必须与创新教育结合在一起，才能出现高水平创业。

我们最后需要明白，创新创业能力要作为一个科学概念出现，就必须能够进行逻辑分析，否则就难以进行科学的认识。如果要进行逻辑分析，就需要借助于哲学分析的方法，不然就无法获得一个彻底的解决。

二、创新创业能力是人的自我发展能力展现

从个体发展的意义上讲，创新能力就是指一个人从全新角度认识事物的能力。换言之，它是一种超越于传统认识方式的能力。很显然，如果一个人善于从多角度多方面思考问题，那么就说明他的创新潜力很大；如果一个人始终不能跳出传统的思维框框，因循守旧，那么其创新潜力就很弱。如此，创新能力的本质就是一种超越自我的能力。说到底，它就是敢于否定自我的表现，是一种敢于从全新角度来审视自我的反思能力。在现实中，一个人一旦形成了一个想法，就会不自觉地向这个想法趋同，于是这个想法不断被强化和固化，乃至不敢打破这种固定的认识，因为他没有发现这种认识的局限。如果他善于反思的话，那么就会很快地发现这种认识的不足。超越自我，说到底就是发现了新的自我，即发现了自己新的发展的可能性。

同样，创业能力就是一个人敢于把自己的想法付诸行动的能力。说到底它就是一种实践能力。一个人经常会有一些新想法但不会去行动，因为行动意味着必须改变自己传统的做法，克服自己对传统习惯的依赖，这种行为习惯的改变对自己而言挑战非常大。这说明，创业能力的本质就是一种实现自我的能力。

一个人之所以具有强大的创新创业动力，就在于他发现了自己的成长方向，认识到了自己的发展前途，从而为自己的行为注入了强大动力。创新创业过程就是一个实现自我理想的过程。一个人发现自己的发展方向过程实质上也是一个不断试错的过程，当然也是不断接受挑战和内心不断挣扎的过程，从而也是一个战胜自我的过程，即战胜了自己的懦弱，强化了自己的坚毅，使自己信心倍增。我们不得不说，创新创业过程实际上也是一个不断建构自我的过程。

自我发展理论是创新创业能力发展的理论基础。之所以用自我发展理论解释创新创业过程，是因为人的一切行为都受自我觉知能力影响，而这种自我觉知能力又是主体与环境互动的结果，如果没有自我觉知能力作为行动的基础，那么人的行为就是不可理解的。人通常都有多面性，如既有坚强的一面，也有懦弱的一面；既有阳光的一面，也有阴暗的一面；既有自信的一面，也有自卑的一面，关键是哪一面占据上风。人的表现与环境的影响有直接的关系，也与自己的人格特质有关。如果一个人长期生长在支持性的氛围中，就更容易展示自己阳光的一面、坚强的一面、自信的一面，否则就会展示出另一面。世界上并不存在天生纯洁的人，也没有天生的恶人，一切都是环境熏陶的结果，只是人们意识到与未意识到。

创新创业活动显然需要许多能力，任何一种能力都不可能独立完成创新创业活动。因为创新创业活动几乎涉及每一方面能力，我们不可能把所有能力都罗列为创新创业能力。故而，我们在称创新创业能力时一般只是称其中的关键能力，缺乏了那些能力就无法开展创新创业活动，换言之，就是开展创

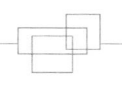

新创业教育需要重点培养的能力。

作为在自我发展理论指导下的创新创业能力发展理论,就是要引导一个人从发现真正自我开始,不仅要发现个体的兴趣爱好,而且要尊重一个人的兴趣爱好,特别是要有意识地培养兴趣爱好,从而使其潜能获得成长的动力。这就是一个促进人积极认识自我的过程,也是一个促进人主动发展自我的过程。教育就是要为每个人主动地实现自我发展提供条件。当一个人认识到自己的成长方向时,就是他确定目标的开始,于是他开始有了追求,开始告别过去的自发发展状态,走向一个主动发展自我的状态,即走向自觉的状态。这个过程仍然是一个不断探索的过程,充满无限的不确定性,从而也是一个自我不断得到充盈的过程。

三、从创新到创业是从观念到行动的系统转变

我们认为一个人从产生创新想法到付诸行动之间要经历巨大转变,可以说是一个质的飞升。人们经常说,思想与行动的距离往往只有一步之遥,但事实上两者在很多时候都要相差十万八千里。

首先,把思想变成行动,是对一个人自信心的挑战,因为一个人只有非常自信,才敢于把自己的想法付诸实施。

其次,这也是对一个人意志力的巨大挑战,因为一旦开始行动就充满了许多不确定性,就会遇到许多未知的风险,所以必须估计一下自己能否承受或忍耐这样的挑战,这是一种决断行为。

再次,这也是对一个人的理智分析能力的考验,因为他必须能够预估到可能出现的风险,只有在充分预估到可能出现的风险之后,才能采取相应的降低风险的措施。为此,他也必须善于分析事物的本质,预计到可能出现的利害冲突,预计到难关所在,从而知道自己行为的关键所在,知道如何去抓重点。只要抓住了重点,其他事情就可以迎刃而解了。这实质上就是考验一个

人的行动筹划能力如何。

复次,一个人要创新,也必须知道如何争取资源,特别是如何争取别人的支持。为此必须懂得合作之道,即知道人们希望得到什么,不喜欢什么,这实际上是一种开放自我的能力或社会交往能力。一个人只有能够让他人尊重,才能影响别人。他之所以善于与人相处,就在于他知道人们所崇尚的基本价值是什么,知道人们需要什么,这实际上就是一种识人之明。只有懂得人的心理才能善于与人合作。如果说确定目标能力是对一个人自我认识能力的考验,那么与他人合作的能力就是对一个人认识他人能力的考验。一般而言,一个人不能认识自己就不可能认识他人。人的理性行动就是从认识自己开始的,即知道自己需要什么,追求什么,并且知道自己能够做什么,从而形成自己的判断力。

最后就是一个人对失败的态度问题,要能够一分为二地看待事物,这样才能在失败中获得教训,在失败后重新崛起,而且在成功时也不会骄傲自满。

创新创业活动第一个关口就是确定做什么,这实质上涉及对自己的优劣势的分析,包括对环境状况分析。进行这种理智分析之后,才能确定自己的行动目标。所以,创新创业从观念到行动包括以下七个步骤:

第一步,认识自己。当然,认识自己一般是以环境发展变化为参考系的,在某种状况下,自己的优势是真优势,如果换一种情境可能就不再是优势了。所以,认识自我的能力,实际上就是自我定位能力。

第二步,确定自己该怎么做。这实质上是考验一个人是否具备周密的谋划能力。其关键点是认识到自己的行动目标与行动过程之间的关系,即知道自己行动所依赖的基本因素和主要因素,从而能够将这些因素之间的复杂关系理出一个清晰脉络,知道这些要素之间的动态的相互依存关系,而非一种简单的固定不变的关系。其中最关键的是要认识各个要素之间联系的关键点所在,这样才能在谋划过程中抓住要点。这是对一个人认识能力状况的系统检视。

第三步，决定从哪里着手或从哪里起步。所谓"开局顺，步步顺；开局差，全部差"。所以，怎么把握事物发展的龙头非常关键。如果行动首战告捷，就能够大大鼓舞士气，增强自信心，否则就可能导致一个人重新做出选择，甚至会简单地否定自我。决断力不仅是一种勇气的表现，更是一种智慧的表现，还是一个人气魄的表现，一个人格局大小就可以在此处充分体现出来。

第四步，提升经营能力。经营能力的实质是一种沟通合作能力，即如何带领团队进行共同奋斗的能力。因为一旦付诸行动，就必然产生与人进行合作的问题，也就面临团队如何经营的问题。与人合作过程实际上就是一个分工合作问题，其关键点是利益分配和相互制约问题，也可以说是责、权、利如何实现相互统一的问题。这一点往往说起来容易，做起来非常烦琐复杂。许多人在刚开始时往往采取的是一种平均主义策略，怕伤了和气，但时间一长就发现这容易失效。因为这样无法确定每个人的责任大小，从而就容易出现"搭便车"现象，如此就需要重新制定分配策略，但这样一来就会出现矛盾。所以，一开始就确定一个主导者非常重要，这实际上就是一种争端解决机制。如果采用的是平均主义分配策略，就容易导致责任不清，调整起来就非常困难，甚至很可能会出现反目成仇的情况。

第五步，抓住发展机遇。只有内部问题解决清楚了，才谈得上发展问题。发展需要借势，而不是一味蛮干。如果不善于借势发力，很难在竞争中取得优势地位。

第六步，风险防范。如如何降低经营成本，如何进行市场开拓，如何避免信任危机等。风险往往发生在捕捉机遇的过程中。人们经常说有失才有得，问题的关键在于这个失去可否承受。

第七步，正确面对风险。一旦风险无法抵御，甚至超过了预期，就需要思考如何理性地接受，这就会对自我能力产生新的考验。当然，风险防范过程也是对个体胆识的系统考验。

我们认为，一个人无论从事什么工作，都需要有计划、有目标，都需要对自身能力进行充分的估计，如此他的行动才是理智的、审慎的。一旦决定去做什么事情，都需要认真盘点一下自己的能力储备，对照一下工作任务要求，找到自身的差距，并且想方设法进行弥补。一旦筹划完备，就需要立即付诸行动，不能犹豫不决。一旦行动开始，就需要动员一切可能的资源，争取最大的可能获得成功。而且必须善于把握行动时机，把控行动面临的风险，消除一切行动过程中存在的隐患。如果在行动过程中确实遇到了意想不到的事情，就必须正确面对，不能被挫折或困难吓倒，而且必须进行重新思考行动目标和行动策略，绝不能原地打转、停滞不前，那样显然是不明智的。所以，从观念到行动的过程，实际上就是一个不断矫正自己行为和不断使自身能力水平获得提升的过程。

第四节　创新创业能力培养是人生必修课

一、创新创业不可或缺的七个步骤

从生活的实际体验出发，任何人要想取得成功都离不开以下七个步骤，这也是创新创业七种关键能力的培养，它们实际上就是人生必须修炼的七门功课。

第一步，学会如何确立自己的人生奋斗目标。确立人生奋斗目标就是人们常说的要立大志，因为一个人如果具有远大的人生理想目标就容易为自己人生注入行为动力。人是理性的动物，应该知道自己首先该干什么，即有一个行动目标。如果没有目标，人生就容易变得空虚，生活就会变得非常无聊，行动也容易变成盲目的行为。所以，知道自己该干什么，是一个人具有理性思维能力的表现。无疑，这种理性思维能力是建立在对周围世界和自我的审慎判断基础上的,绝不是一种空想。这种理性思维能力既是一种自我定位能力的体现,也是个体目标确定能力的展现。这其中就包括认识自我的能力,即知道自己的长处是什么,短处是什么,同时也知道社会需要什么,知道自己能够做什么。可以看出,这是一种客观看待事物的能力。

那么,在一个人确定目标的过程中最难的是什么呢?我们认为,最难的是确定自己能力与社会需要之间的相互匹配关系。在日常生活中,人们经常说,合适的才是最好的。在确定自己的人生目标时也是如此,只有合适的人生目标才会产生最大的激励作用,因为它受到挫折比较小,容易克服,在克服过程中也容易产生成就感,进而就会不断地为行为注入动力,达到一种自我强化的效果,从而行动就具有可持续性。如果目标定得太高过难与太低过易都不利于个体长期发展。很显然,确定一个合适的人生发展目标并非一件能轻易达成的事情,而是个体在不断试错之后逐渐发现的,也即是在总结成功经验和失败教训基础上获得的。

所以,一个人要知道自己的能力状况,就必须勤于实践,勤于反思,这样才能更多地认识社会和认识自己。只有与社会进行密切的接触,才能知道社会真正需要什么,而且也是在这种互动过程中他才能主动地调整自己的价值观,矫正自己的努力方向,并且有意识地做准备,从而在适当的时机到来时很好地表现自己的能力素质。这是一个人不断匹配自己能力和社会需要的过程,同时也是一个自我发现的过程,所以不可能一下子完成。这其中,一个人是否善于交流,心态是否开放,是否善于发现自我的优势和不足,都非常关键。善于交流就能够使一个人获得多方面信息,从而广泛获得参考系;心态开放就会勇于承认自己的不足,乐于接受别人的优点;善于发现自己的优势和不足,才有利于自己抉择正确的人生发展方向。

生活经验告诉我们,如果一个人不知道自己究竟适合干什么,那可能是让人感到最无奈的,也是最无力的。在现实生活中,一个人首先必须具有自信心,否则就无法做成任何事情。但自信心往往是在尝试错误的过程中培养起来的,如果他不敢尝试任何事情,就不可能具有自信心。人正是在不断尝试的过程中逐渐发现了自己的潜能和优势所在。人的能力发现一般都是从自己最擅长的地方开始突破的,自然而然,具备专业知识是自己专门能力的生长点。所以,有无专业实践机会是一个人能否发现自己具有专业潜能的关键。

如果一个人仅仅把自己浸泡在书本中,是没有什么出路的。广大无垠的世界等待自己去发现,需要依靠自己的亲身体验去建构。每个人都有自己独特的潜能,需要自己在实践中去认识和体会,而局限于书本知识往往会严重束缚自己的视野,使一个人画地为牢。如果要打破这种局限,个体就必须多参与实践,多经历体验,不断尝试新领域,如此,视野就会不断开阔,自己的能力也会不断得到开发。

人在确定人生目标的过程中,批判性思维能力在其中发挥了非常重要的作用。批判性思维能力有助于培养个体的鉴别力,因为它是一种元认知能力。批判性思维能力,说到底是一种综合分析问题能力,也是一种逻辑推理能力,因为它经常在新旧经验比较中发现问题并找到问题的根源,从而为自己做出新的决定提供参考。人也是在对外界的分析批判过程中发现自我和强化自我的。人在分析批判过程中不断地对过去的经验进行反思、批判和强化与扩展,从而使自己的知识系统得以扩展,这也是一种实践知识增长的过程。

第二步,学会行动筹划。人最怕的是没有理想目标,当有了理想目标而没有实际行动仍然是一句空话,要想有效地行动,就离不开行动筹划。所谓行动筹划,就是决定自己该怎么干。行动筹划能力具体表现为对行动方案的设计能力。当人们确定目标之后都希望能够尽快地实现目标,为此就必须选择合适的方法和途径。但前提是必须清晰地了解实现该目标都需要做什么,必须经过哪些步骤,知道其中的关键是什么,知道其中的难点是什么,知道该如何去突破这些难点。在这个过程中也需要反复审视自己,知道自己过去的优势是否依然存在,目前还缺乏什么,并且还需要知道自己如何才能弥补这些不足。

第三步,学会果断抉择。当我们经过周密思考之后,就会发现,要实现目标其实有多个路径,而且每个路径都充满了挑战。天下没有免费的午餐,我们必须根据自己的能力、实力进行抉择,选择一条最为适宜自己的路径去努力,如果一个人不能大胆抉择,就会始终迈不开脚步。人在行动筹划过程中就会发现将遇到许多难题,这些都是对自身能力的挑战,是否要克服这些困难以及如何克服这些困难,就是对自己胆识的考验。这要求行为主体必须具备果断决策的能力,敢于采取行动。与此同时,反思能力仍然发挥着至关重要的作用,因为个体需要知道自己为什么会胆怯,如何让自己鼓足勇气,如何才能解除后顾之忧,自己最担心的是什么,如何避免最坏的事情发生等。

第四步,学会沟通合作。沟通合作并非一件易事,因为每个人在利益上都是独立的,任何行动都带有理性选择的意味,如何说服别人接受自己的意见并乐意支持自己,需要极大地调动自己的潜能。很显然,如果一个人只为自己着想的话,就很难获得别人的帮助和支持,只有建立共同目标愿景,使大家共同受益才能收获合作的机会。事实上,我们要成就任何事情都离不开别人的支持和配合,都需要我们主动与别人进行沟通以便获得支持。因为个人的力量是极其有限的,只有通过组织才能发挥出个体的最大效能。这就需要行为主体具备沟通合作能力,组成团队,团结协作,其核心目标就是确立共同发展愿景,绝不能自顾自。寻求合作的前提是一个人必须知道自己究竟需要什么样的伙伴,并且知道自己该如何选择自己的合作伙伴,然后又知道如何与伙伴进行有效的合作,且知道在合作过程中矛盾的焦点所在,以及如何去缓和矛盾。

第五步,学会把握机遇。当我们拥有成熟的行动方案并且有可靠的合作伙伴时,那么接下来就需要我们能够把握机会使自己获得成功。成功的机会往往是共同发展的机会,只有最大限度地凝聚人心,才能团结一致克服困难,最终达到理想目标。无论是个体发展机会还是集体发展机遇,都是可遇而不可求的,而且是瞬息万变的,只有善于识别和敢于尝试才能获得机会。很多时候,经历错误过程就是在等待时机。一般而言,具有果断品质的人,往往把握机会的能力就强,相反,优柔寡断的人往往捕捉机遇的能力就弱。具有果断品质的人往往对自我审视能力比较强,即知道自己最缺乏的是什么,也知道如何来分辨时机,而且知道如何等待时机出现,如何避免错过时机。

第六步,学会预防风险。预防风险对于任何一个人都是一门必修课,而且是走向成功必须认真修炼的一门功课。因为风险无处不在,而且机遇与风险往往同在。所谓风险就是指发展过程中诸多不确定性的存在和难以控制因素的存在。预防风险指预先对可能出现的风险状况进行估计,并且采取相应措施进行防范。可以说,预防风险能力也是对先前的规划设计的周密性的检验。很多时候,这种风险防范能力主要体现在规章制度的检查落实和责任到人方面。一个人抵御风险能力与工作态度和负责精神之间具有紧密的联系。因为做任何事情都要顾及失败的可能性,所以在每次行动之前都要认真推敲行动方案的周密性并且注意责任到人。在行动过程中必须注意关键细节问题,行动之后要做好检查验收工作,行动完成之后要做好成效评估。

第七步,学会在逆境中奋起。我们每个人都必须学会承受挫折的打击,这实际上是人生最难修炼的一门功课,因为它就是对人的意志力的最大考验,是对一个人人格品质成熟度的检验,其核心是考验个体的抗挫折性,这种意志品质集中表现为个体的逆境奋起能力。一个人必须意识到,个体成长过程就是他经历失败考验的过程;一个人成长的典型表现就是他知道如何从失败中汲取经验教训;一个人的成熟就在于他意识到该如何修正自己的行动方案;一个人的发展潜力就在于他善于对自己的能力水平进行全面评估,能够为新的行动做好准备。

二、创新与创业都是实现生命意义的过程

我们开宗明义地讲到,从人生意义的角度来看待创新创业问题,不是狭隘地把创新创业理解成创办企业或科技发明创造,所以,在我们的概念中,只要是认真地做好每一件事情就是在从事创新创业。因为做好任何一件事情都需要我们细致耐心、倾心关注,需要我们探究它的根源和来龙去脉,需要我们把握它的发展规律,需要我们研究它的变化发展方向,需要我们思考自身与它的关系,最终才能确定我们该如何行动。这个认真负责的态度就是创新创业精神的体现。只要有这种精神,我们做任何事情最终都会成功,就不会存在创业难的问题,也不会存在不知道如何创新的问题。当然,前提是我们知道自己在追求什么,唯有如此才会用心投入,才会把它当成事业去做。

故而,创新创业活动寓于我们的日常行为之中,取决于我们对待生活的态度,以及如何看待自己与世界的关系,最终表现在我们如何处理人与人之间的关系,以及对待事物的态度。态度往往决定一个人如何行为,态度表达了他的认识水平。因此,广义的创新创业教育就蕴藏在我们日常的修为之中。

人们在日常生活中对创新与创业普遍持效果主义观点,即判断一个人是否真正地创新或创业,往往是从行为结果出发的,如明确地提出了自己的新观点就是创新(成功),做出了突出贡献就是创业(成功),不太关注过程如何。因为在很多时候,创新就是一种顿悟,所以创新往往目的性不强,无法具体规定创新的结果是什么,常常是一种自由探索的体现。探索的出发点也非常不同,可能纯粹是出于闲逸好奇,也可能是为了解决一个生活难题或科学难题,其答案往往是一个无意中的发现。创业一般都有很强的目的性,一般都把产生社会影响或经济效益作为目标,这个目标就是刻意追求的结果,从而行动的计划性非常强。虽然人们在追求过程中不得不改变自己的最初目标设计,但目的性强是一个非常突出的品质。相较而言,创新过程往往是无法计划

的,充满着许多非理性的成分,特别是直觉因素在其中发挥了很大的作用,而且情境性因素也扮演了非常重要的角色。

创新活动与创业活动两者经常复杂地交织在一起,而不是创新活动元素与创业活动元素的简单混合,我们无论如何努力都无法分离出单纯的创新活动因子或创业活动因子。如创新活动与创业活动都离不开批判性思维,而批判性思维也不是一个单纯因子,也是一个分析和综合同时兼备的思维过程。再者,在创新与创业过程中都有很大的冒险成分在其中,而敢于冒险也并非单一的品质,而是一个综合性非常强的素质特征,如理性认识能力、风险评估能力、对挫折的忍耐力等。此外,创新与创业活动都需要很强的意志力,意志力也是一种综合品质。总之,创新与创业活动都无法分离出具体的单一要素,都是一种复杂的、综合素质的表现。

创新与创业又是一个非常复杂的过程,在很多时候是无法截然区分的。在学术界,人们对创新与创业的理解有狭义与广义之别。如狭义的创业就是指新开办企业或公司,创业成功指已经稳步地占据了市场,取得了竞争优势;而狭义的创新是指攻克科研课题,创新成功指实现了理论突破或技术创新乃至组织创新。而广义的创新则发生在日常生活中,指我们每个人每日在挑战困难或解答疑惑过程中出现的新想法或新念头,是针对过去的知识经验而言的。这些新想法或新念头也可能是一种真正的创新,即如果这些新想法或新念头有助于解决自己所面临的困难,就是一种有实质意义的创新。广义的创业就是一个不断提升自我实力和竞争力的过程。换言之,凡是有助于自己实力增长和竞争力加强的行为都是创业行为。如此而言,创新与创业始终相伴随,只要有创业行为,创新就可能发生。因为创新本质上就是一个克服困难的过程,也是一个不断挑战自我的过程;而创业就是一个不断接近自己理想目标的过程,实质上就是一个不断自我实现的过程。可以看出,这种广义的创新与创业具有普世价值,是个体生命价值的基本实现方式。

很多时候,我们对创新能力与创业能力的区分往往侧重点不同。当我们讨论创新的时候更侧重于认识上的突破，而讨论创业的时候更强调实践的业绩。但无论创新还是创业都是一个过程，都不是偶然发生的。可以说，我们在理论上可以区别创新与创业，而在实践中很难区别创新与创业。如果我们把任何新思想的出现都说成是创新的话，则创新是无处不在的，是每个人都具有的潜能，因为每个人的想法都具有不可比拟性，是无法重复的，因而是独特的，这来源于每个人都具有的独特个性。

所以，个性差异是创新的根本源泉，正是因为人们看法与角度的不同，才造就了芸芸众生与大千世界。人们的想法不同，行为就不同，最后的结果就不同。只不过有的人做出了让人更为称羡的社会贡献，有的人则庸庸碌碌。从根本上说是因为思维方式不同，价值选择不同，从而行为规则不同，最终得到的结果也不同。

三、创新创业能力始终处于动态的发展过程中

无论是创新能力还是创业能力，它们都不是一种单一的能力，而是一个系列能力的组合。因为创新起源于问题的发现，这就涉及发现问题的能力；继而形成对问题的分析、判断，并确定解答问题的思路，这就涉及分析问题的能力；创新的关键在于能够提出科学的假设，使问题能够获得根本性解决，所以，提出科学假设是创新过程的关键环节，这就涉及创造性思维能力；对假设的验证过程是非常辛苦的，需要找到大量的验证资料，最终找到一种最佳的方案，这就涉及求证的能力；任何时候，解决问题的思路都不是唯一的，都存在着多种选择，只是在于是否能够达到理想的结果，只有达到理想的结果才是对问题的真正解决，这里就涉及优选能力。所以，创新能力从理论上可以分解为发现问题能力、分析问题能力、提出假设能力、验证假设能力和形成结论能力。这五个能力都是过程性能力的一个环节，而且都不是一种简单能力。

创业能力的形成过程更为复杂，它往往是从发现市场需求开始的，这个

过程实际上就是一个人发现发展机遇的过程。显然,发现市场需求并不是一个简单的事情,它需要基于自己的能力水平。也即,如果他自身没有相应的专业才能,就很难感受到市场需求的真实状况。一般而言,如果一个人不会做什么或外行,就不会对该事物产生很大的兴趣。只有他在该方面有所思考、有一定的研究或成为内行时,才会对该方面事物比较敏感,才能发现真正的市场需求,并且产生满足这方面需求的动力,继而进行该方面产品的研制与开发,最后满足市场需求,这实际上就是抓住发展机遇的过程。这个过程看似比较简单,其实非常复杂。因为一个人发现了市场需求之后,需要认真思考这种需求是不是真正的需求,进而思考如何来满足这种需求,甚至还要思考为什么别人没有想到要这样做。通过这种正反向的思考过程,才可能使自己的创意真正具有独特性,这种独特性也是其竞争力的体现。在产生了创意之后,仍然需要接受市场检验,实际上也是对其创新成果的检验。当然,这个环节的挑战性更大。因为一个人制造出的新产品要得到别人承认并不容易。实际上它需要培养一种新消费习惯,要改变人们传统的消费行为方式。如果生产者不会进行营销宣传,无法打动消费者,那么就打不开市场销路。最后还需要通过市场反馈环节来改进产品的性能并提高经营效果。这是一种战略经营思想,即让人们使用你的产品后不会降低对你的好感,仍然继续相信你的产品并给以反馈。

可见,狭义的创业能力可分为市场调研能力、市场分析能力、市场开发能力、市场供应能力和市场经营能力。事实上,每个人在发展过程中都是在寻找恰当的发展机遇,一旦发现了机遇,就会尽力抓住这个机遇。其实抓住机遇的过程,就是表现自己和实现自己的过程。当然,你的表现如何并不完全受自己的意志控制,很多时候是受消费者影响的,是受社会需要调节的。这说明,人都是社会的人,只要有交往就必然会受到反馈的影响。

从理论上讲,创新能力与创业能力都是可以分解的,这种分解是建立在一定的理论认识基础上的,不一定与现实状况相对应。因为现实的创新能力与创业能力形成过程非常复杂，因人而异，很难找到一个逻辑线索。创新能力都是在经历问题情境之后发展起来的。对于问题情境认识是第一步，这一步对个体的心理承受力的考验非常大，具有一个积极的心态非常重要。一个人只有不惧怕挑战、不怕困难，才能在问题情境中积极思考对策，否则就可能采取逃避的姿态。显然，退缩与逃避是无法获得发展机遇的。只有把问题出现当成一种发展机遇，个体的能力才能获得提升。而能力提升过程就是问题解决过程。所以，即使单纯地面对困难的态度也呈现了多种能力的复合，因为它首先考验的是一个人的自信心，即对自己是否具有信心，是否敢于面对困难与挑战。其次考验的是他是否善于开动脑筋，善于把自身潜在的能力动员起来。每个人的成长经历都能够为自己解决问题提供一种思路、方案或启示，故而任何经历都是有用的。人们一般都习惯于用过去的经验来处理当下的事件或问题，只有当对过去的经验没有什么把握的时候才会被迫采用新思路和新办法，恰恰这也是创新思维的契机。所谓创新思维就是超越传统的思维路线，采用新的思维路线进行思考的过程。新的思维方式首先是进行发散性思维，即估计到各种可能性，然后是进行聚合式思维，即对各种可能性进行分析，当然也是对导致各种可能性的影响因素进行分析，进而将各种可能性列出优先顺序，并且确定最具有可能性的情况。其实这也是分析问题和提出假设的基本过程。

一个人如果不具备逻辑思维能力，不具有辩证思维能力，就无法对所面临的环境或困难进行周密细致的分析推理。在分析问题的过程中，一个非常重要的能力就是行为抉择能力，即在各种可能性之中遴选出一种最优的方案，这是对一个人理智成熟程度的判断。人们一般是比较理智的，但很难达到完全理性的程度，即倾向于选择冒险较小和收获较大的方案，往往不选择那种冒险最大和收获最大的方案，当然也不会选择冒险最小而收获也最小的方案。这是一种人之常情或中庸哲学的表现。换言之，人们在行动之前都有一个理性预期，即不希望投入过大，那样的话自己能力就难以支撑，而且压力太大。但人们又具有收获最大化或侥幸心理，同时也意识到这种心理是非常危险的，从而会有意识地克制这种心理。这实际上就是一种冒险精神与风险防范心理之间的博弈，不同性格的人的博弈结果是不同的。具有高创新特质的人偏向于中高程度的冒险，这也是他们能够做出突出成就的前提，因为这样的人性格往往比较开放，不保守，不会患得患失。而普通人则倾向于低程度冒险，行为上比较保守，容易患得患失，所以他们的发展很难达到高成就。

最后，创新过程与创业过程是很难分开的，往往创新是创业的前奏或前提，而创业是创新的积累或结果。一个人总是在发现自己的潜能价值之后，才会为自己确立更高的发展目标，而且随着自己发展目标的实现，就会为自己提出更高的目标。可以说每次目标的实现都是一次挑战的成功。人们最初很难有一个非常清晰的发展目标，都是在经历一次次挑战成功之后，才对自己的发展目标越来越清晰，这也是一次次的不断自我肯定、自我价值实现的过程。因为每次成功都是重新体验一次自我，就会对自我价值产生新的认识，也会对自己的发展目标进行重新修正和进一步的厘清，以便于开展新的行动。故而，我们说创业过程实际上是创新的累积过程。所以，创新创业教育本质上就应当是让一个人不断地确立自己的奋斗目标并为之奋斗的过程。正是在师生互动和生生互动的过程中，每个学生才对自己的潜能产生越来越深刻和越来越准确的认识，人们正是在与周围环境的互动过程中不断地校正对自我的认识的。

现实中，不存在没有任何创新积累的创业，[1]也不存在那种没有任何创业指向的创新活动，[2]因为创新行为本身就是在为自身发展探路，就是在不自觉地为创业做准备。创业是一种更有目的的创新行为，个体对自我发展的期

---

[1] 人们日常所说的白手起家其实并非一无所有，因为他必须首先有自己的想法，而且有成功的经验，特别是要有实干精神。所以，白手起家往往是指经济基础非常薄弱而言。

[2] 人们做什么之前都会存在一定的期望或意向，这些期望或意向就会带领个人进行探索。

望,就是自己奋斗的目标,也是自己行为的动力源。可以说,人的发展过程,首先是一个确立自己行为目标的过程,这也是一个寻找人生意义的过程。人只有在发现了自己的奋斗目标后,才能找到人生的真正价值。而且人在发现了自己的奋斗目标之后,就会反思自己的真实发展状况,努力找到自己与理想目标之间的差距,设法来弥补这一差距,从而对自己该采取何种具体行动进行筹划。

一个人即使筹划得再周密,仍然会悬着一颗心,总会对未来存在着一丝丝的不安全感,因为很少人会对自己的未来具有十足的信心,都会思考到可能会出现的失败,从而必须忍受这种不确定性。那么,对于是否立即开展行动就会犹豫不定。人只有在鼓足勇气后才会开始行动,似乎是在孤注一掷。而在实际行动中,常常会发现困难并没有自己想象的那么大,同时许多困难也是自己没有预想到的。而且也只有到实际行动过程中,才会发现一切问题其实都是人的问题,如果一个人善于与人打交道,就会发现一切都不会那么困难,否则自己就寸步难行。因而,如何与人进行沟通合作,就变成个体在目标实现过程中最具有挑战性的课题。每个人必须与各种各样的人打交道,必须了解别人的不同需求,而不能在思维上显得过分机械刻板,也不能只从自己的需要出发,否则就可能一事无成。所以,学会如何与他人共同发展、共同进步,才是真正的发展之道。

一个人在发展过程中必须具有充分的交往智慧(也即人情练达,知道人们基本的心理需求),善于判断(了解别人的真正需求和自己的能力水平),善于预见(知道一切行为可能的后果),这样才能把握机遇,使自己的行动切实有效。因为无论做什么事情,都需要主动把握时机,都是在特定的场合下才比较容易成功。人都是感性的动物,容易受情境影响,基本不存在绝对理性的人。错过了特定时机再想获得行动成功就非常困难了。人在把握时机的过程中,必须时刻具有成本概念,这是一种理性化或现实化的思维方式。换言之,要获得成功就必须首先付出足够的代价,没有必要的付出就没有预想的收获,关键是自己是否能够承受这种付出。而且,很可能自己做出很大的付出之后并没有得到预想的收获,这也是人们屡屡碰见的事情。如果一个人行动上过分冒险,或对自己的实力估计过高,就会出现这种状况。所以,一个人在任何时候都不要把自己的全部家当都押上去,那样就是一场豪赌,很可能会血本无归。

现实中敢于这样冒险的毕竟是极少数人。只有进行理性冒险的人才能获得成功,盲目冒险实际上就是一种莽撞行为。进行理性冒险的人,即使在遭遇失败之后也会进行理性反思,设法知道自己究竟失败在什么地方,这样才能改正自己和提高自己,否则就没有重新崛起的机会了。理性反思过程其实就是一个行动研究过程,它是一个发现问题、分析问题和解决问题,以及采取行动的过程。人在奋斗过程中必然会遭遇无数次的失败,经历无数次的挑战,为此都必须正视这些失败,都必须进行认真的理性分析,这样才能在失败之后重新站起,最终挑战成功。

所以,人生在本质上就是一个创业过程,这个创业过程就是一个挑战困难和克服困难的过程,这个过程中蕴含了一系列发现问题、分析问题、解决问题和采取行动并不断尝试错误的过程,直至最后的成功。正因为如此,创新创业能力培养可以通过科学的思维训练来达成,可以通过项目式教学来培养。

四、创新创业能力是人的复杂理性能力的充分展示

创新创业能力是一种整体性能力或综合性能力,而不是某种单一性能力,可以说它是综合素质的体现。但这并不意味着这个能力是无法分解的,它也可以分解为一些基本的构成。当然,这个基本构成是一些关键能力,并非普通能力。具体而言,第一是目标确定能力,第二是行动筹划能力,第三是果断抉择能力,第四是沟通合作能力,第五是把握机遇能力,第六是风险防范能力,第七是逆境奋起能力。这些能力都是理性能力的具体展现,也是人的

复杂理性能力的充分显现。

1. 目标确定能力：追求价值理性与认知理性的有机融合

一个人无论希望自己成功还是成才，首先需要具有目标确定能力。简单地说，一个人首先必须知道自己要什么，自己才能成为什么，如果他不知道自己要什么，那实际上代表他没有追求，那样的生活也就没有价值。知道自己要什么，才能为自己确定一个前进目标，这样才会去奋斗。目标具有导向能力，人生如果没有目标，就会失去航向。可以说，这个目标必须是个体的，即对设立者本人是具有吸引力的，实现目标就能够为自己赢得让人尊重的地位，这种地位是人们普遍向往的，从而代表了一种社会地位和荣誉。

知道自己追求的什么，是一种自我认知的表现，显然是认知理性作用的结果。这种认知是自我审判的结果，从而也是价值理性的体现。当一个人确立了目标追求，意味着一个人开始有了自我设计，这也是一种真正的自我意识体现。有了目标，也就有了动力源。所以，能力培养必须从目标构建开始，激发个体的主动性，主动性为能力发展之基。确定目标，意味着个体开始设计自我，有了自我的基本形象，这种形象一定是社会性的，而不是一种幻想状态。有了目标，说明个体的独立性开始形成，因为他已经提出了自己的发展要求，说明具备了发展的基本动力。

所以，追求什么对于一个人而言非常重要，它无疑也是个体价值选择的结果。这个选择必然建立在对自我认知的基础上。一个人的目标确定与他自己的视野有关，与他自己的生活环境和经历有关。人们在目标确定时一般都采用接近律或可能律，因为自己熟悉这个目标，对它的价值比较了解，从而才会把它作为努力的方向。正因为了解它，才好评估自己，知道是否具有实现的可能。

2. 行动筹划能力：实现认知理性与实践理性的有机结合

当一个人确立了行动目标之后，还需要知道要实现目标都需要做什么，这在很大程度上是目标确定能力的深化。因为只有一个人知道了如何实现目标，才能判断他的目标是理想的还是虚幻的。所谓理想的就是合理的，经过努力之后可以实现的，当然这些努力是可以做到的；虚幻的就是不合理的，不知道如何下手，当然也就无法实现。知道实现目标都需要什么，就是对目标的细化和深化，也是对目标确定能力的验证。但仅仅知道达到目标需要什么并不够，还必须知道要达到目标具体需要做什么，重点做什么，对自己而言哪些是非常难的，哪些是非常容易的。这是个体认知理性充分彰显的过程，它具体表现为对行动进行筹划的能力。一个人只有知道实现自己的目标具体需要什么，自己生活才能充实，因为实现目标都是比较长远的，不可能一蹴而就，这就涉及每天行动的安排。当行动筹划具体到日常作息规律的确定时，这就是在做长期的努力和准备。

行动筹划能力实际上是一种实践自我的能力。为此，需要考虑自己与世界的关系，自己所缺乏的是什么，如果确定目标是设计自我，那么行动筹划就是在实践自我，是对自我认知理性能力的必须经历的第一次检验。因为行动筹划过程就是与现实世界的沟通过程，也是客观地审视自我的过程，以及积极地寻找缩短现实自我与理想自我之间的距离的过程。

3. 果断抉择能力：在价值理性主导下凸显实践理性

果断抉择能力是认知理性不足的情况下实践理性作用凸显的现象，显然它是在价值理性主导下实现的。一个人如果能够充分认识到完成一件事所需要的各种条件，他就无须进行抉择，而当他无法完全确定究竟是什么因素起决定作用的时候，则需要依靠自己的经验做出判断，发挥直觉的作用。直觉往往由个体的体验程度决定，一个人对目标计划越是钟爱，越希望实现它，越促使他采取果断措施，而非犹豫不决。任何事物在经过了长时间的积累之后，最终都要采取重大行动。这一重要抉择，往往是事情成败的关键。如果没有长期的积累，就不会在关键时刻采取行动。其中选择什么人进行合作就显得非常关键，找不到合适的合作伙伴就不可能获得成功。这就需要辨别真正的朋友,或是否能够成为志同道合者。果断抉择能力是指采用一些特别的手段,如有人为了成就大事而散尽家财,为了请来贤士而三顾茅庐等;历史上的"破釜沉舟""背水一战"都是果断抉择的鲜明事例。这些举动表明了决策人对人对事的态度,让人明白他的志向,从而必须响应并付出努力。

果断采取行动是一个人从内在意志(价值理性)走向外在行为(实践理性)的过程,这是自我发展的关键期。如果一切都是在思想意念中,则自我的真实性就会一直受到质疑,所以只有行动才能体验到真实的自我。这个过程无疑也是一个抉择过程,因为一个人只有鼓足勇气,才能冲破自我的牢笼。果断行动意味着冒险,只有敢于冒险才能开展行动;冒险意味着知道可能会面临失败,甚至是完全的失败,但仍然采取行动。故而,没有自我牺牲的意识就无法开展真正行动。行动意味着可能会彻底否定自己,放弃原来的自我。果断行动能力意味着个体具有克服自我内心的懦弱、犹豫不决和对失败担心的意志力,以一种视死如归的精神去面对现实的拷问,只有走出这一步,一个人才能走出封闭的自我,走向一个开放的自我。经过这个阶段之后,个体的自我审视能力就会获得一个质的飞跃。

4. 沟通合作能力:实现价值理性与工具理性协同作用

进行沟通合作不仅需要愿景的召唤,而且还具有实质的利益相随,因此,沟通合作能力所展现的价值理性与工具理性协同作用。因为要取得成功,都需要一个团队,都需要进行激励,需要沟通和合作。很多时候,团队是一种无形的存在,如个体在组织中常常感受不到团队的存在,但离开组织后就感觉失去了归宿,这说明团队常常依靠一些无形的力量在维系着。所以,团队如何建设也是成功的关键。团队建设是长期的事情,不是一时冲动就可以解决的,也不是靠一时的小恩小惠就能够笼络人心而建成的,它需要进行共同体建设,要能够为大家确立愿景,从而激励大家共同奋斗。还要建立约束机制,成为相互约束的工具;更要建立规章制度,确立相互关系,给人以保证和信心;要在团队出现矛盾时进行调解,维护团队的整体性;要不断地进行激励鼓劲,维持团队高昂的士气。可以说,激励能力就是一种领导能力,属于团队协作能力的一种,也是协调沟通能力的一种。

沟通合作能力,本质上是一种寻求共同自我和消除及缩小彼此间分歧的能力。人类在许多方面是共通的,如都希望获得别人的承认,都希望得到别人的尊重,都希望自己是最重要的,而不是无足轻重的,也都希望自己的意见得到高度重视。所以,沟通合作是一个人走向成熟自我的必经阶段。

沟通过程也是一个人不断校准自我的过程,如自己的意思是否表达得清楚,自己是否真正理解别人的真正意图,自己与别人的期望之间还有多大距离,别人与自己的期望之间有哪些差距,这一切都可以在沟通过程中得以解决。进行沟通需要识别哪些方面可以达成共识:哪些方面的分歧比较大;哪些方面是容易调和的,哪些方面不容易调和;哪些方面可以成为共同愿景,哪些方面需要极力避免。从根本上说,沟通合作过程就是一个构建共同奋斗目标或共同愿景的过程,并且能够建立共同的规约,成为自我管理的基础。显然,这种自我管理是有监督的,需要个体有承担责任的能力。可以说,沟通合作能力是一种社会自我建构能力。

5. 把握机遇能力:追求认知理性与工具理性的完美结合

把握机遇能力要求认知理性与工具理性实现完美结合。辨别各种时机需要判别各种时机的利弊,如此才能找到最佳时机,这显然是认知理性与工具理性共同作用的结果。俗话说"养兵千日,用兵一时"。何时可以展示自我,需要选择时机,准确地把握时机,从而把自己最优秀的一面展示出来,展示自己的实力。人的成功离不开天时、地利、人和,如果说合作沟通能力是为了人和,把握机遇能力就是为了争取天时,而果断行动能力从本质上说是为了发挥自身的优势,可以说是创造地利。把握时机就涉及机会识别,机会把握,机会争取。即机会来了需要识别,机会把握需要实力,机会不足需要创造。对于机会把握,最难的是在机会识别环节。因为人们的认识不可能完全一致,如何在决策的核心层面获得共识显得非常关键。为此就需要对个人优劣势进行分析对比。机遇意味着可以以较小的投入获得最大的收获。

把握机遇能力是实践自我的另一种表现,也可以说是高级表现。只有在适宜的场合才能真正展现自我或展现完美的自我。把握机遇过程可以说是个体主动性和能动性真正呈现的过程,因为这需要个体具有高度的敏感性,善于做出判断,善于选择有利的时机,善于展现自己的形象,甚至可以说是一种超我的表现。只有道德化的自我才能被人接受,从而形成一种理想自我的构建。

6. 风险防范能力:追求认知理性与实践理性的完美结合

风险防范能力是一个人的认知理性与实践理性的完美结合。有机会就有风险,抓不住或抓不好机会都是风险。显然,没有意识到风险就不可能采取防范措施;如果人们意识到风险而没有采取措施,仍然会遭遇风险;只有既认识到风险又采取了适当措施才能有效避免风险。当然,采取过度的防范措施也是不必要的,因为那样会导致思想上保守,行动上缩手缩脚。所以,防范风险需要适度,这个度的把握就是认知理性与实践理性的完美结合。无论谁做事情都没有百分之百的把握,如此就需要采取适当的防范措施,特别是对潜在风险的认识就非常重要。风险防范不能只看到外部的风险,必须同时看到内部的风险,因为失败往往是由内部风险引发的。

风险防范能力实际上是本体安全感的需要,也是自我保护本能的体现。人在任何时候都需要评估风险,只有那些不致命的风险个体才会尝试。人确实具有一种赌徒心理,但赌徒不是一种零和博弈,而是一种大小博弈,即人总是希望用最小的代价获取最大的成功。风险防范能力就是要尽力避免零和博弈的状况出现。冒险精神也是在保障不出现零和博弈状态时才会采取的。可以说,风险防范能力是形成健康自我必须具备的能力。人只有在行动过程中才会提出风险命题,才会产生风险防范意识,没有行动就很少能够意识到风险。风险或许会来自内部,但可能性极低,多数风险都是来自外部,都是在交往过程中发生的,是与社会发生摩擦造成的,这种摩擦要么是与规范的冲

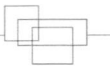

突,要么是与他人需要的不一致。

7. 逆境奋起能力:回归价值理性主导地位

逆境奋起能力实际上是价值理性主导的结果,也是个体自我反思能力的展现。对于任何人而言,遭遇挫折都是难免的,怎么在遭遇挫折时不气馁,积极找到突围办法,进而改善自己的行动规划设计,或调整自己的行动目标都是非常重要的。显然,这一切都需要内在动力的支持,如果内心不够强大就无法支撑。这种内在动力来自价值理性,来自愿景的激励,即个人的价值抉择。当个人决定为一个理想目标而献身的时候,就不会在意挫折的打击了,那只会让他意志更加顽强;而缺乏理想目标的人往往经不起打击,因为他们经常被工具理性所左右。所以,只有当价值理性占据主导地位时,个人才能真正战胜困难。显然,这需要个体具有很好的反思能力,能够时刻关照自己的理想目标,否则生活就失去了坐标。有了理想目标关照,就会辩证地看待挫折,就会把遭遇挫折当成一次系统检验。无论是团队协作能力,还是果断抉择能力,抑或是防范风险能力,没有一项不需要挫折的检验。故而,遭遇挫折也是自我反思的最好时机,只有能够在挫折中重新站起来的人,才能获得最终成功。

逆境奋起能力实质上就是一种自我修复能力,也可以说是自我调节能力的体现,它不是生理机能的表现,而是心理机能的表现。从本质上讲,逆境奋起能力是个体适应力的体现。可以看出,这是一种根本能力,一切能力都建立在这个能力之上,人如果没有适应能力,其他能力都谈不上。所以它既是一种基础能力,也是一种总体能力,因为它与所有能力都有关,而且所有能力都必须以此作为基础。

第六章 创新创业教育的本体追问

第一节 创新创业教育的本原追问

一、创新创业能力的根本在于主体性发挥

我国在全国高校大规模地开展创新创业教育,它的逻辑基础是每个人都具有创新创业潜力。显然,如果人们普遍没有这个潜力,则教育就是无效的,那么实施创新创业教育的政策也是无效的。只有假定每个人都具有这个潜力,创新创业教育才具有合理的基础。那么,怎么来判断一个人是否具备这个潜力?

一般而言,如果一个人有清晰的目标追求并为之奋斗,那么就可以证明他具有创业潜力;如果一个人能够主动改变自己不合时宜的观念,那么就证明他具有创新潜力。创新的本质不外乎主动改变自己的思维模式,而创业的本质就在于主动改变自己的行为模式。人是处于不断发展变化过程中的,每个人都在自觉或不自觉地改变自己,有些改变是无意识的,有些改变是有意识的,而创新与创业是指那些有意识地改变自己的思维方式和行为方式的过程。

其实,人的自我教育就包含了丰富的创新内容,只不过自我教育的方向

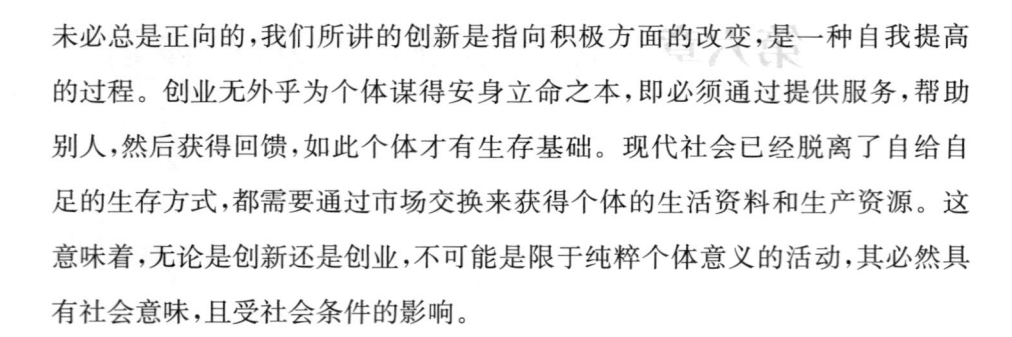

未必总是正向的，我们所讲的创新是指向积极方面的改变，是一种自我提高的过程。创业无外乎为个体谋得安身立命之本，即必须通过提供服务，帮助别人，然后获得回馈，如此个体才有生存基础。现代社会已经脱离了自给自足的生存方式，都需要通过市场交换来获得个体的生活资料和生产资源。这意味着，无论是创新还是创业，不可能是限于纯粹个体意义的活动，其必然具有社会意味，且受社会条件的影响。

二、创新创业动力来源于反思性

在现实生活中，有些人似乎没有什么追求，因为他们的家庭条件比较富裕，家庭对他们没有提出什么期望，而个体自觉性又比较差，从而对自己没有提出明确的目标要求，只是一味地享受，得过且过，这种胸无大志本身就是没有追求的表现。他们虽然也有不少物质欲望，但都属于本能层次的需求，不是一种积极的人生追求。有的人反思能力比较差，很难发现自己的不足，也很难找到改变的方向，因而行为比较保守和固执。由此可以看出，一个人无论创新还是创业，都需要建立在反思性的基础上，都需要具有很强的自我认知能力，从而具有高度的自觉性。一个人一旦失去了反思性，就失去了自觉性，那么他的创造性也就失去了。如果没有了创造性，就无法创新与创业。

对于通过高考选拔而进入大学阶段学习的高校大学生而言，他们普遍具有比较强的反思性，有相当强的自觉性，比较善于发现自己的不足，也非常乐意改变自己，从而也具有自己的人生前进方向和目标。只不过有的人的方向和目标更明确一些，有的人则比较模糊，有的人意志力比较强，而有的人意志力比较弱，如此就出现了个体发展的差异。当然，这种差异从本质上讲仍然是自我意识强弱的表现，或者说是个体自我反思能力强弱的表现。

一般而言，一个人的自我反思能力越强，他个人的发展空间就越大，个体的发展效果就越好；反之，一个人的反思能力越差，他的发展空间就越小，发

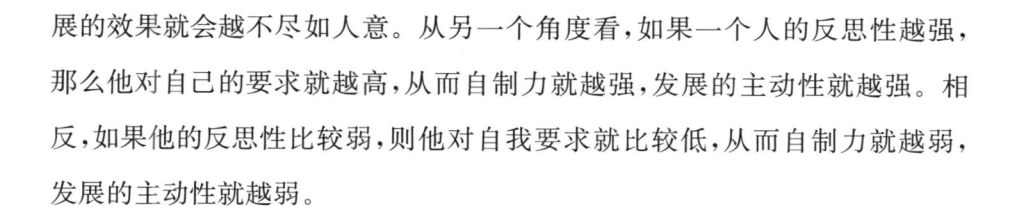

展的效果就会越不尽如人意。从另一个角度看,如果一个人的反思性越强,那么他对自己的要求就越高,从而自制力就越强,发展的主动性就越强。相反,如果他的反思性比较弱,则他对自我要求就比较低,从而自制力就越弱,发展的主动性就越弱。

第二节 创新创业素质的价值理性底蕴

我们在探讨"创新创业能力的生成机制"时,曾论述过创新创业能力扎根于创新创业素质;在"创新创业人才的素质结构"的探讨中,我们又论述了创新创业人才普遍具有七个核心素质,在此我们将对创新创业素质的本质进行更进一步的探讨。

一、自信心:对自我价值的肯定

自信心是人生经历的写照,没有经过人生磨难的人很难说能够建立起真正的自信心。自信心不是虚妄,也不是狂妄,当然也绝不是妄自尊大,更不是刚愎自用。自信心是一种内在的充实之感,是对自己能力的信任,是建立在成功的基础之上的。自信心与能力是同构的,有自信心才有能力,有能力的人才有自信。很显然,这是一种心理感受,是一种自我评价,所以心理学上经常用自我效能感来表达它。诚然,自信心与个体经历的丰富性有关,与成功率有关,与挑战的难度有关,与个体在群体中的位置有关,当然也与个体所占有的资源程度有关。但自信心毕竟是一种自我评价,这些客观的影响因素与个体的主观感受之间不存在必然的逻辑关系。

一般来说,自信心与个人对自我能力的挑战有直接相关性,如果自己设定的目标能够顺利地实现,那么就会对自己充满自信;如果自己设定的目标很难实现,那么就会备受打击,进而怀疑自己。自信心是对现实抱着一颗诚挚的心,即不能欺瞒自己,当然对周围的人也是诚恳的,所以,自信的人往往能够待人以诚。

对于自信心,我们有以下基本判断:只有成功的体验才能培养人的自信心,而失败的体验容易打击人的自信心;自信的人总是非常乐观的,其潜在的含义是没有什么能够难倒他的,暂时的困难算不了什么;自信的人都非常相信自己的判断力;自信的人往往敢作敢为,因为他下意识地认为自己不会做错,从而有风险也不怕,认为自己只要做了就比不做好;自信的人不惧怕挑战和困难,因为他认为只有经历困难和挑战才能证明自己的能力;自信的人不会盛气凌人,因为自信的人不认为自己不会出错,只是自己比较认真而已,所以比较谨慎;自信的人有时显得有点忘乎所以,得意忘形,因为他满意自己所取得的成绩;自信的人做事情从不拖泥带水,做事风格比较爽快,不会优柔寡断。这些基本判断来自对自信心强的人的行为表现的观察。

自信心强往往代表心理素质非常强、自我效能感非常好,具体表现如下:相信自己很优秀;相信自己所言所行都是有道理的;相信功夫不负有心人;从不甘心自己居于人后;相信时间能够证明自己是对的;具有一种天生不服输的劲头;善于发现自己的不足;善于学习别人的优点;相信没有最好,只有更好;坚持不懈,目标就是要做到最好。

二、责任心:对自我价值的承诺

责任心是一种使命承担的表现,是个体对人生意义和价值努力寻找的结果,最终是通过选择某种事业来代表自己的价值观或理想追求。故而,责任心代表了行为主体对自我行为的价值规范。换言之,具有责任心的人一般是指自己具有了明确的人生坐标系,知道哪些该为,哪些不该为,知道该如何判断事物，也知道哪些是对哪些是错。所以，具有责任心的人是有明确是非对错标准的人，是具有道德感的人，通常说就是有良心的人。有责任心的人一般不会违背自己的原则去做事。

具有责任心的人一般都具有非常强的同理心，能够同情别人，能够感受别人的痛苦，能够分享别人的快乐，能够把解除别人的痛苦和创造快乐作为自己的责任。他认为只有这样做人生才有意义，因为他展现了个人的能力。具有责任心的人一般对自己要求都很严格，非常注重自身修养和能力的提高，认为这样才能更好地承担责任。所以，很多时候责任心的强弱代表了个人能力的大小，其逻辑就在于有能力才敢于承担。

生活中总是会有一些夸夸其谈的人，这些人不是真正有能力的人，当然也不是真正有责任心的人。因为承担责任不可能是轻松的，它意味着必须付出，而且可能是巨大的和长期的付出，如果偶尔为之不能说是具有很强的责任心，很强的责任心表现在拥有持之以恒的品质上。有责任心的人往往都胸怀大志，而不是大言不惭的人。有责任心的人是把承担责任表现在行动中而不是口头上。故而，有责任心的人是能够为他人谋福利的人，是不辞辛劳和甘于奉献的人，那些斤斤计较的人不可能是真正有责任心的人。

我们通过田野观察发现，具有责任心的人有以下明显特征：善于从别人的角度看问题，因为他们从不把自己放在第一位，总是先考虑别人；经常帮助别人解决难题，因为他们的同理心非常强，常常急人之所急；非常注重自己的能力和素质培养，因为他们善于反思自己，发现不足，从而注重提高自己的能力素质；非常关注社会对自己的要求，因为他们经常关注自己能做什么，而非自己需要什么；经常反思自己的行为过失，因为他们也经常出错，但善于反思，尽可能避免犯同样的错误；经常思考如何更大地发挥自己的潜能，因为他们经常思考如何做才更有价值；非常注重社会规范建设，因为他们很注意社会规范要求，内心具有强烈的表率意识；非常注重社会共同的理想价值追求，因为他们一直把实现社会理想作为自己的努力方向和奋斗目标。

具有高度责任心的人往往有如下的品质特征：做任何事情都要先问一下自己的内心；做任何事情都不想伤害别人；做任何事情都告诫自己一定要考虑周全；时常告诫自己要有远大的目标；经常告诫自己一定要有职业操守，必须坚守道德底线；在做任何事情之前都要想想它对社会有什么价值；不虚度光阴；经常反思自身有哪些不足；坚持说到做到的准则不动摇。

三、冒险精神：对自我价值的抉择

具有冒险精神的人往往大义凛然，知道自己的理想是什么，自己就是要为这个理想而献身，所以他们处变不惊，置生死于度外。当有困难、有危险出现的时候，他们就会冲在前头，不顾个人的安危。他们没有世俗那种眼光，而是有一种高尚的精神气质，即把精神生命看得高于物质生命。有冒险精神的人必然具有坚毅的品质，因为没有什么可以真正影响到他们，所以他们不惧危险，当然更不惧困难；也不会做无谓的牺牲，因为他们知道生命的最大意义是什么，知道该如何做好生命价值的选择。

可以说，具有冒险精神的人真正懂得舍得的价值，他们知道哪些东西可以舍弃，哪些东西必须坚持，哪些东西坚持毫无意义，所以他们敢于进行人生道路的抉择。正是这种大无畏的气概，使得他们往往在事业上能够闯出一条新路来。有冒险精神的人绝不可能是那些贪图享乐的人，而是那种艰苦奋斗的人；绝不可能是性格软弱的人，而是那种意志品质坚强的人；绝不是那种优柔寡断的人，而是那种行动果断的人。有冒险精神的人集中表现在关键时刻敢于牺牲自己的利益，甚至自己的生命，英雄的传奇就是这样谱就的。

日常生活中，具有冒险精神的人经常表现出以下典型特征：做任何事情都会首先叩问内心，问一问这样做值不值，因为他们意识到冒险实质上是一种价值抉择；会认真考虑成功的概率究竟有多大，因为他们认识到冒险不是一种无谓牺牲；在行动上是谨慎的，因为他们认识到冒险必须胆大心细；具有出众的能力,常常对自己的能力有点自负;对于名利比较淡泊,他们的行动常常是出于内心驱使而非功利牵引;具有远见,更能够理解行为背后的意义;事业心很强,他们往往会从长远利益着眼;向往心灵自由,敢于挑战自我,具有强烈的理想主义情结。

具有冒险精神的人在行为上有以下突出表现:喜欢挑战高难度工作;不喜欢过平庸的日子;工作越是具有挑战性,动力就越足;往往看不起谨小慎微的人;非常佩服具有魄力的人;很崇拜那些侠义行为;具有敢作敢为的品格;为人处事很讲义气;无论什么情况都不会惊慌失措;在人们眼中是一个敢作敢当的人。

四、合作精神:对共同体价值的尊崇

实现有效合作对任何人都是一个挑战,因为人们在潜意识中都会以自我为中心,都希望自己是对的,甚至是唯一的,不想接受别人的意见,从而在内心深处是排斥他人的。具有合作精神的人,首先是敢于承认自己可能是错的;其次是敢于接受别人的批评意见;再次是肯于进行自我否定,敢于从头再来;最后是认识到自己只是集体的一分子,不代表全部,也不代表整体,必须充分接纳别人的意见才能形成一个完整的方案。所以,具有合作精神的人往往是一个非常理性的人,不会感情用事。因为只有理性的人才能认识到自己的局限性,才会产生完善自己的动力,才能吸收别人的优点,虚心向别人请教,同大家一起达成行动计划,而不是坚持己见,顽固到底。

具有合作精神的人非常注重集体内部的团结、和谐,所以也经常会用明确的目标引导大家,避免彼此间出现理念之争。具有合作精神的人往往也是一位热心人,乐于助人,愿意帮助别人排解纷扰,安定人心。这意味着具有合作精神的人也非常善于激励他人,尽管他们不一定擅长言辞,但能够用真心来感动人。所以,具有合作精神的人往往是有大格局的人,是能够看到大家共同利益和共同目标的人,从而也是善于把大家团结在一起的人。具有合作精神的人往往具有很强的合作能力,具体表现在现实中就是能够尊重人、关心人,知道爱护人,能够为别人设想,让人感觉跟着他是安全的、值得的。故而,合作精神是领导者必备的品质。自私自利的人往往是不具有合作精神的,因为他们心中只有自己没有别人。当然,这样的人也会让人失去对他的信任和安全感。

具有合作精神的人有以下突出的人格特质:不会固执己见,具有非常强的开放意识;追求内部和谐,非常注重化解矛盾;非常看重团队氛围,注重激励大家;注重真诚待人,经常以诚感人;非常注重守信承诺,强调"言必信,行必果";注重把握大局,该妥协的时候就妥协,反对机械主义和教条主义;非常注重公平公正,能够一视同仁;不会把自己的利益放在首位,秉承先人后己的原则。

合作精神强的人一般具有以下典型心理特质和行为表现:知道一个人的力量很渺小;相信"三个臭皮匠,赛过诸葛亮";对于自己拿不准的事情总要征求一下他人的意见;总能够从别人的批评中受益;认为大家有不同意见是正常的;经常致力于建立共同愿景;经常留心是否存在什么不和谐的声音;相信团结就是力量;当发现团队成员存在矛盾时就会主动去调解;别人都认为他是一位热心人。

五、市场意识:对社会价值的追求

市场意识从本质上讲是社会需要意识,即认识到只有满足社会需要才是个体安身立命之本,从而把满足社会需要作为自己奋斗的目标,认为只有在满足社会需要的过程中才能证明自己的价值。从根本上说,市场意识是指意识到社会运行的法则,认识到社会依靠市场交换才能很好地运转。所以,具有市场意识的人往往是具有开放心态的人,是能够平等待人的人,是懂得充分表现自身价值的人，也是希望通过自由地交换而充分满足自己需求的人。具有市场意识的人绝不会把自己封闭起来，不会以自己为中心，当然也不会自以为是，其行为也不会刚愎自用，粗暴武断。

具有市场意识是一个人具有理性思维的体现，因为他意识到了个体能力的局限性，意识到了社会必须分工协作，意识到了平等的价值，意识到了法治的价值，因为只有在法治的环境下个人的自由才能受到保护，人们之间才可能进行平等的交往，人们的劳动成果才能受到尊重，创新的价值才能受到尊崇。创新从本质上讲就是开动脑筋来解决人们所遇到的难题。一个人只有站在别人的角度思考问题，才能真正理解市场需求和社会需求，也才能最大限度地开发自身的潜能，进而使自己的创造性充分展现出来。只有认识到这一点，才是真正具有市场意识。

具有市场意识并不意味着一个人只是围绕利益转，因为具有市场意识的本质是希望通过满足社会需要而使自身价值获得实现。只不过对于社会需要什么是通过自己审慎思考得出的结论，而且是经过了与自身能力与特长结合在一起的综合思考，因为不结合自身的实际情况的思考是没有意义的。

具有市场意识的人往往表现出以下鲜明的个人特质：观察力非常敏锐，注重社会发展趋势分析；信息渠道非常广，社会交往非常广；关注点持久而集中，行动的目的性非常强；能够充分挖掘资源，善于利用自身资源，直觉判断能力非常强，具有"一叶知秋"的能力；擅长与人交往，能够给人带来安全感；善于进行信息整合，抗信息干扰能力强；能够快速获得自己需要的信息，把握其中的关键信息。

市场意识强往往有以下一些比较典型的表现：哪里有需要就往哪里去；相信个人兴趣与社会需要是可以统一的；知道该如何发挥自己的作用；经常会根据情况变化来调整自己的发展目标；如果不知道自己该干什么就很焦虑；经常给自己找事情做；往往工作越忙，效率就越高；做事情从不拖拖拉拉；有很强的角色意识，知道自己该做什么；如果能够被别人认可就感觉很幸福。

六、风险意识:对本体价值的呵护

每个人都充满了对未知的恐惧,这也是人们求知的主要动力之一。人都有趋利避害的本能,这是人的能力成长的基础。人正是在自然选择的过程中训练出了自己的分辨能力,从而使自己具有认识事物的能力。人类可以将这些信息积累起来,成为应对新环境的依据,如此人类就具备了分析事物的能力。正因为人们所处的环境不可能是完全陌生的,从而为教育活动提供了可能。如果人类所生活的环境是瞬息万变的,教育活动就没有意义了。教育从本质上讲就是依据过去的经验来处理新事物,过去经验所具有的参考价值,能够为快速处理新事物提供帮助。人们把反映事物内在本质的信息称为知识,知识就是对事物运行规律的认识,因为这种认识具有普适性,从而教育才具有意义。但人类在面对新事物时从来都不能照搬照抄过去的经验,因为世界上没有完全相同的两件事物,这就意味着教育不能机械重复,必须去训练人的能力,善于去运用事物的规律,创造性地解决所遇到的问题。只有这样才能真正躲避风险,并且把某些风险控制在未发生之际。

人们的风险意识强集中表现在善于预见可能的风险并及早做好预防,以便于在出现风险之后,能够及时采取措施,而不至于束手无策。人都或多或少有一定的风险意识,其根源就在于人不可能真正完全地认识世界。人总有一些无知区域存在,这种无知给人带来了不安全感,这种不安全感就是风险意识。人总是希望能够把未来的各种可能都预见到,从而做到有备无患。事实上这是不可能的,人总是会有某些疏忽,会有某些难以预料的东西存在,这也导致了人在任何时候都不可以盲目自大,都必须小心谨慎,不到最后一刻都不能盖棺定论。

所以,具有风险意识的人都是比较谦虚的人,都不可能是盲目自大的人;都是行为谨慎的人,都不是我行我素的人;都是注重细节的人,而不是麻痹大意的人；都是对自己要求严格的人，而不是放纵自己的人；都是非常尊重别人的人，而不是目中无人的人；都是认真听取别人意见的人，而不是一意孤行的人。

具有风险意识的人一般都具有谦虚好学的品质，并且具有一些非常明显的行为特征：作风上不武断；经常倾听别人的意见；非常注重设计行动预案；非常关注政策环境变化；很注重奖惩制度的规范约束；非常关注经营成本变化；非常关注内部团结；非常关注竞争对手情况，努力做到知己知彼。

此外，风险意识强的人一般具有如下一些典型表现：经常会思考自己在哪些地方有什么不妥；在做完事情后总要检查两三遍；在做重要的决定前一定要请别人帮助参谋一下；很清楚自己的弱势；常常思考如果失败了该怎么办；从不盲目听从别人的意见；在进行重要决定前一定要准备好预案；从不盲目乐观；经常有很强的危机意识，只有到事情完结后才敢舒一口气。

七、抗挫折性：对自我价值的重估

强抗挫折性是成功人士最重要的品质之一。往往成功的人也是遭遇挫折较多的人，因为他们没有被挫折打倒，才最终获得了成功。没有挫折的磨砺，一个人的性格就不可能刚毅。人生的许多宝贵的精神财富就是在遭受挫折的过程中积累起来的，正是人生苦难才真正教育了人。人都希望成功，害怕失败的挫折，但挫折是不可避免的，所以，如何对待挫折决定了一个人的人生境界，也决定了他的处事方法和处事准则。

人们一般在初次遭遇挫折时反应最为激烈，随着时间的推移，人们对挫折的敏感性会大为降低，甚至会把挫折看成是生命的必要组成部分，这时就不会再排斥它了。正是因为挫折，才使人真正认识自己。首先是认识到自己的局限性，认识到自己的渺小，从而让自己学会谦虚。其次是认识到有些挫折是可以避免的，从而促进自己行为的改善。再次是认识到有些事情既是无法控制的，也是无法避免的，只能被动地承受，而且还必须具有积极的心态，否则就是自寻烦恼。最后是从挫折中学习了许多，学会了如何对事物进行分析判断，如何对事物进行综合考虑，特别是如何看待人生本身。这样，人学会了顺应事物发展规律，主动认识事物发展规律，主动地去调节自身的行为，特别是如何调整自己的心态。

人正是在挫折的体验中学会了大度与从容，学会了如何与人相处，学会了如何恪守自己做人的本分，学会了如何克制自己的冲动。所以，挫折最直接地磨炼了人的意志力，使人对事物、对世界具备了一定的定力，学会了拥有一种宽容的心态，学会如何处理复杂多变的事物。故而，挫折能够使人变得内敛沉稳，能够让人看问题更加周全圆通。一句话，挫折是人生最重要的一门功课，只有学好了才能开启人生坦途，才有幸福可言，否则就只能自艾自怜。挫折也让人的性格具有多面性或弹性，让人不再死搬教条。

抗挫折性最能够体现个体的反思性品质，因为它非常注重对自我价值的审视，从而个体的性格特征表现得非常明显。抗挫折性强往往表现出以下思维品质和行动特点：对失败看得比较淡；善于从自身寻找失败的原因；善于从危机中找到机遇；注重提升自己的能力；善于进行自我激励；很少抱侥幸心理；善于发现别人的优点；善于快速调整自己的状态。

抗挫折性强的人在性格上的主要表现如下：相信失败是成功之母；每次失败后都会反思自己究竟哪里做错了；每次失败后都会首先使自己冷静下来；一旦找到了失败根源就立刻动手改正；经常检讨自己究竟哪里做得不妥；每次都能够从失败经历中学到很多；不会因为失败而畏手畏脚；从未后悔过自己做了什么；虽然失败了，但仍然相信自己原来的决定没有错；从不认为失败主要是运气不好造成的。

第三节　创新创业能力的工具理性底蕴

创新创业能力是一种复杂、综合的能力，它们总是交织在一起，而不是一个个孤零零的能力。而且，能力不同于技能，能力是建立在深刻的认知基础上，经过不断反思和强化形成的，任何想摆脱反思和自我强化过程的都难以成为能力。技能可以通过机械训练获得，其灵活性比较差，能力则具有很强的适应性，即可以随着环境变化而自主地调整自己的表现方式。这意味着能力具有一种主动适应和自我成长的特性，不是一种死板的技能。

当然，技能也可以转化为能力，当个体主动去体验技能和反思技能的时候，技能就会向技艺方向转变，此时技艺就有自己的追求，向人格化方向转变，与个体的灵智融合为一体。这些都说明了一个事实，如果不与个体主动性结合起来，能力是成长不起来的，所谓的能力培养就可能成为一种机械训练。机械训练的典型特征是受外部强化作用而非受内部催化作用。而能力成长是在反思性引导下发生的，是一种自主成长的机能，具有自我调节、自我强化、主动执行的功能，所以，能力成长机理是内在的而非外在的。

一、目标确定能力展示了人对自我发展的理性预期

在创新创业能力谱系中，目标确定能力始终都是第一位的，因为它是主体的自我定位能力的反映。目标确定能力，说到底就是知道自己需要什么或追求什么的能力，很显然这是一种自我认知能力，没有充分的自我认知或缺乏长期的自我反思过程，就不可能具有这种能力。目标确定能力，也是自我探索能力的表现，因为人只有在不断尝试之后才知道自己究竟喜欢什么、追

求什么,自己的理想目标是什么。只有确定了理想目标,人才具有行动的内在动力,即不需要外界监督就会去努力。人在确定自己追求的目标之前必然要经过一番激烈的思想斗争,必然要对自我能力状况进行一番审视,看看自己究竟适合做什么,做什么才能对得起自己,不辜负自己的人生。一个人确定了自己的人生目标,是他成熟的标志,如果他始终不知道追求什么,则说明他是不成熟的。

人不可能一下子就确定好自己的目标,必然要经过一个尝试和调整阶段,或从较高的目标调整到合适目标,或从较低的目标调整到合适目标。人一开始一般会不切合实际,往往会遭遇挫折,然后经过反思就会对自己重新认识,重新定位。这样再去实践,就会比较容易成功。人一般就倾向于强化这种追求,对它也形成了更为清晰的认识,也对它形成高度认同,甚至视其为自己生命的一部分,如此就转变为自己的事业追求。可以说,目标追求能力就是为自我行动寻找内在的动力源。

二、行动筹划能力反映了人对自我发展条件的理性评估

行动筹划能力是与目标确定能力相伴生的。因为人一旦有了目标,就想检验一下自己的目标是否合适,是否真的有价值,或是否值得自己长期努力。行动筹划能力就表现在如何做上,这就取决于个体的经验和理性认识能力。有经验的人不一定就具有理性认识能力,但经验是理性认识能力发展的基础。理性认识能力建立在严格的反思基础上,它实质上是一种自我批判能力,即对自我经验的审视能力。人的理性认识能力往往是在遭遇挫折后才生成的,如果没有遭遇挫折的话就很难产生这种自觉,理性自觉就在于问一个为什么。人往往在遭遇挫折后,才会不自觉地问一个为什么。而只有少数非常自觉的人,才在任何时候都对自己进行反思,都去问一个为什么,这是一种具有高度探索性的人格特质反映,是好奇心非常强、自我意识非常强或反思

性非常强的表现。所以,反思性决定了一个人的发展程度,一个人的反思性越强,他的发展成就就越高。行动筹划本身也不是一次完成的,因为人们最初的筹划几乎是完全基于经验的,人们往往倾向于把一次成功经验当成不变的格式对待,显然这样的认识是非常浅薄的。当发现过去的经验不奏效的时候,就开始反思自己的经验所存在的不足。

　　从本质上讲,这种反思就是在摈弃经验中的或然性因素,使自身对它的感性认识转向理性认识。行动筹划首先是对目标实现的制约因素的思考;其次是对影响因素的重要性的思考;再次是对各种影响因素之间的相互关系的思考;最后是把各种因素组织成一个系统的思考。可以看出,行动筹划是以思考为中心的。当然,思考的对象是自己的经验,是对经验中所隐含的目标因素和相关制约因素的挖掘,即试图发现其中的逻辑关系。在行动筹划的过程中,有一些影响因素能够很快被确定,有一些则不容易被确定。在人的不断反思过程中,主体对这些关系的认识逐渐从模糊到清晰,从不确定到确定,这个转化过程不仅有反思的因素,而且有行动尝试的因素。换言之,这不完全是一个空想的过程,不是关起门就可以想透彻一切的。如果没有一定的实践经验作为基础,没有主动去尝试的精神,肯定是无法检验这种思考是否真的合理的。事实上,行动筹划过程不是发生在目标完全确定之后,而是与目标确定过程几乎同步发生的,两者之间,是一个相互验证的关系。因此我们认为两者之间是一种"伴生"关系,而不是前后关系,虽然从逻辑上说应该先确定目标后采取行动,但在事实上二者几乎是同步的。

三、果断抉择能力反映了人对利弊关系的理性权衡

　　行动筹划之后就要采取具体的行动,这其中就涉及一个关键要素,即行为抉择,包括从何处开始、做什么、怎么做,这是个体必须进行抉择的。如何抉择则决定了目标实现快慢、实现程度和对个体的意义究竟是什么。我们知

道,有的人一生只做一件事,有的人一生做了许多事。有的事情一生也做不完,有的事情只能是暂时的或阶段性的。其中一些关键性的行为往往能够使人生具有转折性的意义。可以说,一个人选择做什么就会成为什么,同样,一个人是什么就会选择什么。因为无论如何,一个人的目标往往是遥远的,目标设计必然要经过认真思考的过程,与暂时的需求很不一样,所以要实现这个目标就需要漫长的时间,而且这样的目标也不是十分确定的。一个人不可能像古代那样生活。古代的生活环境变化不大,而今天的环境变化剧烈,一个行动就可能带来一个人命运的根本改变,所以行为抉择的意义非常大。如入水救人这个行为很可能改变人的一生:也许你能力不济而被淹死;也许你救的是一个非常重要的人物而从此获得了发展的机会。你对行为的后果是无法准确预计的,这要求人在关键时刻不能错走任何一步。

因为人的任何行为都不可能是单纯的个人行为,都必然要与他人发生关系,所以就会对环境产生影响,就会有不同的解读,也就会具有不同的意义。而不同的行为关系到不同的人,就会牵涉到未来的合作者或竞争对手等。人之所以要慎重抉择,就在于如果行为不当就可能造成严重的后果。人在发展的关键时刻,就需要果断抉择,关键时候犹豫不决就会造成难以弥补的后果。如果采取一些断然措施,那么这些抉择就决定了他的未来的发展路径选择,因为人生是没有回头路的,都是一步步向前走的。这也从另一个侧面说明人是自我建构的结果(人是生成的而非注定的),当然也是社会建构的结果。自我建构如果不与社会进行互动的话仍然没有意义,人从本质上讲仍然是社会建构的结果。但如果没有个体主动的自我建构,社会建构也不可能发生。这就是主动与被动关系,或内因与外因关系。

四、沟通合作能力反映了人对不同利益关系的合理关切

行为抉择既是个人的,也是集体的,更是社会的。如果个人抉择之后,

缺乏别人的策应和社会的支持也就成了绝响。只有当一个人的提议能够迅速被他人接受的时候，他的提议才有价值。从这个意义上说，人就是一个相互关系的存在，如果一个人没有值得他人信任的品质，别人是不会支持他的。这实际上体现了一种团队合作精神，就个体能力而言，这是一种沟通合作能力。换言之，一个人的行为不能太自我，不能一切都由着自己的性子来，也不能太过于以自我为中心、我行我素，必须时刻心中有别人、有大家、有大局，知道大家的心思，知道他人的心声，也就是群众的意志。我们经常说"人民是创造历史的真正英雄"，就在于无论一个人多么厉害，如果人民不支持你，你也无法成功。大到国家，小到团体，均是如此。这意味着一个人绝不能把自己封闭起来，必须经常与他人进行交流沟通，理解他人的思想，想办法去帮助别人，这样别人才能真正认识你，才能在关键时刻支持你，所谓人脉关系的积累就在于这一点一滴的过程中。这告诉我们，如何让别人了解自己，如何树立自己的形象，如何与别人建立良好的关系都是必须认真对待的事情。

这其中当然有自我设计的因素，也有社会对自我评价的因素，最关键的还是自己是如何理解社会的，如何理解人与人之间关系的。只有正确地理解了才能有正确的行动。这种理解与自我发展定位显然具有密切的关系，也与行动筹划具有密切的关系。可以说，与人交往的过程实际上就是一个具体的行动实践过程。人的一切目标从根本上讲都是在社会活动中实现的，脱离了人群，人所设定的目标就失去了意义。一个人除非生活在一个荒无人烟的独岛上与世隔绝，否则就必然会与人打交道，就必须处理好人与人之间的关系，就必须对自我行为进行建构，就必须规范自己的言行，就必须思考自己该如何与他人相处，这就是沟通合作能力的本质所在。

人的沟通合作能力就在于能够团结大家，能够影响大家，能够使大家的思想与意志和自己的设计比较接近。因此，我们说沟通合作能力也是一种具体的行动能力，是一种影响他人的能力，从另一种意义上讲也是一种领导力。

如果人们乐意跟随你,就说明你的领导力强,反之则说明你的领导力弱。强弱之间不是固定不变的,而是相对稳定的,因为沟通合作能力具有弥散性,即这种能力具有迁移性,不仅仅局限于某种行为或事件上,而且常常表现在所有事情上。

五、机遇把握能力反映了人对自我实现时机的有效度量

其实,一切能力都与机遇有关,如果不能把握机遇的话,能力就不会表现出来,就无法被别人所感知和认识。但什么样的机遇最为合适,这是需要审慎思考或精细分辨的。机遇永远是稀缺的,而且有些机遇是非常偶然的,一旦错过就不可能有第二次。有些机遇则是经常存在的,只要你有准备,这个机遇就会留给你。人们在抓住机遇后才能展现自己的能力,但对有效机遇的识别却并不容易。很多时候对这个人是机遇,对另外的人可能是灾难,人们经常说露脸与现眼就一线之隔,其意味就在于此。所以,机遇经常与特定的人、事、时间和地点相联系,如何辨别这些不同点,考验的是一个人的经验积累程度。如果自己缺乏准备,就不具备对这些因素的敏感性和辨识力,"机遇只青睐有准备的人"就是这个意思。

当然,有人不仅善于抓住机遇,而且具有创造机遇的能力。如"草船借箭"实际上就是诸葛亮为自己创造的一次机遇。诸葛亮计谋非常多,其实就是在为自己创造机会,也即制造成功的机遇。类似事例非常多。无论是创造机遇,还是把握机遇,都是对个体能力与品质的考验。如果一个人的知识不广博,思虑不缜密,不具有耐性,比较冲动,一般也不容易抓住机遇。

机会总是基于某种需求,而且是非常急迫的需求。没有这些特别需求就很难激发一个人的想象力和创造性。机遇从本质上讲是主动创造的,它不是被动等来的。对于任何人而言,机遇都是珍贵的,抓住了机遇,成功就易如反掌,反之就势比登天。人们经常讲"一力降十会""四两拨千斤",前者讲究实

力的重要性，后者讲的是机遇的重要性。机遇就在于认识了事物的诀窍，把握了成功的关键。能够把握机遇的人都是一些修为比较深的人，因为把握机遇需要沉着冷静，需要明辨事理，需要得到各方面的配合和信任，需要一种超然的心态，需要能够把一切尽揽胸中，需要一种大气。这一切都不是一个初出茅庐者能够拥有的，而是需要具备充足的威望，只有这样，周围的人才会给他这个机会，他才有可能抓住这个机会，抓住这个人生的机遇。

六、风险防范能力反映了人对自我实现障碍的理性预测

风险防范能力与把握机遇能力同样重要，往往与把握机遇能力是共生的。严格地说，没有风险防范能力，就不可能具有真正的把握机遇能力，因为成功与失败往往只有一步之遥，只有有效地防范风险才能成功，只有注意到风险才能把握住机遇。所谓风险，就是那些容易导致功败垂成的因素。可以说，行为的每个细节都可能隐含着风险，行动的每一步都具有风险，这些风险实际上就是一切阻力。小的风险就只是阻碍进展的速度，大的风险就可能让整个行动完全泡汤。人们常说"魔鬼隐藏在细节之处"就是这个道理。很多人虽然很努力，但就是不善于思考，也不注意细节，在各个部分之间的连接上不细心，所以总是难以成功。

但一个人的思虑毕竟是有限的，如果能够集中大家的智慧，就容易看到更多的靠个体难以注意到的方面，这就是团体的力量或集体的智慧。而且这也要求在行动筹划过程中设计预案，一旦理想方案难以实施的话，就需要有一个替代方案。在特殊情况下需要设计上、中、下三套方案，这样就做到了争取最好的，保证中等的，预防最坏的情况出现。任何一个成功者都是非常谨慎的人，而不是麻痹大意的人，都需要对行动方案进行反复论证。因为行动方案的合理性、可行性和科学性都必须能够经得起推敲，需要把各种可能性进行综合起来思考，需要为行动计划留出一定弹性，需要设计出必要的防范

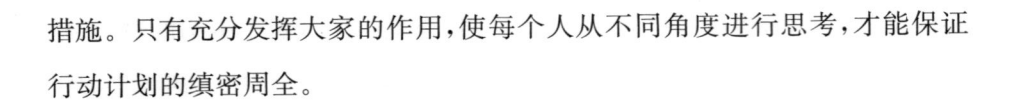

措施。只有充分发挥大家的作用,使每个人从不同角度进行思考,才能保证行动计划的缜密周全。

七、逆境奋起能力折射了人对自我发展潜力的理性思考

逆境奋起能力,指的是一个人在遭遇挫折后不气馁、继续前进的能力。这当然包括对挫折的态度,对挫折的忍受度,对挫折的处理方法,以及如何在挫折中发现机会等。客观地说,完全没有遭遇过挫折的人基本上是不存在的,一个人遭遇的挫折只有多少与大小的分别,没有有与无的区别。对于每个人而言,自己的目标没有实现就是一种挫折,行动计划无法执行也是一种挫折,在行动中犹豫不决错过了时机也是一种挫折,自己难以获得别人的理解和支持同样也是挫折,与重要机遇失之交臂更是一种挫折,应该防范的风险没有防住还是一种挫折,没有预料到的风险出现了也是挫折。一句话,只要不按照自己的心意发展都是挫折的元素。因此,挫折是无处不在的,是防不胜防的。对挫折采取什么样的心态于后续的发展是非常重要的。实质上,人的学习过程就是一种尝试错误的过程。既然挫折是不可避免的,那么就只能接受它,与它相伴,把它变成前进的磨砺石。在生活中,人们对小的挫折往往能够容忍,而对大的挫折却难以接受。此时,如果有一个亲情支持系统,就可能缓解挫折带来的打击。如果个体善于反思的话,就能够减轻挫折打击所带来的伤害程度。

当然,一个具有非常强自信心的人一般不惧怕挫折,往往认为这是对自己意志力的考验,是在检验自己是否坚韧。一般而言,没有人会心甘情愿地接受挫折的打击,人在受到打击后都会经历一段错愕期,只不过有的人这段时间比较短,有的人则比较长。经历的时间不同,恰恰是人的抗挫折力不同的表现。问题的关键是人们不仅要能够承受挫折的打击,而且要能够在挫折中进行学习,从挫折中发现机会,能够迅速弥补自己在行动中的漏洞,找

到更好发挥自己长处的机遇,让自己在今后的行动中不再重蹈覆辙。逆境奋起能力,从本质上讲也是反思能力的一种,都是在基于反思基础上的自我设计或重新自我设计,是对自身所拥有的资源的重新梳理整合及布局。可以确定地说,每个人都是在逆境中学习并成长的,都是在逆境中认真深切地反思自己的,都会改变自己之前的观念和看法,都会思考新的突破,为自己寻找新的发展方向。

从这个意义上讲,挫折也是一种机遇,是自我反思的机遇,是再造自我的机遇,当然首先是重新发现自我的机遇。尽管这个机遇人们并不欢迎它,但它经常是不请自到的,而且很多时候都是遭遇的,这就是人生际遇,是无法选择的,只能承受它并利用它而不能嫌弃它。如此,挫折就是一种生活方式,是生活中的必要构成部分,它教会人们任何时候都不能过分张狂,不能得意忘形,任何时候都应该保持头脑理性清醒,时刻认识到自己的不足,学会合作,学会宽容,学会承受,也学会承担,更要学会从容。如此才是对自我认识的重新肯定,而不是自我颠覆。

第四节 创新创业能力的生命实践意蕴

创新创业能力并非某种简单能力,而是一个复合能力或能力系列,具有明显的阶段性特征。也即只有具备了第一种能力,第二种能力才具有成长的基础,如果没有第一种能力,那么第二种能力就没有意义,也可以说它们是一个能力连续体。创新创业活动首先必须有创新创业的念头(创新创业意识),如果没有这个念头,一切都不可能发生,这就是创新创业的动机。一个人想做什么,可能他并没有意识到这就是创新创业活动,但事实上却开始了创新创业行动。而想做点什么只是朦胧的念头,不是能力。只有知道自己真正想做什么的时候,才说明他具有了这种能力,这就是目标确定能力!

有了行动目标之后,就必须进行行动筹划,由此延伸出行动筹划能力。接着就需要进行行动抉择,因为采取什么样的行动直接关系到目标能否顺利实现,这种抉择要求不仅要慎重,而且必须果断,这就是果断抉择能力。有了行动抉择之后,就需要组织资源,当然最重要的资源是人力资源,因此就需要具有沟通合作能力,即能够将他人的优势为我所用。之后就需要把握事物发展的时机,进行因势利导,争取做到事半功倍。与此同时,必须防范风险,不然就可能功败垂成。为此就必须为行动留下余地,而且一旦遭遇挫折,又必须能够自我振作,设法东山再起,而不能一蹶不振。这就需要重新确立目标,再次进行行动筹划,这就是逆境崛起能力。可以看出,这七种能力环环相扣,循环往复。

一、目标确定能力:确定人生发展方向

目标确定能力所反映的是一个人真正认识自我的能力。该能力的具体表现是:第一,真正了解自己的愿望,而且能够为自己的愿望进行排序;第二,非常了解自己的实力,特别是知道自己的薄弱环节所在;第三,了解愿望达成的主要关联因素,而且知道自己与这些关联因素之间的距离;第四,知道自己当下的工作重点所在。

具体而言,目标确定能力主要体现在以下六个方面:有明确的目标参考系;能够准确地评估自己的能力特长;能够客观地评估自己的兴趣爱好;能够客观地评估自身资源状况;能够理智地评估环境变化趋势;能够客观地分析评估当下的困境。

可以看出,目标确定能力决定于自我认识能力。目标确定能力显然受家庭环境影响,也受个体成长经历影响,当然还受到许多偶然性因素影响。

何以见得一个人目标已经确定了?对于个体而言,就是他不再焦虑或忧心忡忡,似乎心中已经有了定数,即他料到了自己未来的发展方向。可以说,

这个过程是他经历了无数次自我的批判后，最终确定了自己该做什么，从而为自己确立了人生方向。这是人生大计，绝不是轻而易举的事情。所以，当一个人处于一种惶恐不安的状态时，就说明他还没有完全确立自己的人生目标和前进的方向，因为此时他还没有决定自己该做什么。目标确定能力代表了他已经具有了自己的价值观和判断标准，尽管还没有完全清晰，但已经有了一个基本框架。只有有了一个基本框架，才可能在日后不断完善，不然他就是茫然的。故而，当我们说目标确定能力的时候，往往是指人生目标的确定能力，是人生发展路径的选择。

人究竟什么时候才真正形成或完全形成人生目标？这确实没有明确的年龄界限，有的人很早就已经具有了人生志向，有的人可能终其一生都是糊里糊涂。人什么时候开始思考人生目标问题呢？大概青春期是一个关键时期，这个时期也正是一个人需要思考自己未来做什么的时期。这其中包含了社会期待的因素影响，也有自我期望的因素作用，特别是同辈成长成功的压力的因素诱发等。人们经常说人生选择是很难的，确实如此，选择走什么路就成为什么人，这对于一个人而言是非常重要的，所以没有人不重视，也可以说这就是命运的抉择。之所以如此，就在于人生是不可逆的，人生无法重来，人只有慎重抉择才不会后悔。

目标确定能力的基本含义就是：知道自己究竟需要什么，并知道需要得到满足的基本意义，还知道满足需要的基本条件及其主要影响因素，最终能够为自己确定一个合理的目标，即它是可以实现的，而且挑战度是中等的，从而能够基本满足自己的理想。一般而言，如果一个人的发展目标比较清晰，那么实现的可能性就非常大；如果挑战度属于中等水平，就更接近于自己的发展意愿，而且在思考的时间上也比较适宜。

可以说，一个人的反思能力越强，自我定位就越清楚，而且自我定位就越准确，从而其目标确定能力就越强；一个人的发展经历越是曲折，其反思能力就越强，自我定位就越准确；一个人的目标确定过程往往是其自我价值观的反映,他的价值观越清楚,选择性就越强;一个人的目标确定往往是从理想走向现实的过程,这个过程一般都要经过多次反复之后才逐渐明晰。

如果对一个人目标确定能力进行测评,下列判断可以作为参考:他知道自己究竟想要什么;他不怀疑自己的选择;他虽然彷徨过,但那是短暂的;他知道该如何评价自己的成功与失败;他知道现在做的是在为未来打基础;他感觉自己的生活很充实;他觉得他的决定与其个性比较吻合;他认为他的选择能够为社会做出贡献;他的选择得到了周围人的认可;他下定决心要实现自己的理想目标。

二、行动筹划能力:对人生发展路径的设计能力

当一个人确定了自己的人生目标之后,下一步就是思考该怎么行动了,即决定自己做什么。与此同时就出现我该怎么做,怎么做才是正确的、快速的或合理的等问题,这显然又是一次抉择。但是它与目标确定不一样,目标确定可能是一个漫长的过程,因为这是个人发展战略抉择,而行动筹划则是一个急迫的事情,更倾向于战术选择。目标确定是急不得的,而行动筹划则是慢不得的。可以说,这也是对行动果断性的考验,一旦决定了就要去做。那么该怎么做呢?具体而言就是要规划自己每天该怎么做。比如:一个大学生决定自己要考研,那么就需要把外语学习好,就要思考如何才能提升外语能力,怎么分配外语学习时间,采用什么工具来学习外语,以及如何验证自己的外语水平提升等。单纯提升外语水平还不够,还需要把专业课水平提升上来,为此又需要规划自己的时间分配,包括用多少时间,采用什么方法,确定能力是否提升的评判方法。此外还需要把政治成绩也提高上去,不能让政治成绩拖后腿等。不仅如此还要照顾自己的操行评语(档案),自己的身体锻炼,自己的饮食营养,自己每天的精神状态,自己与同学的交往方式等。

可以看出,这是一个系统筹划,不是头脑一热的事情。故而,行动筹划能

力是一种系统筹划能力,是对资源进行系统的筹划和分配。很显然,这非常重要,而且是一个长期的行动计划,不是一个短期的任务。行动筹划目的是让自己行动起来,为自己做一个规划设计。这一步很关键,如果没有这一步,目标就变成了空想。无论做什么,空想肯定没有结果,只有实际做才行。

如果说目标确定能力主要是一个人对自我潜能的认识能力,那么行动筹划能力则主要反映的是一个人对客观环境制约的理解能力。其基本含义是:第一,深刻领会行动的要旨所在;第二,明晰行动的各个关键要素;第三,了解各要素内在的关联因素;第四,能够有效地统筹各个要素;第五,了解影响行动的关键要素;第六,非常注重行动各步骤之间的衔接。具体而言,一是知道达到成功需要做什么;二是知道行动各要素内在的相互制约关系是什么;三是知道需要优先做什么;四是知道自己最缺乏的是什么;五是知道什么时间该做什么;六是知道怎么做才是正确的;七是知道做到什么程度是成功的。

进而言之,行动筹划需要考虑以下基本因素:行动符合社会规范;行动时间长度比较合理;资源筹集比较充足;资源配置比较合理;人员分工安排比较得当。不难发现,行动筹划过程不仅受目标清晰度影响,也受个体经历影响,受合作伙伴影响,特别是受资源状况影响。因此,行动筹划就是对目标实现过程的思考,是对实现目标所需要的资源的审查,也是对各种资源获得可能性的评价。故而,越是知道自己的优势与劣势,其行动筹划能力就越强。行动筹划涉及对资源可能变化的思考,对变动环境的思考,以及对自己发展潜力的思考。

该如何衡量行动筹划能力呢?以下十个方面可以反映出一个人具有较高的行动筹划能力:生活有规律;经常想好之后再行动;把时间管理得有条不紊;能把自己现有条件利用得非常好;经常创造条件去实现自己的目标;做事情从不慌里慌张;很注重锻炼身体;注意营养搭配;很少超前消费;很珍惜时间。

三、果断抉择能力：对人生发展道路的抉择

人们常说：你选择什么，就将成为什么。事实也如此，人们判断一个人主要是看他的作为。走什么样的路，做什么样的人，都是个人价值观抉择的体现。可以说，人的一言一行都是其价值观的折射。从某种意义上说，果断抉择能力就是一种敢于放弃的能力，是一种在理想自我的激发下敢于放弃现实利益的自我牺牲品质，也是一种个人英雄主义的表现，这种能力在危机面前展现得最为彻底。往往在出现重大利益冲突之时，或在事物发展的重大转折之处，特别是在面临生死抉择关头，最能够考验人的果断抉择能力。一个人在利益诱惑面前能够急流勇退，在困难面前能够勇往直前都是果断抉择能力强的表现。

一个人果断抉择的内在依据是：知道什么情况下必须做什么，不能退缩，必须大义凛然；知道什么情况下坚决不能做什么——坚守底线，能够抵挡诱惑；知道什么情况下必须要放弃，敢于舍弃；知道什么情况下必须全力以赴，破釜沉舟。

所谓行为抉择是指对重大利益取舍的抉择。它与一个人的个性特征关系非常紧密。一般而言，一个人的果断性越强，其行为抉择能力就越强；一个人越是自信，在行为抉择中就越果断；一个人经历越丰富，就越善于抉择。

在有了行动规划设计之后，每个人都会采取一些适合自己的比较特殊的措施，这也是一个人个性的显现，可能这种特殊措施在外人看来是很古怪的。换言之，一个人要成功都会出现一些非常之举，都是在挑战一些极限，挑战常人所不能为。如果没有这些特殊举措，显示不出他的超常之处，这也不是筹划能力所能够比拟的。如果行动筹划能力更多地考虑达成目标的路径问题，那么在具体行动中采取的举措的反常之处，正是一个人独特个性的表现，也可以说是一个人独特人格的体现。所以，行动筹划能力主要考验的是一个人

的智识,即谋划能力,而果断抉择能力往往代表了一个人的胆识或勇气,这是一种具体行动能力。实际上每个人都有一些比较特殊的举措,在外人看来好像是无法理喻的,而他自己却能够做到,最终成功了。这种特殊举措,正是一个人对外界的特别宣示:我要做我自己,请你尊重我,不要干扰我,否则我不客气。这似乎就是一个人的独立宣言。

以下这些方面可以反映一个人的果断抉择能力:有自己独特的做事方式;别人认为他很有个性;敢于坚持做自己喜欢的事情;觉得自己做事情的方法很有效;能够吃苦耐劳,耐得住寂寞;在行为上有点特立独行;只关心如何做好自己,不在乎别人如何评价自己;行为上经常不达到目的,决不罢休;与人相处时很少干涉别人;相信时间能够证明一切。

四、沟通合作能力:获得成功的决定性能力

一个人无论自己的能力多么强大,都达不到完全不依靠别人的状态,否则就是一种自大狂的表现,这样的人是不理性的。一个人一旦确定了自己的行动目标,便开始筹划行动,此时就发现必须借助外力,必须要学会与人合作,不能我行我素,如此就必须学会理性看待别人,而且遇到困难时必须理智对待,不能冲动,不能由着自己的脾气性子来。只有学会沟通合作,才能借助外力,实现自己的目标。学会沟通合作,也是一种具体的行动。这种行动主要是学会控制自己,懂得尊重别人,这其实也是在培养一种领导才能。因为这需要把握行动的分寸,无论是在语言上,还是在具体行为措施上。沟通合作绝不是做老好人就行,而是必须展现自己的行动能力,而且要使自己的行为表现比较得体,即在不同情境下的行动能够恰如其分,这样才能收到良好的效果。

为了更好地实现自己的理想目标,一个人就必须学会宣传自己的主张,争取获得各方面的支持,为此,他必须能够说明自己的主张对大家是有利无

害的，如果支持自己就能够获得良好回报。但同时也要给大家说明，获得成功是需要付出代价的，当然这种代价是必要的、值得的，只有这样大家才能结成一个利益的共同体。可以看出，这个过程中包括了推销自己的能力，动员别人的能力，形成一致认识的能力，进行理性分析的能力，愿景展示能力，解决分歧能力。从最基本点看，其中包含的是沟通交往能力、凝聚共识能力和一致行动能力；从深层看，包含了讨价还价能力，公平分配能力，知人善任能力，规范约束能力。总之，凝聚共识是根本，建立规范是关键，展示愿景是前提。

作为一个生活在现代社会的人，时刻都需要与人沟通，所以善于与人沟通合作才能事事顺利，不然就很难成功。沟通合作能力在一定程度上表现为善于换位思考的能力，即善于从别人的角度看问题，这样就很容易达成目标的一致和采取共同行动。所以，沟通合作能力的基本表现：一是善于进行换位思考；二是能够解决人的后顾之忧；三是善于解决人们之间的误会；四是善于确立共同愿景；五是能够一视同仁；六是赏罚分明。

善于沟通合作的人经常具有以下一些突出表现：具有高度的同情心；懂得把握交流的时机；思考问题时能够对症下药；在别人遭遇挫折时能够激励人；能够公平待人；能够得到人们信任；能够给人们信心；语言真诚感人。

一般而言，一个人性格上越是开放，其沟通交流能力就越强；一个人发展目标越是明确，其沟通交流能力就越强；一个人越是具有领导气质，往往其沟通交流能力就越强。以下的典型行为表现可以反映出一个人具有非常强的沟通合作能力：意识到自己力量很有限；非常尊重别人的意见；从不轻视任何人；当别人不理解自己时会主动进行解释；经常从别人的角度审视自己的工作；能够很好地管控自己的脾气；在讨论过程中能够求同存异；当与别人意见产生分歧时能够耐心解释；思考问题时经常从公平角度出发；善于发现别人的优点。

五、把握机遇能力：获得成功最关键的能力

可以说，没有人会认为沟通合作能力是不重要的，或认为它不是创新创业过程中的一个关键能力，或者说一个不善于合作的人也能够成功。但沟通合作本身并不是目标，沟通合作只是实现理想目标的必要手段。同时，沟通合作也需要成功的滋养，只有善于把握机遇，才能保证合作持续下去和促进合作向深处发展。一个人能够把握机遇，就可以使成员获得信心，受到激励，而且是实实在在的激励，当然也是对自己的激励，不然人们就可能认为你所提出的愿景是在画饼充饥。很显然，没有市场意识是不可能成功的，有市场意识，有竞争的危机感，才能激发出创造力。机遇就是指有利于达成预定目标的条件出现。这里的预定目标是阶段性的，是团队成员共同期待的。机遇的出现是对大家努力结果的肯定。

把握机遇能力既涉及对机遇的识别，也涉及对自身条件的判断，还涉及对相应成本的判断，三者缺一不可。不过，人们对于机遇的认识存在巨大的个性差异，必然有很大的意见分歧，而且机遇往往稍纵即逝，如果没有果断的处置能力，就可能浪费了机遇，机遇一旦错过就可能不会再次出现。所以，对于机遇识别需要高度的敏锐性。一般而言，如果不是团队的核心成员就很难体会，只有团队的核心成员才对行动计划有比较全面的、深刻的理解，从而才对行动计划有高度的投入和关注，进而才能在机遇出现的第一时刻敏锐地把握住。一般成员往往不那么上心，他们对行动的规划设计所知不多。只有核心成员才能结成真正的利益共同体，一旦机遇出现，核心成员之间能够迅速达成默契，从而能够迅速行动，这样才不至于丧失掉机会。把握机遇需要敏锐、果断和快捷，需要在短期内的动员能力和行动能力，能够迅速制订计划并执行。

一般而言，一个人对工作的投入度越高，对自己需求什么就越清晰，从而

把握机遇的能力就越强;一个人对周围变化越敏锐,那么把握机遇的能力就越强;一个人信息渠道越广,则把握机遇的能力就越强。把握机遇能力从一定意义上讲就是善于把握事物发展趋势的能力。只有把握了事物的发展趋势,才能了解事物发展的关键点,才能识别事物发展的时机,进而才能预先做好准备,一旦时机出现就敏锐地把握住。因此,把握机遇能力有以下基本表现:一是信息渠道广;二是善于分辨信息虚实;三是善于抓住关键信息;四是善于采取行动;五是善于创造机会;六是有耐心积累实力。

具体而言,它往往表现为以下特点:对周围变化的观察比较敏锐;能够准确辨认各种信息;能够对各种信息做出恰当反应;能够预先捕捉事物发展信号;对于特别机遇反应毫不迟疑;善于听从别人建议。

以下十个方面可以在很大程度上折射出一个人把握机遇的能力:非常关注社会发展的动态;很关注团队成员中有什么好的想法;能够从别人成功处获得启发;有了新主意后马上就与好朋友进行商议;深得朋友们信任,成为别人的参谋顾问;经常能够得到朋友的好建议;无论什么问题,都能够达成共识;非常清楚大家都在想什么;能够很快地捕捉机会;决不错过任何有利时机。

六、风险防范能力:获得成功的保障能力

风险防范能力,首先反映的是一个人思维是否具有缜密性;其次反映的是他是否善于将缜密性的思维方式用于指导实践,如运用于制订行动方案和行动策略,可以说它是一种将理性认识应用于实践的能力。其基本表现:一是意识到位,能够居安思危;二是筹划在先,一切行动都设计预案;三是高度重视,明确每个人的岗位责任;四是警惕马虎大意造成的危害,注重进行细节管理;五是注重总结,不断反思自我,不断完善行动方案。

具体而言,风险防范能力表现在以下六个主要方面:对行动过程中出现的各种可能性都能够预先估计到;对自己的缺陷或短板认识得非常准确;具

有重点防护策略;具有长远发展眼光,非常重视制度建设;注重总结、反思和完善行动方案;注重实验探索,不盲目推广别人的经验。

一般而言,一个人行为越是谨慎,其风险防范能力就越强;一个人越善于集中大家的智慧,其风险防范能力就越强;一个人越善于总结和反思,其风险防范能力就越强。人们一旦正式采取行动,就需要精力高度集中,需要预防各种可能的干扰因素,需要将各种危险因素控制在最低水平,从而最大限度地保障行动成功。最重要的工作就是采取行动预案办法,一旦第一套方案无法执行,就立即启动第二套方案,甚至是第三套方案。谨慎的话,会有两套以上的备案,这就是人们经常说的上、中、下三策。很显然,各种策略需要依据外界情况而定,不能盲目推行,这对于行动团队的核心成员是一个极大考验。为此就需要建立完备的监控措施,从而能够准确地评估发展态势。

通常而言,人们对形势判断主要是指对外界环境变化趋势的判断。实际上这是在内部情况稳定、不会出现意外的情况下进行的思考方式。严格地说,应该是对内外两种形势同时进行评价。因为在通常情况下,内部的团结性是不会出现问题的,但在非常态情况下,内部团结性就可能出现问题。往往真正的危险是来自内部,特殊情况往往是危机引爆的发酵剂,能够使一些隐藏的矛盾显现出来,在这个时候也最能够考验一个人的品性。对危险的观察必然要包括内部和外部两部分,这也可以理解为什么很多时候对内部防范更严了。风险防范能力对任何创业者而言都是重要的。创业者最怕的是财务危机,一旦财务出现了问题,马上就会面临分崩离析的危险。

以下十个方面可以在相当程度上反映出一个人的风险防范能力:无论做什么都不抱侥幸心理;做事情都是三思而后行;在做重要决定时都会想到可能出现的不良后果;会根据情况变化适时地调整行动计划;在制订行动计划时都要听听不同意见;有新想法后一定要思考妥当后再公布;有难以解决的问题时都要召集大家一起研究;很注意团队成员的情绪变化;无论做什么都很注意社会影响;非常注重团队氛围塑造。

七、逆境奋起能力：走向成功的根本能力

逆境奋起能力，指一个人身处逆境仍然坚持自己的目标追求，坚信自己的追求是正义的、正当的，是一定能够实现的，从而会尽最大努力以实现目标。其基本表现是：对失败的反应很冷静，不会怨天尤人；积极反思自我，努力找到失败的根源；注重积累资源，以求东山再起；调整目标，把措施做实；争取外援，团结一切可以团结的力量；等待时机，寻求突破困境的机会。具体而言，他意识到怨天尤人无济于事，必须从自身寻找原因；非常注重寻找问题根源，不做简单的肯定或否定回答；注重自我的心理建设，把自己心理状态调整到最好；善于辩证地看待失败，注重从失败中汲取教训；积极寻求机遇，以求获得新的突破；适时地调整行动方案与策略，不会固守过去的思维方式与行动策略。

一般而言，一个人经历越多，抗挫折性就越强；一个人思维越辩证，就越容易在逆境中发现机会；一个人的社会资源越丰富，越有利于在逆境中崛起；具有远大目标的人往往抗挫折性强。人们都很担心风险、防范风险，但都无法完全阻止风险，因为风险往往具有不可控制的一面。人们对风险的预计往往存在着误差，有时这种误差是致命的，只有那些处处谨慎的人才能少遭遇风险。但是人们经常难以抵挡利益的诱惑，这就是风险的根源。如果人们始终都能够保持一颗平常心，风险就很少能亲近。但人们在成功面前往往很不淡定，而成功容易让人高估自己，这样就容易出现判断失误。在竞争过程中，判断失误就是致命的错误。所以人们在成功面前绝不能忘乎所以，经常出现失败反而能够使一个人更为清醒，使其认识到自己也是一个凡人，而不是一个超人，这样能够降低犯错的概率。一旦出现失误，造成了恶果，就需要坦然承受。

所以，一个人究竟有多大能力去承受失败就是一个很大的问题。许多一路顺风的人承受不了一点点失败，这说明他的抗挫折能力比较弱。如西楚霸王项羽经常打胜仗，一旦打了败仗就意志消沉，一蹶不振，最后"乌江自刎"。

相反，刘邦经常打败仗，对于打败仗的承受能力就比较强，从而最终是他取得了胜利。抗挫折能力与一个人优秀与否关系不大，而与一个人对人生的看法有直接关系，或者说与他的人生历练有关。缺乏人生历练的人往往承受挫折的能力就弱，但抗挫折能力强却是自信心强的重要表现。可以说，抗挫折能力越强，则个人实现自己的目标的可能性就越大。

以下十个方面可以在一定程度上反映一个人的逆境奋起能力：认为失败并不可怕，可怕的是拥有害怕失败的心态；每次失败都能够总结出一些经验教训来；在遭遇挫折后，首先是进行自我反思；每次失败后都能够很快地重新振作起来；从不怨天尤人；在遭遇失败时经常能够获得别人的帮助；每次失败后都要认真分析原因；很少重复过去的错误；把失败当作对自己意志力的考验；虽然遭遇挫折，但并不怀疑自己。

由此我们可以看出，目标确定能力、行动筹划能力、果断抉择能力、沟通合作能力、把握机遇能力、风险防范能力和逆境奋起能力都是走向成功不可或缺的能力，每一个能力都很关键。这是一个闭环系统，也是一个循环系统，是一个人走向成功过程中都需要经历的关键步骤。

第七章　创新创业教育的目标追求

第一节　创新创业教育的基本目标

一、培养创新创业人才

创新创业教育具有深远的历史意义和重大的现实意义。创新创业教育直接承担中华民族伟大复兴的历史使命，直接为建设创新型国家服务。创新创业教育所承担的直接责任就是造就大批的创新创业人才，只有如此，创新创业教育才能不负时代所托。

何谓创新创业人才？我们认为，具有创造性人格追求，具备创新创业核心素质，并且具有创新创业关键能力的人，就是我们所要培养的创新创业人才。可见，创造性人格养成是人才培养的目标导向，核心素质形成是人才培养的根本目标，关键能力形成是人才培养的抓手。我们探讨广义的创新创业教育，目的就在于造就大批的创新创业人才，而非仅对少数人施教。我们不仅鼓励各级各类学校向创造适宜创新创业人才成长的环境努力，而且鼓励每个人自觉地向创新创业人才方向努力。因为在人才成长过程中，个体主动性始终是第一位的，而适宜的成长环境是不可或缺的。优质的教育就在于创造人才适宜成长的环境，无论是物质条件，还是人文条件，这些都是不可或缺的。

创新创业本身既是人的一种内在发展需求,也是人在成长发展过程中面临的一种生存境遇,因而是人人必须面对的。人们普遍具有创新创业潜能,人的不断发展变化过程实际上就是各自创新创业能力状况的具体展现。只不过人们并未普遍意识到这一点,常常把创新创业能力当成一种特殊能力,认为是需要外在的特别训练才能形成的特殊技能,而不认为自身就蕴藏着巨大的创新创业发展能力。

事实上,人们所看到的往往都是一些表象,并未看到事物的实质。创新创业能力固然需要特别培养,因为当它处于一种无意识或潜意识状态时只是一种潜能,而不是一种真实的能力,只有当它成为自身发展的目标时,这种潜能才向真实的能力转变。从一定意义上讲,目标的挑战性越大,对个体的潜能激发就越大。但必须指出,挑战性以适度为宜,如果挑战性过强,则可能起到负面效果,使主体失去追求的信心。因此,目标确定过程实际上是一个考验个体理性思维能力的过程,如果个体所确定的目标完全不切实际,那么就失去了应有的激励作用,反而会起到抑制作用,从而使个体看不到发展的前景。

大学的创新创业教育,就是对大学生自身所蕴藏的创新创业潜能进行适当的引导,通过提供适宜的条件,让这种潜能变成实在的能力。创新创业能力不仅是需要培养的,而且是可以培养的。

二、培养创新创业人才的思维能力

创新创业人才最终表现为创新创业能力的凸显。广义的创新创业能力所依据的理论基础就是哲学上的理性论,而且我们所坚持的是有限理性论。不仅如此,我们主张"知行合一"理论,从观念上更偏向于实践理性论。在阐释创新创业能力内涵时我们指出,创新能力更偏重于认识理性,而创业能力更偏向实践理性,但总体上是实践理性主导。在论述创新创业能力的具体构成时，我们进一步尝试运用认识理性、实践理性、价值理性和工具理性四个概念来阐释，这些阐释基本上是自洽的。但在论述创新创业能力培养过程中，我们又不得不突出认识理性的地位，创新创业教育必须强调创新导向的创业，与专业创新相结合的创业，所以创新创业教育仍然是以认识理性为主导的。但在实际的创新创业活动中又无法回避实践理性的主导地位，因为我们无法做到在完全认识之后才开展行动，必须在尚未获得完全认识的情况下就不得不开展行动，而且真正的认识是在实践过程中逐步完成的。

我们遵循的是实践唯物论观点，实践是认识的母体，没有实践的探索，就无法获得真正的认识突破。这种看似矛盾的现象说明，认识与实践是无法截然分割的，它们是相互促进和相互制约的关系，正确的认识导致正确的实践，错误的认识会导致错误的实践。但对实践的反思又能够促进认识的深化，促进正确认识的形成，从而矫正不正确的实践。创新过程本身就是一个摸索的过程，或者说是一个尝试错误的过程，舍去了这些尝试过程，正确认识就失去了来源。

毋庸置疑，创新创业能力发展离不开一些基本能力的支持，如发散性思维能力、聚合性思维能力、批判性思维能力、逻辑思维能力、辩证思维能力、反省思维能力，这些都是创新创业能力的有机构成，也是个体发展中不可或缺的要素。但这些能力并不显现，难以观察和测量，而且这些能力往往交错在一起，难以分辨。只有当一个人形成具体的能力时，才可以发现它们的踪迹。何况，这六种思维能力都是对思维的分类，都不是具体的思维能力。相对而言，发散性思维能力与聚合性思维能力是更为具体的能力，因为无论是进行批判性思维，还是进行逻辑思维，或是进行反省思维，都会不自觉地运用发散性思维和聚合性思维两种形式。当然，聚合性思维也是一种复杂的思维过程，在聚合性思维过程中，也会进行批判性思维、逻辑思维、辩证思维和反省思维等。可以看出，各种思维类型划分不是绝对的，都是一种相对划分，故而很难确定它们之间的边界。

而且批判性思维与逻辑思维、辩证思维、反省思维也经常是交织在一起的。虽然人们也经常使用发散性思维和聚合性思维,似乎批判性思维和逻辑思维侧重于思维过程,辩证思维与反省思维侧重于思维方法,而发散性思维与聚合性思维则侧重于思维的形式。而且批判性思维和逻辑思维又都代表思维的特质,辩证思维与反省思维常常代表思维的水平,它们都与个体的认知风格联系在一起。我们知道,批判性思维和逻辑思维都是可以训练的,但训练的作用是有限的,而非无限的。同样,辩证思维与反省思维也是可以训练的,但受制于个体的认知特色,特别是与个体的认知经历有关,往往训练的效果并不理想。在日常生活中,如果一个人缺乏批判性思维,就代表了他主体性不强,难以形成独立的认识;如果一个人逻辑思维能力差,则很难形成系统性认识;如果一个人缺乏辩证思维能力,则表示思维灵活度不够;如果一个人反省思维能力不强,则他的思考就缺乏深度。但在学术研究中,人们往往用批判性思维能力代表这四种思维方式,即批判性思维能力既代表了一个人思维的广度与深度,也代表了思维的灵活度与强度,从而批判性思维能力强包括了思维深度、广度、强度、灵活度乃至速度等多重品质。之所以如此,就在于这些思维品质很难进行精确区分,它们往往是复杂地结合在一起。故而人们把批判性思维能力作为思维能力品质的综合体现,很难说一个人批判性思维能力强而其思维广度不够,或深度不够,抑或强度不够,或灵活度不够及速度不够。

事实上也如此。批判性思维能力强的人一般逻辑性思维能力也强,如果一个人在思维上经常相互矛盾,自然而然就失去了批判能力。批判性思维能力强与个体具有强烈的反省意识相关,如果一个人缺乏强烈的反省意识,就很难使认识具有深度和广度。反省意识从侧面反映出个体的辩证思维特质。所以,如果一个人辩证思维能力强,那么他的批判性思维能力就会强,因为辩证思维可以使人的批判性思维更具有深度与广度。

一个人反省思维能力强说明他的自我意识强,甚至可以说他的自我保护意识强，自我管理能力强。反省思维一般有深度但广度不够，因为如果一个人的反省对象太广就难以聚焦。进行创造性思维需要反省思维。反省思维一般都来自深刻的内部体验，然后去追寻其根源，进而寻找其启示，最终纳入自己的下意识系统。往往发散性思维能够促进个体形成独立的新颖观点。发散性思维能够大大拓展一个人的思维广度，从而为人进行系统性思考提供条件，这也是逻辑思维发展的必要条件。如果说批判性思维更倾向于分析的话，那么反省思维更倾向于归纳综合，直接促进系统性意见的形成。可以看出，这对于从事学术活动而言是非常重要的，而且也是制订周密的行动方案所必需的。甚至可以说，如果一个人缺乏反省思维品质，其思维就容易缺乏逻辑性或系统性，也就缺少了严密性和可行性。谁都知道，一个漏洞百出的方案是不科学的，也是不可行的。由此可见，反省思维对于一个人从认识到行动的转化显得非常重要，是不可或缺的。

　　从以上分析中可以看到，创新创业能力与思维能力具有直接的关系，从而牵涉创造性思维、系统性思维、反省思维、逻辑思维和批判性思维等思维能力，而且每一种思维能力都很难测量。当谈到创造性思维时就不可能不谈到直觉思维。人们对于直觉思维的存在问题几乎是没有什么异议的，但如何描述和证明直觉思维却又是非常困难的事情，因为直觉思维经常发生在下意识中，人们无法清晰地感知它的存在。直觉思维具有跳跃性的特点，来去无踪，难以捉摸，往往是不合逻辑的，但其结果非常神奇。系统性思维具有包容性，与逻辑思维具有密切的关系，但又不完全属于逻辑思维。系统思维是一种综合性思维方式，带有很强的辩证思维特征。系统性思维中也具有反思性，但又不属于反省思维。可以说，各种思维能力之间存在着既紧密相关又相互区别的关系。

三、为创新创业人才成长提供优质教学环境

任何思维能力,都是在具体的认识活动过程中展开的,脱离了具体的认识活动,思维就失去了载体。创新创业人才培养离不开具体的教育教学环境。在教学活动中,教学内容选择直接关系学生的参与度,只有学生参与度高的教学活动,才能激发学生思维的活性,其思维才能得到锻炼并得到发展。采用灌输式教学方式则不利于学生思维能力的发展,而探究式教学有利于学生多样思维发展。一般而言,教学内容形象生动,就容易吸引学生参与,如果学生有实际的体验,就更容易参与。这意味着,与学生生活经验比较接近的内容更容易吸引学生参与,而远离学生生活就不利于学生参与。这对于惯常于进行理论思维的老师而言就是一个挑战,如果他们不能从其理论天空中走下来,就无法走近学生的生活,教学就很难生动有趣,也就很难吸引学生深度参与。

学生的参与性不仅与教学内容和教学方式有关,也与学生个体的主体态度有关。如果学生具有较强的探索意识,那么参与性就会比较高,反之就比较低。而学生的探求意识与他们有无明确的目标追求具有直接关系。一般而言,生活比较富裕,没有什么生活压力的学生探索的积极性就比较低,相反,生活压力比较大的学生探索动机就比较强。当然,如果生活压力过大也会产生很大的副作用,容易对人格品质产生消极影响,如会造成比较孤独、不合群、自卑和偏激等性格倾向。一般而言,大学生对实践教学是比较欢迎的。目前的突出问题是实践教学比较缺乏,因而增加实践教学比重已经成为大学教学改革的重要话题。但这些教学活动对于那些理论水平非常高的教师而言可能是一种折磨,因为这些实践活动很难蕴藏什么理论内涵。所以,在学生需求与教师需求之间经常存在着很大的反差。教师非常希望学生直接跟随他去探索一些理论问题,这样自己就可以找到一个对话伙伴。但这个设想

太理想,是极难实现的,因为现实中具有理论旨趣的学生是非常少的,而且即使有理论旨趣,也需要很长时间的积累才能达到一定的理论造诣,没有这个积累,就很难与教师形成有效的互动,这正是教学中存在的基本矛盾。为什么项目式教学是缓和师生关系的一个重要媒介?就在于项目作为一项任务是教师必须完成的,而项目内容一般是多层次的,从而为学生参与提供了空间。项目核心当然是对知识水平或理论水平的挑战,但围绕它的一系列的配套工作则需要不少助手来完成,如此,学生就可以被训练成理想的科研助手。

这实际上也反映出当前创新创业教育面临的基本困惑。可以设想,如果学生没有比较强的探究兴趣,那么无论是创新能力,还是创业能力都无法得到发展。探究活动必须围绕一定专业展开,否则探究活动就是低层次的,就不可能对社会创新做出贡献。但如果专业性太强,致使学生无法参与,这样的教学同样是失败的。之所以出现创新创业活动与专业教育分离的局面,就在于学生所参与的创新创业项目缺乏专业性,而那些专业性比较强的教学项目学生又难以参与。所以,融合之道就在于降低专业层次要求,增加与实践的结合。这实际上就是中庸之道。当然,这有可能牺牲教师的科研利益,因为这对于他们追逐学术前沿而言是不利的,不利于教师进行理论探索,特别是对发表科研论文的要求。而应用性科研对于学生发展而言是非常有利的,因为这能够让学生直接感受到知识的价值,激发学生的探讨积极性。

四、为创新创业人才成长制定合理的评价导向

创新创业能力发展与学生的评价导向关系非常密切,可以说,什么样的评价就会导向什么样的发展。衡量大学生的创新潜力,首先是看他是否具有探究兴趣。从理论上讲,每个人都具有一定的探究兴趣,只不过每个人的兴趣爱好不同而已。不同的人探究兴趣差异是非常大的,而且具有一定的专属性。如有的人对于吃喝玩乐非常在行,他们也可能成为美食家、品酒师、旅行

家或玩家,这当然也是主动探究的结果。但这种探究与科研探究完全不同。科研探究对象往往是一些未知领域,充满了艰难险阻,不确定性非常大,而这些生活领域的探究主要是一个信息收集与整理的过程,属于一种粗浅层次的探究。即便如此,也需要个体具有一定的天赋基础。其次是看他的探究兴趣是否非常强烈,是否相对集中。如果兴趣广而不集中,也难有很大作为,因为只有专注才能深入探索,才能出现创新成果。再次是看持久性如何,持久性也是兴趣强弱的表现。复次是看开创性如何,即他是否发现了一个新问题。这是一个关键性指标。新问题既有学术性的,也有生活上的。当然,这里的问题是真问题,不是表面的问题。最后是看他是否掌握了系统的方法和工具。无论研究什么都需要借助于一定的方法和工具,这往往是对其科学性衡量的重要尺度。

从事创业活动要求创业者首先要具有比较成熟的产品,不然就缺乏创业的根本条件;其次是必须具有一定的消费市场,不然就很难取得成功;再次是必须懂得经营策略,如此才能扩大影响力和站稳市场;复次是必须不断地改进产品,如此才能提升竞争力;最后是必须不断地改善服务,如此才能提升创业的内生动力。

"产品"往往是作品的升级版。大学生在学习过程中也会提交自己的作品,这些作品也经过了一番精心设计和打扮,但要进行批量生产很难,因为作品必须具有市场价值才能进行量化生产。如果学生在设计自己作品之前就进行了市场调研,了解了市场需求,那么作品就容易转化为产品甚至商品。而多数同学比较缺乏市场概念,虽然很有热情,非常希望把自己的创造性表现出来,但没有考虑到自己的创造是否具有真正的社会价值。甚至可以说,没有功利概念的创造更容易激发学生的激情,因为它纯粹是学生兴趣的表达。在经过社会检验之后,学生就会增强社会意识和市场意识,从而增强创造的针对性。一旦有了市场意识,学生就会萌生经营观念,目的是使自己的劳动获得更大程度上的承认。如此就需要开展市场调研,从而为作品设计增加实用性元素,使作品向产品转化。为了得到用户的认可,就需要不断地了解客户需求,从而使产品进一步优化,提升品质,提升客户满意度,如此产品就可以转化为商品。

所以,要衡量学生的创业能力,第一是看他能否提供具有独特性的成果。如果有自己的比较独特的成果,则说明创造性比较强,也即创新潜力大。任何一个创业活动都是对自我的挑战,这个挑战过程包含了创新元素,因为需要自我认知模式的革新。第二是看他是否具有敏锐的市场意识,是否了解自己的作品能否转化为具有确定市场需求的产品。第三是看他是否具有把产品转化为商品的能力,如果能够转化为商品则表明他已经具备了经营意识。第四是看他是否在不断地改进自己的产品,如果是,则说明他能够不断地提升竞争力,具有持续创新的动力和长远发展的战略。第五是看他是否把客户需求放在第一位,如果是,则说明他具有很大的创业潜力。

第二节　创新创业人才的典型素质特征

一、自信心非常强

创新创业人才的第一个典型特征是自信心非常强。自信心强的人在性格上的基本表现是比较乐观、开朗、认真、谨慎、进取。乐观,是相信没有什么解决不了的难题。开朗,指不封闭、不闭塞,乐于与人交流,而且比较坦诚。坦诚也是自信的表现。认真,指做事情认真,不会敷衍了事。在认真中体现了对自己负责的精神,也是爱惜名声、注重声望的体现,这也是自信的表现。谨慎,指不盲目,它与认真关系密切,一般认真的人都会比较谨慎,不认真的人总是马马虎虎。谨慎也是对自己判断力、理智思考能力的运用,它意味着需要认真观察事物发展的动向,认真思考各种可能的变化和影响因素,认真考虑行动的各个细节。进取,指有奋斗目标、有明确追求,对自己提出较高的要求,从而不会满足于眼下的成绩或进步,正是如此,才表现出一种谦虚的美德,而不是那种骄傲自满的狂妄态度。

自信的人有五个突出表现:相信自己的直觉;相信世界会越来越好;相信人的本性是善的;相信人的潜力是巨大的;相信自己能力是有限的,但可以不断提升。

二、富有责任心

创新创业人才的第二个典型特征是富有责任心。可以说,一个没有责任心的人是无法成就大事的,因为没有责任心首先就是对自己不负责任,当然更不会对别人负责。而且,没有责任心的人一般也是没有志向的人。而有责任心的人往往对自己要求非常严格,不会放纵自己。有责任心的人在行为上必然是审慎的,这一点也是与自信心强的人格特质相互重合的。有责任心的人往往会思虑得很深,具有忧国忧民的特征,这又经常让他们表现出具有非常强的批判性特征,即对现实状况表示不满,希望能够进行很大的改变与改善,这似乎与其审慎性特征是相反的。这个矛盾性的特征正好说明这些考虑的出发点不是个人利益或个人安危,而是他人利益或社会利益。甚至可以说,没有批判性就难以表现具有真正的责任心与创造性。正是因为具有批判性,才显示出自己的抱负和责任承担意识。但责任心强并不总能够获得人们称赞,如责任心强常常被人指责为多管闲事或杞人忧天,甚至自不量力。

责任心强一般经常有两个突出表现:特别注重信誉,相信受人之托,忠人之事;对自我有很大的期许,认为人生在世,当做一番事业。

三、富于冒险精神

创新创业人才的第三个典型特征是富于冒险精神。一个人敢于冒险,这当然也是一种自信的表现。别人认为不可能的事情他敢于去做,这似乎与谨慎的性格是相反的,但他确实是在自我慎重评估之后做出的英明决定。因为他从其中认识到可能是一种机会,即便这种机会是不明朗的,但他已经隐隐约约意识到了机会的存在。可以说,冒险精神是建立在批判精神的基础之上的,他敢于批判,所以敢于冒险。批判在于指出社会发展中存在的问题,冒险就是想自己去解决这些问题。一个人往往在批判的同时就已经发现了问题的关键所在,就开始具备了尝试解决问题的勇气,这正是冒险精神产生的根源,所以它又是责任心驱使的结果,是一种舍我其谁的精神。我们认为,冒险精神说到底就是一种开创精神,是一种敢为天下先的勇气。

从价值取向看,冒险精神体现的是一种责任取向而非功利取向,是为了实现内在的理想价值,而非为了外在的功利获得,是基于个人胆识而非功利算计。所以这种人格特质经常表现为充满激情,这在常人看来似乎有点疯狂和冲动,因为他是为了理想而行动,是理想驱使和召唤使然。所以,具有冒险精神的人都是非常具有事业心和责任感的人,其责任感越强冒险精神就越强,冒险精神与责任心之间具有高度的依存性。很难说一个没有责任心的人敢于去承担风险。冒险精神强的人一般具有"我不下地狱,谁下地狱"的使命担当,同时具有"天下舍我其谁"的豪情壮志。

四、有良好的合作精神

创新创业人才的第四个典型特征是合作精神非常强。为什么要合作?因为他认为个人力量是非常有限的,如果组织起来大家的力量则是无限的,

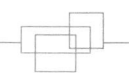

从而相信只要把大家团结起来，就没有克服不了的困难，也没有解决不了的问题。此外，他认为既然自己的努力是为了大家的利益，当然也需要大家共同努力，那么首先就需要获得大家认同。因为他认为，许多事情都是一个人干不成的，只有大家一致认可、共同努力才能成功。只有大家参与，才能意识到每个人努力的价值所在，如果没有大家的认可，自己的努力也是没有价值的。所以，合作精神就包含了去说服和动员大家的意思，而不是被动地等待大家参与。

合作精神集中体现在确立大家共同的奋斗目标上，只有大家有共同的奋斗目标才谈得上合作，不然合作就无从谈起。合作精神还体现在如何解决纷争上。人们在合作过程中总是会出现想法不一致的现象，如何克服这些意见分歧，达成基本共识，使大家的行动协调起来，这是对合作成效的一大考验。显然，这就是合作能力的问题，也是合作精神直接延伸出来的问题。实际上做事情本身并不难，进行长期的有效合作是最难的。因为合作中涉及利益分配，一旦利益分配不当就会产生内讧，这样就不仅不能成事，反而容易坏事。所以，在合作精神之中就蕴含大局意识，一个人有了大局意识，才能高瞻远瞩，才能动员大家参与，才能使大家形成合力。可以看出，要做成事情，没有合作精神是不行的。

五、有很强的市场意识

创新创业人才的第五个典型特征是市场意识非常强。市场意识说到底就是社会需求意识，即以社会需求为中心，而不是以个人主观想象为中心。这也说明，任何主观想法都需要得到客观验证。一个人的市场意识在一定程度上也体现出他的责任心。具有高度责任心的人，认为自己就应该表现为主动寻求社会需要，找到满足社会需要的切入口。所谓急人之所急，急社会之所急，这也是市场意识强的直接表现。一个人只有真正了解社会需求，才能

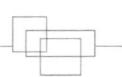

成就自己，才能找到成功的方向，可以说社会需求就是个人努力的目标，个人前进的方向。这显然需要一个人对社会需求具有很强的洞察力和敏锐性，需要与社会进行密切的互动，不能关起门来做学问或搞发明创造。市场意识强意味着一个人心态应该是外向型的，而不是内向型的。因为外向型的人比较关注外界的变化，而内向型的人则比较关注个体内心的变化，对外界变化往往是麻木的。同样，一个人如果没有很强的交际能力，也很难理解社会需要的变化。交际能力实际上也是一种换位思考能力，是以同理心为中介的，一个人只有对社会需要能够感同身受时，才能真正理解社会需求。

六、风险意识较高

创新创业人才的第六个典型特征是风险意识比较高。风险意识说到底就是对潜在危险的认识，或对可能出现的危机的评估。一个理智的人在相信自己具有某种能力的同时，也相信自己在许多事情上是无能为力的，所以，自己在做事情的过程中，必须预估失败或遭遇风险的可能性。人们都是在"未谋胜，先谋败"的情况下才最终取得胜利的。如果一个人只考虑自己的优点而不考虑自己的缺点，是不可能获得成功的。风险意识强就是告诉一个人，必须把可能遭遇到的各种情况进行充分的估计，由此提出应该采取哪些防范措施，如何来具体落实。此外，风险意识要求在制订行动方案时必须有预案，即出现风险时该怎么办，如何克服不利的局面。风险意识强常常表现为具有完备的制度机制，在制度设计上安排有预警机制和应急机制。这意味着必须时时检测可能出现的不利状况，对于各种不利的情况要进行认真评估分析，不能麻痹大意。所以，风险意识强的人都相信"凡事预则立，不预则废"的道理，并且相信完备的责任监督制度能够防范疏忽大意造成的恶果。

七、抗挫折性特别强

创新创业人才的第七个典型特征是抗挫折性特别强。抗挫折性是对人的自信心、意志力的考验。意志力非常强的人往往抗挫折性也比较强,那么其抗挫折能力就比较强。现实中经常会出现一些看似非常矛盾的现象,如一些平常表现得非常自信的人却承受不住打击,有的人经过一次打击就一蹶不振了,而有的人则是愈挫愈勇。一般而言,那些过分自信或自负的人往往经不起打击,而比较自信的人反而更经得起打击。所以,并非越是自信越好,自信也必须保持在适度的范围内。

抗挫折性强的人在性格上往往表现为刚毅、内敛、韧性,能够对发生的难以预料的事件沉着应对。抗挫折性一般表现为敢于面对现实、积极自我反思、主动降低损失、重新规划设计、耐心寻求转机。是否敢于面对现实不利处境是衡量一个人抗挫折性强弱的关键指标,如果不能接受失败的现实就很难说具有抗挫折性,只有接受现实局面才有振作的机会。积极自我反思是指反思自我前期工作存在的不足,主动找到危机产生的根源,消除潜在的隐患,而且不断完善组织建设。主动降低损失是指组织团队成员把失败造成的损失降低到最低程度。重新规划设计是指调整原来的发展思路和发展方向,对原先的组织设计进行弹性处理。寻求转机是指在不利的处境中寻找有利时机找到新的获取成功的机会。所以抗挫折性强的人相信失败乃成功之母,把挫折当成对自己意志力的考验,对自信心的检验,而且普遍都具有一种不服输的心理,把挫折当成取得更大成功的条件。

第三节　创新创业人才的核心素质发展过程

一、自信心是成功的起点

毋庸讳言，有能力的人一般都是非常自信的。自信不是傲慢，更不是自负。所以，自信的人一般都不会非常张扬，其行为表现往往是颇为谦虚的。真正自信的人往往不爱自夸，对于别人的夸赞或溢美之词当作获得警示或鞭策的语句，而不会作为自己的标签。我们做任何事情都需要有一份自信，因为自信首先是相信自己能够做好，认为只要尽自己所能就能够做好，这种自信来自自己平常的行动，是对自己的评价。这建立在对自己判断力的评价上，这个判断力是自己在与环境的互动过程中磨砺出来的洞察力，这种洞察力指对事物特性和人本性的透彻理解，这种理解当然是整体性的而不是局部的，是建立在对事物或一个人行为轨迹的了解上的。换言之，他的判断不是贸然的，而是经过审慎观察之后得出的。正是因为基于对事物属性或人的本性的了解，所以他能够预见事物发展的基本方向或一个人行动的逻辑，进而知道该采取什么样的步骤来应对。因此，这也是一个人对事物规律把握之后出现的结果。

真正自信的人一般都是谦虚的人，而不是骄傲的人；真正自信的人是非常谨慎的人，而不是行为莽撞的人；真正自信的人是做事情非常理智的人，而不是遇事冲动的人；真正自信的人也是比较内敛的人，而不是行为风格上毫无顾忌的人；真正自信的人是对自己能力有确切了解的人，而不是不知天高地厚的人。自信者往往：相信自己对人对事的判断基本是正确的；相信自己有一种把握事物能力的直觉；当被别人批评的时候也不会恼怒；难免对自己的行为有点小得意;善于学习别人的长处。

二、责任心是对自信心的定向与提升

任何成大事者都是责任心非常强的人,换言之,都是有大抱负、也希望自己能够成就一番事业的人,因此他们对自己的期待都很高。虽然这与他的自信心有关,但并非自信心能够涵盖的。责任心往往代表了个人的志向,代表了个人的发展方向,代表了一个人的价值选择,即知道自己应该做什么,什么是值得自己追求的。人的追求一般有两种基本取向:精神追求和物质追求。精神追求是一种比较超越的追求,是近期看不到实惠的追求;物质追求往往是以现实的获得为衡量标准的。责任心强的人大都不以眼前目标实现为根本追求,而是怀着一个使命感。他们大都具有人文主义理想和情怀,如为了公平正义,为了人的尊严、人的自由。

责任心强的人的目标定位一般都不只是为了个人,还为了大多数人,为了社会、民族与国家。责任心最基本的表现就是具有负责意识,重承诺,重实践,重身体力行,不爱说空话大话,信奉言必信,行必果。具有责任心的人是重视价值承诺的人,对自己具有严格要求,忠诚于自己的原则,用通俗的话说就是有良心,不违反自己的良心。有责任心的人一般是:做人有原则,做事守规矩;不尚空谈,注重实干;重信守诺,不信口开河;有大局意识,能舍弃个人利益;不争功,不突出个人。

三、冒险精神是对责任心的考验与提升

成大事者往往也是勇于担当的人,这就是一种敢于冒风险的品格。因为做任何事情都没有什么万全之策,都有失败的可能,如果一个人惧怕失败,则往往一事无成。成大事者必然都具有冒险精神,敢于挑战,也敢于应对挑战,

从而不会在困难面前退缩,而是主动向前。冒险精神指的是具有敢担大事的精神。任何时候都会出现一些大难题,都需要一批勇于担当的人披荆斩棘,此时只能迎难而上,无法回避。不仅如此,每个人在自我发展旅程中都会遇到一些巨大的挑战,这往往是对一个人意志力的考验,一个人是否勇挑重担、勇往直前,此时就会暴露无遗。这当然也是对一个人的自信心和责任心的考验,如果一个人缺乏充分的自信,在行动中必然会束手束脚,畏首畏尾。如果一个人缺乏很强的责任心,就不会主动承担责任,也就不会冒险,不会主动去寻找克服困难的办法。责任心往往是行为的动力源,冒险精神就表现为大胆采取行动,不怕行动具有瑕疵,敢于在行动过程中不断完善。所以,敢于冒险的人也往往是心胸坦荡的人,是虚怀若谷的人,是不惧怕改正错误的人。由此可见,成大事者必然以事业为重,不计个人名利得失。对于新任务经常有一种"试一试"的心理;对困难会迎难而上而非想绕着走;对新环境是顺应而非排斥;在危急关头敢于挺身而出。

四、合作精神是对冒险精神的完善与补充

成大事者往往不拘小节,成大事者一般都不是非常自我的人,都是那些心胸非常宽广的人,因为他们都知道合作的重要性。这不仅是性格豁达的表现,更是对自身能力局限性认识的表现,也是客观理性的反映。因为做任何事情都需要和人打交道,都需要合作。我们在读书的时候,觉得只要自己理解了就可以了,但在走向社会后就会发现,社会就是一个巨大的关系网,如果不会与人打交道,就寸步难行。合作精神正是传统教育中最缺乏的。我们的传统教育中经常存在着一种孤立主义的个体式思维模式,似乎一切只要做好自己就行了,殊不知,社会活动本质是一个组织与合作的过程,这个过程需要合作,需要有人去组织,更需要有人主动来完成。传统教育常常把人培养成被动的人,学生只能被动地应答老师提出的问题,而学生一般不会主动发问,除非老师要求提问的

时候才能提问,学生守则要求的是遵守规矩,等待被重视,在被重视中看到自己的希望,最后在被别人重视的过程中建立自己的自信。这也说明教育对人的影响太大了。教育的失败就在于没有培养出强大的人格精神,而是造就了一种被动型人格,即把自己的人格依附于权威赏识之下,放弃了自己的选择权利。学生不敢表达自己的独立意志,久而久之也就没有了自己的独立意志,当然也就没有什么创见,最终把自己束缚在依附性的黑箱之中。

一个人只有通过交流才能认识真正的世界,否则,他的视野是狭隘的。正是在交流过程中,一个人才能够认识真正的自己。如果要与别人进行敞开的交流,就需要建立一种有效的合作机制:首先是以不相互侵害作为前提;其次是以相互尊重作为保障;再次是以相互信任作为条件;最后是以获得相互激励作为动力。可以设想,如果一个人从对方那里得不到正向的激励,那么交往就很难持续。如果双方互不信任,自然就缺乏进行深入交往的条件。如果双方地位是不平等的,这种交往也不可能深入。另外,安全是第一位的,没有安全就不可能有持续接触。故而合作关系是一种平等关系,是一种安全关系,是一种信任关系,也是一种互利关系。

一般而言,善于合作的人都能够平等待人,这也是对他人的基本尊重。善于合作的人一般都会努力缩小彼此间的分歧,寻求共同利益;善于合作的人一般都比较理性,对待可能出现的矛盾分歧经常持一种诚恳的态度对待,努力寻求解决的办法,这不仅是一种沟通能力的表现,实际上也是一种谈判能力的要求,或者说是一种相互让步的能力;善于合作的人都善于用真情感动对方,显示自己合作的诚意;善于合作的人一般都不轻易承诺,一旦承诺就一定要履行,也即非常注重信义的价值;善于合作的人能够向人展现美好的愿景,从而吸引人们投入和关注,使人们具有继续努力的动力。具有合作精神的人能够平等待人;能够找到共同的话题,共同的利益;能够把分歧控制在最小;会欣赏别人;遵守承诺。

五、市场意识是对合作精神的检验和强化

真正的成功者都不是把自己的利益放在第一位的人，都是把别人的利益放在第一位的。他们能够体会出真正的社会需求，以满足社会需求作为自己的使命，认为自己的价值就体现在为社会需求的满足做贡献上。他们意识到社会需求是变化的，因此需要不断地跟踪市场变化，需要有市场的洞察力与敏锐性，自己思想不能封闭，必须保持一个开放的心态。市场运行不仅讲求公平公道，而且讲求效率效益，因为市场运行是讲究竞争的，只有产品更好、价格低廉才能赢得市场。要在市场竞争中获胜，就必须使自身力量凝成一股绳，展现合力的优势。市场是公平的，也是无情的，不会照顾个人的感情如何，必须主动适应市场才能成功。所以，市场意识要求参与者必须站在他者位置上进行思考，不能顾影自怜，不能怨天尤人，必须积极地适应环境变化。一个人能够关注市场行情变化、关注消费热点、关注国家政策变化、关注国际形势、关注自身消费体验都是具有市场意识的表现。

六、风险意识是市场意识的伴生物，也是市场意识的催化剂

一个人没有风险意识就会无所顾忌，甚至"无法无天"，这显然是缺乏理性、缺乏智慧的表现。一个人必须清楚，要做任何事情都需要付出代价，如果缺乏谋划很可能得不偿失。所以在做任何事情之前，都需要估计一下所需要付出的代价，看看自己能否承受，如果无法承受，那么就必须遏制自己的念头。这是一种自我控制能力的表现，也是一种自我管理能力的实践，是作为一个理性人的基本特征，也是个性趋于成熟的表现。不顾一切的行动是莽撞的表现。人们常说的"三思而后行"，就是说一个人必须思危、思进、思退，然后做事。风险就意味自身无法控制或无法预料的事情可能会发生，为此必须

具备防范意识，必须意识到自己的能力究竟是多大，能够承受多大的损失，必须根据能够承受的损失来谋划所要从事的事业。

一个人做事情不过头，说明他是有风险意识的；一个人做事之前多想想可能遭遇的困难或失败，提出防范措施，也是风险意识强的表现。风险意识很多时候与冒险精神是矛盾的，但又有内在的联系。风险意识是一个人谨慎的体现，而冒险精神则是一个人大胆勇敢的证明。一个善于做调查研究的人是风险意识强的表现；一个善于征求别人意见的人，也是具有风险意识的表现；刚愎自用的人往往是缺乏风险意识的。所以，喜欢调查研究、喜欢征求别人意见、做事情慎重、预估风险做出防范、不刚愎自用，都能够反映出一个人的风险意识较强。

七、抗挫折性既是对风险意识的检验，更是对自信心的锤炼

无论一个人怎么防范，有些不可预料的事件终究会发生。对于这些无法控制的事件所造成的后果必须承受和消化，这显然是对一个人的精神或意志力的考验。一个人的精神承受能力往往建立在他的物质基础之上。物质损失在一定程度上是可以修复的，但如何能够承受精神打击是一个重要的问题。一个巨大打击可能完全改变一个人的世界观，彻底改变一个人的行为方式。如果一个人对可能发生的事件有所防范，那么他的心理承受能力可能会强一点；如果完全是出乎意料的，可能对他就会造成致命的打击；如果一个人具有很好的社会关系（亲友系统），他可能就会得到很大的安慰甚至是帮助；如果缺乏这样的社会支持系统，就要靠个体独自承担，那痛苦是无法想象的。一个人能够走出失败打击，可能会使性格更具有韧性，更为乐观。如果一个人不能走出打击，可能就会变得消沉，从此一蹶不振。所以抗挫折性是一个不断循环的过程，同时也是对自信心的检验。

总之，七个核心素质之间是一个不断递进上升的过程，显然这个上升过程不可能是直线式的，只能是一种螺旋式的上升过程。从中可以发现，七个核心素质之间存在一种相互依赖、相互促进的关系。

第八章 创新创业教育的未来展望

第一节 创新创业教育必须坚持的六大原则

一、坚持人人具有创新创业潜能原则

这一原则实际上是人本主义原则的体现,它意味着创新创业不是某个人或某类人的特殊品质或特权,而是人的一种自然权利,是一种非常普遍的品质,而且是可以培训和提高的。这也是我们能够开展"广谱式"创新创业教育的前提条件。就此而言,创新创业教育是一种通识性教育,是适合每个人的。这也为创新创业教育融入教育教学全过程提供了条件,使其能够成为真正意义的"广谱式"教育,从而适合于高等教育大众化和普及化的要求。

事实上,一切教育中都蕴含着创新创业的因子,教育活动的目的就是促进这些因素从隐性状态转化为显性状态,成为教育活动的基本目标,而不是被抑制或被悬置,这也正是开展启发式教育的意义所在。教育的本质就应该是激励人成长和进步,应该给人以光明,让人看到努力的方向,从而给人以前进的动力。发现每个人的创造潜能是进行创新创业教育的逻辑起点。

教育始终都应该服务于人的成长和发展。杜威主张的"教育即成长,教育即发展"所传达的就是这种精神。换言之,教育的本质就是促进人的成长

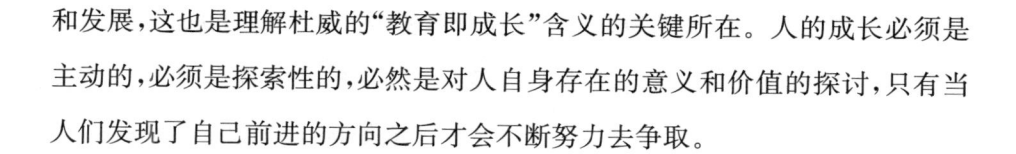

和发展,这也是理解杜威的"教育即成长"含义的关键所在。人的成长必须是主动的,必须是探索性的,必然是对人自身存在的意义和价值的探讨,只有当人们发现了自己前进的方向之后才会不断努力去争取。

二、坚持创新创业能力可教性原则

创新创业能力的可教性意味着创新创业活动是有规律可循的,因为创新创业遵循共同的规律,所以对人的能力提出了共性的要求。探索创新创业活动的规律,理解创新创业对人的能力的挑战,就可以成为创新创业能力培养的理论依据,从而指导人们快速地提升创新创业能力。我们对创新创业人才的人格特质分析,就是对创新创业思维规律的揭示;我们提出的创新创业核心素质,基本能够反映创新创业活动的基本规律;我们提出的创新创业关键能力理论,也是对创新创业基本规律的揭示。这些思维特质、核心素质和关键能力,都可以成为创新创业能力培养的理论基础。

不仅如此,创新创业活动还涉及许多具体的知识和技能,这些知识和技能是可以直接传授的,从而也是可以训练的,这也是创新创业教育能够存在的前提条件。我们知道,在创新创业过程中必然会涉及交往技能或交往能力,涉及财务技能或能力,涉及制度规章建设的技能或能力,涉及市场调研的技能或能力等,这些都是可以通过培训加以提高的。

三、坚持创新创业是人的内在发展动力原则

所有的创新创业活动都源于个体的内在探求动力和自我实现的愿望,这些都不可能是外部强加的,也是无法强求的。虽然人的行为会不可避免地受到外部影响,但外界的愿望必须通过个体内在动力的激发才能发挥作用。该原则揭示了创新创业动力从本质上讲来自每个人自我实现的欲望。按照马

斯洛的需求层次理论,人的最高价值就是自我实现。创新过程就是不断地挑战自我,不断地认识真正的自我,从而确定自我发展的潜力所在;创业过程就是一个实践人生理想目标的过程。因为人在不断地认识自我的过程中,也在不断地为自己设定成长和发展目标,不断地向理想目标进发,从而使整个人生都处于一个不断的自我实现过程中,所以,人一旦确定了自己的理想价值目标,就会努力地去实现它,这就是人的成长动机来源或成就欲望。换言之,创新创业需求是一种来自对自身使命与责任的感知。此意味着创新创业教育首先是一种主体唤醒的教育,也可以称之为主体性教育。

创新与创业对人生而言具有极其重要的意义,因为人们正是通过创新不断地追求人生的高度与深度,人的发展过程也不外乎不断地否定旧知而扩充新知。所以人的认识过程就是在不断地挖掘事物的内在逻辑,并不断地对个体细心和耐力,以及个体的视野提出挑战的过程。因而,创新就是在不断挑战个体认知的极限;创业则是人不断地追求人的现实价值和影响力,追求人生意义的广度与持久度。因为创新创业的根本目的在于获得社会承认,所以,被人接受的越多越好,延续的时间越长越好,从而创新创业也是个体价值向社会价值转化的过程。

四、坚持创新创业一体化原则

创新创业的一体化,是指既没有脱离创新的创业,也没有脱离创业的创新,只不过人们的创新和创业动机在很多时候是隐含的、不显现的,需要借助一定条件才能显露出来。创新在本质上是一个人不断提升自我的认识过程,创业是一个人不断推进自我实现的过程,如果没有对自我的清晰认识就不可能产生明确的奋斗目标,那么也就没有具体的行动过程。因此,创新与创业在本质上追求的是知与行的统一。换言之,创新创业两者是不可真正分离的,把创新与创业分离开来是错误的,我们既不承认脱离创新的创业,也不承认脱离创业的创新。

我们认为,创新从本质上讲是对传统的自我认知的超越。创新产生于疑难,如果一个人没有遭遇到疑难困惑就不可能有创新机遇。人往往是在解答疑难过程中实现了创新,如此就实现了对旧我的超越。创新是一种认知主导式实践;创业是在理想目标导向下进行的实践,是对新的自我认知的检验、完善和充实。可以说,创业就是一个把理想转化为实际行动的过程,使自己原先的认知结果接受检验。无疑,这个过程非常挑战人的意志力和创造力,因为人在实现自己理想的过程中会处处面临新问题和新困难,个体必须勇于面对,否则就可能一事无成,这个过程中蕴含着对自我认识的超越。所以,创业是一种实践主导式的认知。毋庸置疑,创业是由无数个创新构成的,创业成功是人们追求的目标,创新行动是实现目标的手段,而且也是创业的基本过程。

五、坚持创新创业教育个性化原则

创新创业教育的个性化,是指开展创新创业教育必须反映人的个性要求,即服务于人认识自我、发展自我和实现自我以及超越自我的要求。教育始终应该服务于人的发展这一根本目的,而人的发展过程本质上就是一个认识自我、发展自我和实现自我以及超越自我的过程,这说明创新创业教育始终都应该是以人为本的,教育不能脱离人自身发展要求,不能脱离人的主体性。主体性寓于每个个体之中,只有使个性得到充分的发扬,主体性才能实现。因此,坚持主体性的实质就是遵循个性化原则。个性化原则意味着开展创新创业教育必须从尊重每个个体的个性特点出发,尊重他的个性发展需求,尊重其兴趣爱好,如此才能更好地发现自我、发展自我、实现自我以及超越自我。

六、坚持创新创业教育终身化原则

创新创业教育贯穿人的终身。因为人的一生都会面临挑战,都有不断挑战自我和超越自我的内在需求,都具有创新创业的要求,所以人的一生都在探索新的目标和方向,都是为了成就新的自我,故而创新创业教育不是阶段性的,而是终身性的。只有创新创业教育才能为每个人的人生意义的实现提供合理的支持。

一个人的创新创业成绩高下取决于他的目标清晰度、社会适应力、意志力和机遇等组合,在人生旅途中,不进则退,只要不断努力,自己的意义就会不断丰富和充盈,一旦丧失了人生目标,人就开始走向退缩。而人生的意义是在社会的现实中实现的,所以适应社会在本质上就是认识到实现自己目标过程中的障碍,然后找到合适的条件去突破障碍。

第二节 持续突破创新创业教育的障碍机制

一、突破传统精英教育观念的束缚

推行创新创业教育,不可避免地具有理想主义的色彩,因为我们赋予它挑战应试教育的使命和改造传统高等教育模式的责任。对于这种理想化认知,并未获得全社会的普遍支持。目前人们对于创新创业教育地位的认识,仍然存在着很大的分歧,其中不乏反对之声。之所以反对,就在于它打破了传统的高等教育观念,改变了人们对高等教育的基本认知。传统高等教育认为,大学是探讨高深学问的场所,学生以探求高深知识为使命,开展创新创业教育有点不伦不类，甚至认为创新创业教育就是一种职业教育，如此就降低了高等教育的层次，把大学看成职业训练所。

不难看出，这些高等教育观念都是在精英教育时期形成的，它的目标是培养社会所需要的高级专门人才。现在的高等教育不仅实现了大众化，而且走向了普及化，再坚持传统的精英主义路线，实际上已经行不通了。对于推行创新创业教育，不少人仍持怀疑的态度，认为这是不可想象的。因为在过去常常是以知识的拥有量来衡量学生是否优秀，现在主要是以知识的适用性来衡量，这是对学生评价体系的一种颠覆性改变。在过去的教学范式里，判断学生表现的优劣就在于是否善于吸收老师传授的知识，新的教学范式强调知识的价值在于应用，认为能够解决实际问题才是真正掌握了知识。

此外，很多人心存疑虑：现在的学生已经形成了被动接受知识的习惯，培养创新能力可行吗？如果学生的知识积累达不到一定程度怎么可能创新？如果学生不接触实践，不知道实践需要什么，没有服务意识，没有吃苦耐劳品质，怎么可能去创新？如果没有创新的思想，要创业就更不可能了。因为真正的创业需要了解市场需求什么（需要具有市场的敏感性）；需要知道怎么才能满足市场需求（知道市场需求症结关键点在哪里）；需要具有创新性的技术（能够把知识转变为具体的能力）；需要具有一定的经营能力（如需要懂得一定的财务知识）；能够组建团队（需要具有一定的领导能力）；需要有创业导师跟踪指导（需要有内行人进行指点）；需要具有市场开拓能力（懂得如何利用市场信号和采用市场手段）；需要具有非常强的抗风险能力（特别是需要具有防范机制建设能力）；需要具有资源整合能力（可以进行资源的有效统整）；需要具有持续推进经营改进能力（学习与提升的能力）。总之，这些能力的学习对于绝大多数学生而言是不可想象的，目前缺乏开展创新创业教育的基础或前提。

从体制上看，教务部门实际参与得比较少，他们主要承担了创新创业课程教学任务，如规定1学分的创新创业课程，相关课程包括就业指导课、生涯规划课、新生研讨课。对于他们而言,传统的教学管理任务不仅没有减轻,而且还在不断增加,如果再承担创新创业教育课程任务无疑是增加自己的管理负担。过去创新创业教育活动由团委承担,工作重心主要是参加挑战杯比赛,目前出现的"大挑"(大学生课外科技发明作品大赛)、"小挑"(大学生创业计划,实际上是一个商业计划)、"互联网＋"(过去主要是国内高校参与,现在已经扩展到部分国际高校参与)等创新创业大赛活动,前者由共青团、中国科协、教育部和中国学联等共同组织,后者则是由教育部会同多部委和有关部委主办,目前的影响是巨大的。但这些竞赛直接被显性化了,变成了一种运动。举办创新创业大赛不能不说这是一个很好的平台,但似乎频度太高,很容易产生急功近利行为,很难做出扎扎实实的工作。搞教育是一个宁静致远的事业,不能变成一个轰轰烈烈的选秀节目。

现在创新创业大赛最为突出的问题是过度注重包装,而对学生实际创新创业能力的检验反而成了一种点缀。显然,学生不能作为表演队的角色展现,而应该是以真正的创新团队成员的身份出现,否则就是教育的本末倒置。这种大张旗鼓进行竞赛与需要沉下心来静悄悄地进行课堂教学改革形成了鲜明对比,课堂与课外的反差正是目前创新创业教育的尴尬所在。我们认为,什么时候课堂教学改革讨论也达到了热火朝天的程度,那么创新创业教育就真的成功了。推动创新创业教育,首先是对教师热情的调动,如果教师能够把所有学生都列入创新创业团队之中开展教学,就没有什么不可以成功的。目前学生学业评价机制还没有发生根本性改变,还无法打破课程的学分规定限制,从而无法把学生的主要注意力从书本知识学习转移到实践知识学习上,无法用实践问题带动理论知识的学习和探究。创新创业教育取得真正成功就在于能够打破课堂学习与课外实践之间的界限,真正能够发挥实践问题带动理论知识学习和理论知识探索引导实践创新的作用。

二、克服传统社会观念中的不利影响因素

目前仍然有不少人并不接受创新创业教育理念,这种态度也是创新创业教育推进过程中的无形障碍,需要我们努力去克服。概括起来,主要有以下几个方面的不利影响因素。

第一是传统文化的因素。传统文化中的保守主义观念对人的思想和行为模式影响极深。传统上,人们接受高等教育主要是为了获得一个稳定的前程,简言之,就是为了获得一份安稳的工作而不是为了去冒风险,或者说人们是为了获得安稳工作才去读书,而创新创业的核心特征就是去冒风险。显然,甘冒风险并不符合中国人传统的价值观念和社会心理。在传统的社会价值观中,人们求学的目标是成为一个有知识的人、有仕途的人,而非一名商人。虽然人们内心都希望自己比较富有,但是都希望自己能够平平安安轻松实现。由于创新创业活动经常与市场经销联系在一起,而且中国社会一直存在着一种重农抑商的文化氛围,人们习惯上认为商人都是不诚实的,"无商不奸"已经成为人们的基本信条。因此,要推行创新创业教育就需要祛除这种文化符码,不然就容易给创新创业教育造成一些阴影。要消除这种文化符码,绝不是一朝一夕就可以完成的,因为它已经形成了一种非常深刻的文化烙印,它的形成与我国长期的封建社会所推行的重农抑商政策具有直接的关系。

第二是现实的因素。目前大学生创业成功率是非常低的,难以产生一种示范或激励效应。换言之,人们认为大学生创业成功实在是太偶然了,既然这样何必大规模地开展创新创业教育呢?人们更相信大学教育是储备知识的说法。甚至有人认为,无论创新还是创业,都需要一些非常特殊的天赋,并非适合每个人。这一切都使得大学生无论是创新还是创业内在动力都不足,不能激发他们的创业热情。人们普遍相信,无论是创新还是创业,都需要一

种非常特殊的气质,如必须特别能吃苦,特别能够耐得住性子,能够始终与人为善,不能有投机取巧心理。自主创业对人的能力素质挑战太大了,不是一般学生能够胜任的,因为它需要的是一种敢闯敢试的精神。现实中的创业成功确实具有很大的偶然性,成功的往往是那种特别善于把握机会的人,而且是掌握一些特殊资源的人,甚至是那些不按常理行事的人。人们所见到的创业成功者往往对挫折不在乎,不需要非常在意别人的看法,一切需要以成功为取向,手段服从于目的。但这些成功者往往并不是人们所羡慕的对象。诸如此类,都对创新创业教育推进产生了不利影响。

第三是环境因素。有人认为当前市场环境不够好,不适宜开展创新创业活动。不少人甚至认为,如果人们完全按照规范进行诚实经营而不懂得潜规则的话,就只能面临破产的命运,只有善于投机钻营才能获得成功。这就给人产生了不良的心理暗示,甚至不少人都认为,人一旦进入市场就要变坏。此意味着只要进入市场就不可能一尘不染,就必须要与形形色色的人打交道,而且必须善于与这些人打交道,因为这些人往往是一些关键资源的掌握者。社会上甚至出现了一种厚黑学论调,认为人要成功就必须不择手段,因为按照正常途径往往是办不成事情的,只有走关系、托人情才能成功,从而教育人不能心慈手软,否则就要任人宰割。这些社会舆论往往对大学生从事创新创业活动产生不利的导向,甚至还会让他们产生畏惧心理。

第四是社会投机心理因素。不少人都有希望自己一夜之间暴富的心理,如果不能立竿见影就会放弃这种选择。在田野调查中我们经常发现,有两类人从事创业活动比较积极,而且具有两极效应。第一种是那些家庭经济条件非常差的人,他们想通过创业改变自己经济上拮据的现状。他们的优势是能够吃苦耐劳,注重滚动发展,从而能够逐步成长壮大。第二种是家庭经济条件非常好的学生,他们不必为钱发愁,敢想敢做,希望通过创业来锻炼自己的才干。前者对创业成功的渴望是可以理解的,后者抱着悠然的心态也是可以理解的,但都希望自己能够快速地成功。实际上整个社会都具有这种浮躁的心态,这可能与我们向市场经济转型有关,与人们对市场经济的本质认识不到位有关。说到底,人们普遍都不希望做长期的努力,没有把创业当成事业来干,都存在一劳永逸的心态。他们的出发点是为了个人发财,而不是为了创造社会价值,也不是为了实现自我潜能。所以,他们的目标虽然也是为了赚钱,但根本目的是享受,把享受作为人生的根本追求。带有这样心态的人都希望赚一些快钱、热钱,认为赚钱慢就是赔。他们经常具有一种急功近利的心态,不希望进行长期努力,认为那样的话,时间、精力以及经济成本都无法支撑。这种投机心理,也是创业难以成功的根本原因。很显然,这些不当的示范效应会让大学生的创新创业心理产生偏差。

第五是师资的因素。目前绝大多数教师是仅仅拥有某种专门知识的人,并非擅长从事创新创业教育的人。开展创新创业教育非常挑战他们的传统观念,挑战他们的本心,这需要他们反思自己的价值观,思考创新创业教育的本质内涵,思考他们自身该如何进行创新创业教育,这对教师的教育理念而言是一个巨大的挑战。如果他们要进行创新创业教育,就必须真正理解其内涵,并结合自己的切身体会进行。如此就要挑战他们的能力素质,特别是挑战他们的知识观,即关于知识的信念。如果他们自身不理解创新创业教育的含义,创新创业教育就无法推动。这意味着我们必须对创新创业教育进行科学定位,即必须与专业教育结合起来,否则创新创业教育就会流于表面。

第六是评价的因素。目前运用参加各种大赛的成绩来代替对创新创业教育效果的评价,缺乏科学的评价体系。由于目前大学里还没有真正认真对待创新创业教育问题,从而对创新创业教育的效果如何评价也缺乏深度的关注,往往满足于完成一些规定性任务,缺乏科学的评价尺度,也就缺乏对创新创业教育进行有效的指导,从而使得创新创业教育普遍处于一种散乱的状态。如何有效开展创新创业教育就变成了一个问题。正是这个根本性问题没有解决,才促使我们深入思考创新创业教育的意义究竟是什么,创新创业教育的重点是什么,该如何认识创新创业教育,以及该如何推进创新创业教育。现在人们已经把创新创业教育变成了一种创新创业意识的灌输和创新创业活动的参与,没有认识到它实质上是一种高层次的专业教育,是对人的创造力培养的教育,特别是对人的独立性培养的教育;没有意识到它是与传统的听话型教育、服从式教育的决裂。显然,这种认识的偏差与缺乏科学的评估机制具有直接的关系,从根本上讲,仍然是因为对创新创业能力本身认识不清的问题。

三、突破传统的权威型知识观的束缚

对于绝大多数教师而言,面临的最大问题是如何改变传统的教学思想与教学方法。传统的教育理念认为,学生求学是为高深知识而来,这些高深知识只能是寓于理论知识教学之中,这种知识应具有系统性、逻辑严谨性和确定性,特别是普适性等特点,从而具有真理的意味,这种知识是学生可以受用终身的,提供、讲授这种知识是教师的义务,也是教师专业水平的展现。所以,教师对学生应该保持一种权威的姿态,学生接受这种知识是一次成长的机会,是一种福利,应该有感恩心态,那么对老师就应该膜拜,不能对老师的观点进行质疑,否则就是一种"大不敬"。这就是师道尊严的具体体现。

事实上,这种知识观早在 19 世纪就已经遭到了质疑,[①]但当时我国仍然处于一种闭关锁国状态,无法了解其中内涵。在 20 世纪上半叶,我国高等教育始终处于变动过程中,而且一直处于精英教育阶段,从而对传统知识观很少质疑。精英式高等教育内容就是以抽象理论知识为主。这种理论知识本

---

① 19 世纪,西方教育界就开始了形式教育与实质教育的探讨。斯宾塞的"什么知识最有价值"命题可以说是这种思想讨论的一个集中体现。此时人们开始反思传统古典教育的不适应性,认为应该开展符合时代要求的实质教育。在 19 世纪末和 20 世纪初开展的新教育运动,都是反思传统教育的不足。在高等教育领域,古典人文主义教育逐渐让位于科学主义教育,自然科学课程大量进入大学课堂,标志着教育从形式教育走向实质教育。大学开始推行选修制就直接地颠覆了传统教师的权威地位。

身晦涩难懂，学生也巴不得有人传授，从而解决自己苦思冥想而不得要领的烦恼。因为绝大多数学生并无多大的学术志趣，而是以学历文凭获得和工作岗位获得为目的，真正的能力是靠在工作过程中获得的，书本知识仅仅提供一个思维框架。但由于学生缺乏科学研究的体验，使得这种框架并没有多少实质意义。高等教育主要是提供一种经历证明，即证明学习者在智力上达到精英的水平，证明学习者具有大学的学历，至于实际工作能力则无法提供，主要是通过就业后的二次学习获得。

但到了 21 世纪之后，这种知识观开始在我国遭受到质疑，[①]因为进入大众化时代的大学生普遍不再是精英，即使在智商上已经达到了精英的水准，但在性格上特别是学习志趣上失去了精英的追求，从而大学教育失去了昔日的光环，不再追问真理问题，而是直接面对现实的问题。首先要问的是：这种教育对就业的用处有多大？换言之，人们的注意力不再关注知识自身的价值如何，而是关注它的市场价值怎样。知识领域出现了剧烈分化，应用性知识开始凸显自身的价值，而理论性知识走向了边缘。这一形势又通过网络技术推波助澜，使得理论知识越来越少人问津。只有到人们撰写论文的时候才发现缺乏理论依据，才发现理论的价值竟如此之大。即便如此，钻研理论本身仍然不是学生的兴趣所在。因为这些东西太乏味了，与生活距离太远了，可以说只有那些具有特殊禀赋的人才会对理论感兴趣。但对于教师而言，必须对这些感兴趣，因为这些东西是生存之本。当然，理论探索之路非常艰难，首先需要对已有观念进行系统梳理，然后是发表一些个人的见解，这些见解中也有自己的一些学术创见。老师们用这些自以为珍宝的东西进行教学时，大学生很难领会其中的味道，即使是研究生也感到难以琢磨，因为教师与学生的关注点差别实在是太大了。这从侧面说明单纯的理论知识传授模式已经过时了，如何使知识显示出应用价值才是大学教育必须面对的一场革命。而

[①] 这里主要指后现代主义思潮的出现。后现代主义颠覆了传统的知识观，对传统的知识权威产生了怀疑。

且对于应用性知识，传统的讲授法明显地不适用了，这就提出了教学方法改革问题。因为应用性知识不具有系统性、逻辑性，从而无法进行系统讲授，为此必须开展体验式教学，让学生亲身参与，否则学生无法领略其中滋味。那么，只有以实际问题作为教学媒介才能有效地吸引学生参与。

这客观地说明，大学教学的重心已经开始从知识转向了能力，这种能力就是发现问题能力、分析问题能力和解决问题能力，这些都需要以学习者实际的亲身经历为前提，单纯以书本知识为对象的话就无法做到这一步。书本知识也逐渐地被网络媒体代替，它的吸引力远不及关于该知识点的各种论述，这又客观地要求提升学生分析问题和解决问题的能力，而不是简单地接受知识的能力。在这种大背景下，创新创业教育目标的提出，算是为大学教育改革找到了一条出路。

四、正视知识观与利益观的复杂纠葛

知识观变化对大学教师的生活方式产生了一种颠覆性影响。如果教师仍然关在书斋里，那么教学就不可能吸引学生，因为这种教学往往缺乏生活气息。如果教师走向实际，固然可以满足学生的好奇心，但对于教师而言却是难以承受的，因为这将对教师的论文生产产生致命的打击。老师会发现，书斋里的理论难以解释和解决现实问题，必须重新建构一种新知识，否则将无法应对现实的复杂问题。因为书本知识往往是直线型的，而现实问题却是复杂性的，无法找到一一对应关系，只有通过创造性的实践探索才能找到它们之间存在的内在关系，否则就是纸上谈兵。所以，如果教师观念不转变，自身不想主动改变，想进行教学内容和教学方法的改革是非常困难的，当然也就无法满足创新创业教育的要求。

对于教师而言，一旦进行教学方式方法改变，就产生了一种新的生存危机：这种教学改革会使自己大量地投入教学工作，从而牺牲科研时间，使自己在学术生涯竞争中处于劣势。如果不做教学方式方法改变,则面临着一种良心的挣扎,因为他已经发现简单地灌输书本知识是在误人子弟!所以,在维护自己的学术地位和遵从自己的良心之间,就面临一种艰难的抉择。很显然,敢于走出这一步的只能是少数人,他们敢于放弃自己的身份,服从良心的召唤,开始追求真正的学问,开始把培养学生成才当成真正的大学问去做,从而实现自我认识的升华和精神境界的提升,不然就无法完成这个自我革命。这是对物质利益的超越,对眼前利益的超越,是对精神生命价值的追寻,是对个人长远利益的追寻。唯有此时,才真正体会到什么是真正的创新创业:创新就是实现自我革命,创业需要从头开始,为实现新的理想目标而努力。

所以,大学教师普遍面临着一个抉择:是保护自己传统的学术地位,还是适应形势变化,与学生一起探究新学术。前一种选择虽然是一种权宜之计,它因为不适应社会发展需要,注定不能长久存在下去,但是却能够带来实实在在的利益。后一种选择虽然是一种长远之计,但却是以牺牲眼前利益为前提的,从而做出这种选择也是非常痛苦的。

事实上,教师的行为变革也是一个创新创业过程。因为教学改革意味着必须选择新的发展目标,对自己的行为过程进行新的筹划,敢于选择自己的突破路径,而且必须与人合作,学会把握自我发展的时机,同时避免或减轻转型发展面临的风险。转型发展并非一件易事,当转型遇到挫折,必须坚定自己转型发展的决心,重新筹划自己转型发展的路径与策略,再次通过合作发现新的机遇,并且注意去抵御新的风险,直至转型发展成功。如果教师缺乏转型发展的决心,就会成为一种保守势力;如果拒绝时代发展的要求,就会成为创新创业教育推进中的阻碍力量。

第三节 优化创新创业教育的实践途径

一、大力推进项目化教学

如何推进创新创业教育，是目前高等教育改革发展中面临的一个大问题，也可以说是中国式高等教育现代化面临的一个根本问题。因为创新创业教育在为高等教育现代化奠定理念的基础、人力资源的基础和高等教育发展模式的基础，所以，在一定意义上说，如果这个问题不解决，其他一切努力都是白费。推进创新创业教育与专业教育结合是一个根本的努力方向。当然，这个命题本身容易引起误解，它的潜在含义存在着一种脱离于专业教育之外的创新创业教育。事实上这个判断是不成立的，没有与专业教育结合的创新创业教育都是形式化的创新创业教育，而不是真正的创新创业教育。真正的创新创业教育不可能脱离专业教育，脱离了专业教育，创新创业教育就没有根基，就是一种空想。之所以会出现脱离专业教育的创新创业教育想法，是因为曾一度把创新创业教育当成一种观念灌输，于是成为一种创新创业教育理论说教，即只进行创新创业教育意义、概念和构成之类的演绎，从而把它变成了一种脱离实践的纯粹理论的教育，如此教育只能是纸上谈兵，缺乏实践意义。

我们认为，创新创业教育只能是一种与实践结合非常紧密的教育，而且是一种与科学的实践方法紧密结合的教育，特别是一种学习者主动地去实现自我理想的教育。这意味着它必须能够使每个学生都进入一定的问题情境，从而展开他们的想象力，真实地意识到自己是一个真正的主体存在。只有当学生意识到自己所探讨的问题是真问题的时候,他们才会以巨大的精力投入到探索过程中;老师的作用是给以辅导,主要是以咨询者的角色存在,而不再是知识的传输者。这种教学只能是一种探究式教学,不可能是讲授式教学。而且也只能是一种个性化教学,不可能是一种集体性教学,因为每个人的情况都不一样,统一化教学会妨碍个性成长。

推进创新创业教育实施,项目化教学是一种最为适宜的教学方式。但需要确定以什么样的项目进行教学。这就涉及一个核心问题:如何进行项目设计?显然,项目的选择不宜太难,否则学生就难以参与;项目的设计当然也不能太随意,否则无法与专业结合起来;项目目标也不宜太大,否则在有限的时间内难以完成。这意味着专业教师应当是创新创业教育的主力军,因为他们对专业的问题比较熟悉,也了解现实的社会需要和市场供需状况,同时对学生的基本情况也比较了解,即不仅对他们的知识能力基础了解,也对他们的情趣爱好比较熟悉,还对他们的就业需要比较掌握,这些影响因素就是项目设计的原点。只有如此,教育才能把各种力量凝聚在一起,才能使效益最大化。

开展项目化教学面临的就是对教师的时间和精力的挑战,即教师们真的舍得把时间花在教学设计上!教师之所以舍得花时间在这个工作上,首先,他认识到这样做的巨大价值——因为这样对学生是最为有利的,这是教师职业所决定的,也是国家和社会发展所需要的。其次,他是能够自主的,他有充分的时间投入其中,而没有考核的压力。再次,他是有能力这样做的,即善于发现问题,知道什么样的研究是值得的、适合的,而且他是善于指导学生的,会发挥学生的主体作用,让学生唱主角,不会自己包办整个教学过程。最后,他具有评判的权力,这既是学术权力的体现,也是管理的要求,因为他要担任学生学习督导的角色。

二、探索衡量创新创业教育效果的有效方法

如何评价创新创业教育效果？这是创新创业教育在推进过程中遇到的最难的问题之一。

目前，高校都把参加各种创新创业大赛的表现作为一个显著性指标。显然，仅看参加各种大赛的成绩是不够的，从实质角度看，创新创业教育的开展，首先应该有专门的组织机构，这在相当程度上能够反映出学校对创新创业教育的重视程度，以及创新创业教育在教育系统中的地位。其次应该有专门的制度建设，这能够证明专门组织机构是一个挂名机构还是一个实质性组织，也即是否在真正承担组织者的角色。再次应该有明确的规划设计，从而可以证明创新创业教育是有计划地推进，还是简单地应付上级指示命令。最后应该具有明确的监督保障措施，从而能够保障创新创业可持续地推进。只有不断地检查和反思创新创业教育推进的效果，才能不断地总结经验，进而不断地改进创新创业教育实施模式。

当然，衡量创新创业教育效果，最终还要看第一课堂是否具有充足的创新创业因子。换言之，如果创新创业教育与专业教育过程是两张皮，则说明创新创业教育仍然流于表面而没有真正落到实处。科学的衡量方式是看学生创新创业能力是否获得了实质性的增长，以及增长幅度有多大。虽然大学生普遍具有创新创业潜能，但教育是否发挥了作用就在于能否把这些潜能变成现实的能力。这就取决于学校的整体文化氛围和学校的制度建设状况，特别是取决于教师的考核制度设计与学生评价制度设计，包括学生参与评教的制度设计。

当然，学校文化建设与国家的高教管理政策有关，特别是与大学评估政策有关，这关乎大学排名、大学声誉、大学经费，关系到大学核心利益。目前社会对大学的影响力比较小，这是一个不容忽视的问题。一般而言，国家对

大学管理得越多越细,社会对大学影响就越小;国家对大学管理得越宽松,大学与社会之间有效互动的机会就越多,就越能够建立一种良性关系。不难发现,在垂直式管理体制下,社会力量往往是无法插足大学事务的,所以对大学的影响力就非常小。

那么,创新创业教育效果该怎么评价呢?理想的方案是建立第三方评价中心,采用科学量表进行测量,对大学生创新创业能力增长状况进行评价,并且采用长期追踪的方式,这样才能获得创新创业教育进展的科学数据,并且提出具有针对性的咨询意见和改进建议。显然,这是一个长期努力的方向,不可能一蹴而就。在目前,我们可以提出一个比较简便的评价方式作为过渡性策略,具体而言,它包括以下十个基本指标。

第一,课堂教学的学生实质参与率在85%以上。实质参与是指学生明确自己的学习目标任务,知道自己该做什么和怎么做。因为从理论上说,要让学生实质性参与,教育教学方式方法必须改革,也即教育教学方法融入了创新创业元素。

第二,课外活动主题具有集中度和持久性。从理论上讲,第二课堂活动主题必须相对集中,如果分散就无法促进学生深度学习,持久性说明活动主题具有挑战性,而挑战性可以激发参与者的创新创业潜力。

第三,学生获得导师个别指导的程度。学生的发展离不开教师的有效支持,而且这种支持应该是个性化的,如此指导才更具有有效性。个性化教育也是创新创业教育实施的必要条件,因为每个学生在发展中所遇到的问题都是不同的。

第四,本科生参与教师科研课题的比率。学生参与教师的科研课题,才能让自己获得一种直接的科研氛围熏陶,让学生直接意识到自身存在的不足,从而可以创新自己的学习模式,促进自身从知识接受式向探究性学习转变。这种新型学习模式可以极大地激发学生的创新潜力,使学生直接地领悟到科学研究的本质,快速地接近科学研究前沿。

第五，教师带领学生实地考察情况。只有通过接触实际，学生才能意识到现实问题所在，从而激发探究兴趣。创新潜能激发直接来源于探究兴趣的激发。

第六，教师与学生合作发表论文情况。对于绝大多数本科生而言，与教师合作发表论文意味着研究潜力得到了教师的认可，这种认可可以进一步激发学生的创造力。

第七，大学生入驻创业园比率。创业园是大学生施展自己创造性才华的舞台，学生入驻创业园，反映出学生的研究项目具有实用价值，反映出学生创新创业潜能得到了比较充分的发挥。因为只有真正具有创业意图、比较成熟的创业计划和市场价值的创新产品才会入驻创业园。

第八，学生创新创业项目获得社会投资支持比率。从理论上讲，创新创业项目获得社会支持比率越高，意味着它们与市场需求越接近，学生的创新创业潜能发挥得越充分，越可能提供符合市场需要的产品。

第九，学校的教学改革支持计划状况。如果高校没有系统的教学改革设计支持教学改革，要实现教学模型彻底转型是不可能的，进而就很难开展富有成效的创新创业教育。

第十，学生的创业率、持久率和成功率。这些指标都代表着人才培养的最终效果如何。一般而言，如果学生缺乏创业热情就不会选择创业；如果学生的意志力不坚强，创业行为就难以持久；如果学生的综合能力不强，就难以最终走向成功。所以，这三个指标在一定程度上代表学校创新创业教育的总体效果。

可以说，以上十个标准都是目前比较公认的评价指标，因为它们都是一些显性的指标。这些指标都很重要，都是创新创业教育的自然效果的显现，并非外在追求的目标。创新创业教育重在播下创新创业的种子，绝非为了评比，往往功利化的追求会扼杀学生的创新创业潜能。创新创业教育是为了让学生发现自己真的具有创新创业的潜能，而不是要他们在条件不成熟或自己不自愿的情况下去创业。

三、增加社会实践机会,促进大学生发现自身发展潜力

大学期间,学生专心于专业学习好呢,还是允许学生用一定的时间从事兼职好呢?对待这个问题,站在不同角度有不同的回答。我们认为,鉴于学生是在应试教育体制下成长起来的,学生缺乏真切的社会实践经验,如果学生在大学期间能够从事一些兼职活动的话,会对综合素质提升大有裨益。因为学生在其中不仅可以了解职业的含义,也可以进一步了解自己的兴趣爱好,从而可以为自己进一步发展确定方向。此外,兼职活动也有助于个体发现自己的能力缺陷,可以促进个体有意识地弥补自身能力缺陷。所以,学生的兼职行为应该受到鼓励,因为它非常有利于学生能力素质的提升,为他们开展创新创业活动打下基础。特别是这种兼职行为,有助于学生检讨自己专业能力方面的不足,从而可以促进个体学习更具有针对性。

一般而言,只有当个体找到了专业知识与自己兴趣的契合点,个人的认识水平才会加深,才会真正开展探究性学习。这意味着,单纯的知识积累是没有意义的,只有找到了个体的兴趣点,知识的价值才能被真正激活,知识才能转化为能力,否则学习仅仅是知识存储过程。因而,鼓励学生尽快地发现自己感兴趣的知识点而进行深入探究,并且鼓励学生长期地围绕这个点进行探究,如此就可以在长期的摸索过程中提升自己的探究能力,同时自己的意志品质与合作能力都可以得到训练,实际上这就达到了创新创业教育的效果。

为此,必须为学生提供广泛的实践机会,让学生尽快地发现自己的学习兴趣,从而把自己的创新创业潜能激发出来。缺乏充足的实践机会,学生就很难真正发现自己的潜力所在。显然,单纯的理论灌输是难以发现学生创新创业潜力的,只有与实践结合的教学才能促进学生发现自己的创新创业潜能。

四、吸引学生参与科研项目是创新创业教育的高级形式

我们认为,只有让学生参与到老师带领的科研团队中开展研究探讨,才能尽快地培养学生的创新创业能力。科研活动是一种高层次的创新创业实践,只有参与教师科研活动,学生所开展的创新创业活动才可能是高层次的。实践证明,一个人只有具有开阔的视野才能从事高层次的创新创业活动,而学生自身的能力视野比较有限,只有跟随教师的科研团队,才能尽快地找到方向感,并产生深度探求知识的需求,这往往是学生个人摸索或自组织的研究团队无法比拟的。

对于大学生而言,教师在课堂上的系统讲授确实能够使他们很快地掌握一些系统性知识,但这些知识作为一种认知框架,往往会成为学生认识该类问题的基础,而且会形成一种路径依赖,从而会阻碍学生的创新潜力开发。因为这些知识是教师根据前人的认识总结出来的,往往是高度抽象的,与学生的生活距离非常远,学生很难真正理解。结果要么使学生对这种知识产生一种崇拜感,要么使学生感到了无趣味,这样很难变成学生批判反思的对象。只有与学生生活经历比较一致的知识,才能使学生变成真正的认识主体。为此,理论知识传授必须与学生的实践体验相结合,如此才能真正激发学生探究的兴趣。这意味着,要开展创新创业教育,就必须使课堂教学充满活力,为此就必须为学生提供充足的实践机会,让学生对知识探究产生兴趣,进而吸引学生参与科研,获得科研的熏陶和实际体会,使学生真正从知识的接受者变成知识的探究者,成为创新创业活动的真正主体。

五、创新创业教育理应成为大学教育的发展方向

创新创业教育是未来中国高等教育改革发展的方向吗?回答必然是肯

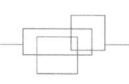

定的！如此，从事创新创业能力研究就具有极强的学术价值和实践意义，否则一切都是枉然。从各方面的证据看，创新创业教育就是未来中国高等教育发展不可回避的选择。

我们之所以认为创新创业教育是未来中国高等教育改革发展的必然选择，主要是基于以下几个基本判断。

1. 中国高等教育急需创新精神的注入

中国高等教育根本之弊在于创新精神缺乏，所以难以培养大批创新人才，特别是无法涌现出大批学术大师。创新精神的缺乏在于大学缺乏自由探讨的学术空气，缺乏尊崇学术自由的文化生态。毋庸讳言，自由学术空气依赖于大学的自治力，如果大学无法真正自主，就不能建立其有效保护学术自由的基本制度规范，那样大学就很难出现生动活泼的学术空气。而大学的自治能力又依赖于教师具有学术自由探索的权利，如此，学术自由权利获得需要宪法明确规定，需要高等教育法具体落实，需要大学法严格保障，需要政府政策大力支持，否则就变成了空中楼阁。

2. 培养创新创业人才是中国社会经济发展的必需

未来，创新驱动是中国社会经济发展的根本动力。大学要在社会经济发展中做出重大贡献，就必须具备培养大批创新创业人才的能力。大学创新创业人才培养需要从培养自由探讨的学术空气开始。有了创新思想，自然就有创新实践。创业活动就是创新思想付诸实践的过程。

3. 大学创新创业教育需要从喧闹走向宁静

大学之所以开展创新创业教育动力不足，就在于它常常被误解为是一些大赛活动。这些大赛活动常常费力而不见实效，对提升大学实力没有特别的意义。如果创新创业教育纠缠于创新创业大赛这个死结不能解开，那么创新创业精神就可能被扼杀在摇篮中。大量的田野调查都发现，目前开展的创新创业大赛过于功利化，遭受到的诟病非常多。这种声势浩大的创新创业运动

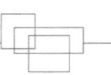

与大学讲究沉静的学术风气格格不入。创新创业大赛作为开展创新创业教育的初始手段未尝不可,但作为最终手段则有点浅薄。

4. 创新创业教育最终成功就在于课堂教学改革

课堂教学改革应以知识获得为基础,以问题探究为中心,以学生积极参与为主体,以教师精神引领为主导。只有以教师的精神引领为主导,才可能激发教师的积极性与创造性,才可能使教师把教学与科研有机地统一起来;以学生积极参与为主体,才能照顾学生的发展兴趣,才能根据学生的能力发展水平进行课堂教学设计;以问题探究为中心,才能真正激发学生的学习兴趣,才能重点培养学生的探索能力,而不是仅仅完成知识转移任务;以知识获得为基础,才能认识教学活动的基本规律,遵循科学发展的基本规律,让学生掌握科学的基本原理,在现实中解决问题。

5. 创新创业教育由科研部门负责才能持久开展下去

如果由团委主导的创新创业教育活动的构架很难改变,那么它就很难融入课堂教学过程中;如果归于教务部门管理,则显得教学管理负担太重。它应该由科研部门负责统筹协调,由教师科研项目带动,这样才能取得根本成功。如果它片面强调学生的独立主体作用和教师的辅助作用,很可能难以获得成功。目前创新创业教育开展过程中面临的最大问题在于教师的科研压力过重,很难投身教学改革。如果学校主要为了排名竞赛,就不可能不把科研作为重中之重来抓;如果学生无法开展深度学习,自然就难以为创新创业活动培植深厚的基础和发展潜力。

6. 创新创业能力可以作为大学生综合发展水平的标志

创新思维能力代表大学生的思维发展水平,代表大学生的智力发展水平;创业实践能力代表大学生真实的实践能力,同样也能够代表其非智力品质的发展水平。目前,大学生的综合素质测评仍然是拼盘式的,是各方面成绩的机械组合,无法反映其真正的综合素质。大学生的创新创业能力则是思维与实践的结合,认识与行动的统一,是具体的统一,而不再是一种分数的叠加。当然,大学生创新创业能力发展依赖于大学教师自身的创新创业素质,只有教师自身的创新创业能力水平高,才能整体地带动大学生创新创业能力水平的提升。所以,大学生创新创业能力发展水平能够实实在在地反映高校总体办学水平。

主要参考文献

[1] 钱颖一.大学的改革(第四卷·学子篇·本科生)[M].北京:中信出版社,2021.

[2] 王义遒.中国高等教育:多样化与教育教学质量(上)[M].北京:高等教育出版社,2016.

[3] [美]杰弗里·蒂蒙斯,小斯蒂芬·斯皮内利.创业学(第6版)[M].周伟民,吕长春,译.北京:人民邮电出版社,2005.

[4] 曹文雯,吴继霞.马寅初人格特质初探[J].东吴学术,2011(2):33-37.

[5] 崔军.英国高校创新创业教育国家框架:理念更新与思路借鉴[J].比较教育研究,2020(5):63-69.

[6] 苌庆辉.研究生创新能力培养的真谛是什么?——以费孝通的学术成长历程为例[J].学位与研究生教育,2011(5):15-20.

[7] 崔玉平.高校创新创业教育改革的经济意义和行动条件[J].南京师大学报(社会科学版),2016(5):85-93.

[8] 陈春晓.地方高校创业教育师资队伍建设的困境与机制创新[J].高等工程教育研究,2017(3):170-173.

[9] 陈斌.产教融合型企业要深入参与学校创新创业教育[J].中国高等教育,2019(10):25-27.

[10] 陈锋.产教融合:深化与演化的路径[J].中国高等教育,2018(Z2):

13-16.

[11] 陈华,肖晗.创新人格研究综述[J].西南民族大学学报(人文社会科学版),2011(S3):221-223.

[12] 陈洪捷.知识生产模式的转变与博士质量的危机[J].高等教育研究,2010(1):57-63.

[13] 狄枚.高校招生和毕业生就业制度改革新举措"双轨制并轨"试点[J].中国高等教育,1994(Z1):3.

[14] 陈纪瑛,郭文革.美国研究生对中国研究生科研创新能力的观察和评价[J].学位与研究生教育,2013(2):70-74.

[15] 陈加明,龙艳.高职学生创业园运行模式探索与实践[J].中国职业技术教育,2009(10):24-26.

[16] 陈年友,周常青,吴祝平.产教融合的内涵与实现途径[J].中国高校科技,2014(8):40-42.

[17] 陈诗慧,张连绪.大学生创新创业教育的国际模式、经验及借鉴——基于美国、德国、日本等三国的比较[J].继续教育研究,2018(1):115-120.

[18] 陈希.将创新创业教育贯穿于高校人才培养全过程[J].中国高等教育,2010(12):4-6.

[19] 陈霞玲.高校创新创业教育模式与实践研究——以美国四所高校为例[J].国家教育行政学院学报,2019(7):74-81.

[20] 丁金昌.实践导向的高职教育课程改革与创新[J].高等工程教育研究,2015(1):119-124.

[21] 丁月牙.社会参与大学治理——基于高校内部的视角[J].国家教育行政学院学报,2014(8):71-76.

[22] 董泽芳,何青,张惠.我国研究生创新能力的调查与分析[J].学位与研究生教育,2013(2):1-5.

[23] 董泽芳.博士生创新能力的提高与培养模式改革[J].高等教育研究,

2009(5):51-56.

[24] 方丽,杨晓明,杨超华.美国文科研究生创新能力培养途径分析[J].学位与研究生教育,2009(9):58-62.

[25] 高江勇.大学教育评价中的过度量化:表现、困境及治理[J].中国高教研究,2019(10):61-67.

[26] 高晓杰,曹胜利.创新创业教育——培养新时代事业的开拓者——中国高等教育学会创新创业教育研讨会综述[J].中国高教研究,2007(7):91-93.

[27] 郭伟,李建东,殷红,等.浅议创新教育、创业教育与创新创业教育的产生与内涵[J].科教文汇(中旬刊),2016(11):120-121.

[28] 郭雅丽,任永泰,邓华玲.硕士研究生课程设置研究[J].研究生教育研究,2013(3):47-50.

[29] 何勇.高职院校大学生创业园建设战略模式初探[J].湖州职业技术学院学报,2008(1):47-51.

[30] 郝彤亮,杨雨萌,孙维.博士生科研项目参与对科研创新能力影响的实证研究[J].高教探索,2020(9):50-57.

[31] 黄倩."产教融合"人才培养模式探析[J].中国高校科技,2017(9):66-68.

[32] 胡昌送,张俊平.高职教育产教融合:本质、模式与路径——基于知识生产方式视角[J].中国高教研究,2019(4):92-97.

[33] 胡建华.高等教育普及化的中国特点[J].高等教育研究,2021(5):27-34.

[34] 黄兆信.推动我国高校创新创业教育转型发展[J].中国高等教育,2017(7):45-47.

[35] 黄兆信,曾尔雷,施永川,王志强,钟卫东.以岗位创业为导向:高校创业教育转型发展的战略选择[J].教育研究,2012(12):46-52.

[36] 季卫兵.高校研究生创新能力培养的价值误区及其重塑[J].黑龙江

高教研究,2015(1):154-157.

[37] 姜大源.高校要提升深度参与产教融合的能力[J].中国高等教育, 2018(2):23-24.

[38] 蒋德勤.高校创新创业教育师资队伍建设探析[J].中国高等教育, 2011(10):34-36.

[39] 蒋凯,王涛利.高等教育治理体系与治理能力现代化的关键问题和推进路径[J].厦门大学学报(哲学社会科学版),2021(1):105-114.

[40] 靳玉乐,黄黎明.教学回归生活的文化哲学探讨[J].教育研究,2007(12):79-84.

[41] 李爱国.大学生机会型创业与生存型创业动机的同构性和差异性[J].复旦教育论坛,2014(6):41-49.

[42] 雷鸣.论批判精神与研究生创新能力的培养[J].江苏高教,2011(2):48-49.

[43] 李凤.内生型高校创新创业教育的新探索——以浙江万里学院为例[J].教育理论与实践,2018(9):6-8.

[44] 李凤.地方应用型本科高校产教融合:困境、机理、方向[J].中国高等教育,2020(9):57-59.

[45] 李锋亮,王瑜琪.研究生教育规模对国家创新能力的影响——与本专科教育规模的比较分析[J].中国高教研究,2021(3):75-81.

[46] 李家华,卢旭东.把创新创业教育融入高校人才培养体系[J].中国高等教育,2010(12):9-11.

[47] 李军,尹月.中国大学 3.0 模式——传统、现代与前瞻[J].清华大学教育研究,2016(4):24-35.

[48] 李培根,许晓东,陈国松.我国本科工程教育实践教学问题与原因探析[J].高等工程教育研究,2012(3):1-6.

[49] 李时椿,刘冠.关于创业与创新的内涵、比较与集成融合研究[J].经

济管理,2007(16):76-80.

[50] 李文英,王景坤.澳大利亚高校创业教育模式探析[J].比较教育研究,2010(10):76-80.

[51] 李小琴,张进辅.科学家和艺术家创造性人格概述[J].洛阳师范学院学报,2011,(1):101-104.

[52] 李玉倩,陈万明.产教融合的集体主义困境:交易成本理论诠释与实证检验[J].中国高教研究,2019(9):67-73.

[53] 李政.职业教育的产教融合:障碍及其消解[J].中国高教研究,2018(9):87-92.

[54] 李志义.创新创业教育之我见[J].中国大学教学,2014(4):5-7.

[55] 李忠.知识观的转变与研究生创新能力的培养[J].学位与研究生教育,2009(9):15-19.

[56] 李忠.研究生创新能力培养面临的五重障碍[J].学位与研究生教育,2010(10):47-52.

[57] 廖和平,高文华,王克喜.高校研究生创新能力培养的审视与思考[J].学位与研究生教育,2011(9):33-37.

[58] 梁迎春,宋书琴,赵爱杰.高校学生评教制度异化研究[J].学校党建与思想教育,2020(18):55-57.

[59] 林崇德,罗良.建设创新型国家与创新人才的培养[J].北京师范大学学报(人文社科版),2007(1):29-34.

[60] 林崇德,胡卫平.创造性人才的成长规律和培养模式[J];北京师范大学学报(社会科学版),2012(1):36-42.

[61] 林崇德.创造性人才特征与教育模式再构[J].中国教育学刊,2010(6):1-4.

[62] 林崇德.创造性心理学的几项研究[J].山东师范大学学报(人文社会科学版),2014(6):5-14.

[63] 刘帆.高校创新创业教育现况调查及分析——基于全国938所高校样本[J].中国青年社会科学,2019(4):67-76.

[64] 刘贵芹.深化高校创新创业教育改革 进一步提高人才培养质量[J].中国高等教育,2016(21):5-7.

[65] 刘国瑞.国家重大战略转换期高等教育现代化的定位与思路[J].高等教育研究,2020(5):1-9.

[66] 刘隽颖.论大学创新教学的理论与实践特征[J].大学教育科学,2016(2):70-73.

[67] 刘宁宁.不同招考方式博士生的科研创新能力存在差异吗?——基于33所研究生院高校的调查[J].学位与研究生教育,2018(4):60-66.

[68] 刘铁芳.知识学习与生命成长:知识如何走向美德[J].高等教育研究,2016(10):10-18.

[69] 刘献君,张晓明,贾永堂.发达国家杰出创新人才培养机制研究[J].高等工程教育研究,2008(1):71-80.

[70] 刘耀东.产教融合过程中企业逻辑和学校逻辑的冲突与调适[J].国家教育行政学院学报,2019(10):45-50,95.

[71] 柳友荣,项桂娥,王剑程.应用型本科院校产教融合模式及其影响因素研究[J].中国高教研究,2015(5):64-68.

[72] 柳瑛,王宇航,苏丽锋.研究生创新能力培养模式的比较分析:自主式还是参与式?——基于X大学的实证研究[J].社会科学家,2020(5):144-149.

[73] 刘志.哈佛大学创业教育课程建设的历程与经验[J].教育研究,2018(3):146-153.

[74] 刘志敏.产教融合:从"融入"走向"融合"[J].中国高等教育,2018(2):24-25.

[75] 刘志敏,张闳肆.构筑创新共同体 深化产教融合的核心机制[J].中国高等教育,2019(10):16-18.

[76] 鲁洁.教育:人之自我建构的实践活动[J].教育研究,1998(9):13-19.

[77] 鲁洁.一个值得反思的教育信条:塑造知识人[J].教育研究,2004(6):3-7.

[78] 梅伟惠.美国高校创业教育模式研究[J].比较教育研究,2008(5):52-56.

[79] 梅伟惠,孟莹.中国高校创新创业教育:政府、高校和社会的角色定位与行动策略[J].高等教育研究,2016(8):9-15.

[80] 梅伟惠.欧盟高校创业教育政策分析[J].教育发展研究,2010(9):77-81.

[81] 孟建伟.教育与生活——关于"教育回归生活"的哲学思考[J].教育研究,2012(3):12-17.

[82] 聂永成,董泽芳.新建本科院校的"学术漂移"趋向:现状、成因及其抑制——基于对91所新建本科院校转型现状的实证调查[J].现代大学教育,2017(1):105-110.

[83] 潘炳如,顾建民.在培养过程中影响研究生创新能力的因素有哪些[J].江苏高教,2022(2):74-81.

[84] 潘海生,宋亚峰,王世斌.职业教育产教融合政策框架建构与困境消解[J].吉首大学学报(社会科学版),2019,40(4):69-77.

[85] 潘海生,王世斌,龙德毅.中国高职教育校企合作现状及影响因素分析[J].高等工程教育研究,2013(3):143-148.

[86] 钱颖一.批判性思维与创造性思维教育:理念与实践[J].清华大学教育研究,2018(4):1-16.

[87] 仇存进.我国高校创新创业教育课程体系研究[J].江苏高教,2018(11):82-85.

[88] 瞿振元,韩晓燕,韩振海,侯继武.高校如何成为拔尖创新人才培养

的基地——从年轻院士当年的高等教育经历谈起[J].中国高教研究,2008(2):7-11.

[89] 单标安,费宇鹏,于海晶,陈彪.创业者人格特质的内涵及其对创业产出的影响研究进展探析[J].外国经济与管理,2017(4):15-24.

[90] 荣利颖,邓峰.研究生教育质量保障与创新能力培养的实证分析——基于2017年全国研究生教育满意度调查[J].教育研究,2018(9):95-102.

[91] 司俊峰,唐玉光.高等教育"学术漂移"现象的动因探析——基于社会学制度主义的视角[J].高等教育研究,2016(9):38-44.

[92] 苏俊宏,徐均琪,吴慎将,万文博,时凯.科研赋能教学模式下研究生创新能力培养的探索与实践[J].学位与研究生教育,2021(2):36-39.

[93] 苏志刚,郑卫东,贺剑颢.高职院校产学研合作教育模式的机制策略创新研究——宁波职业技术学院"院园融合"育人模式探索[J].高等工程教育研究,2012(5):147-151.

[94] 谈松华,王建.人才培养模式创新的时代抉择[J].中国高等教育,2012(6):4-8.

[95] 汤启萍,段吉安,张昊.我国研究生创新能力培育的现状、问题与对策分析:基于22所"985工程"高校的问卷调查与访谈[J].研究生教育研究,2013(3):41-46.

[96] 田贤鹏.高校创新创业教育政策实施满意度调查研究——基于在校学生的立场[J].高教探索,2016(12):111-117.

[97] 魏小琳.我国高校学术委员会运行的有效性研究[J].教育发展研究,2016(19):63-69.

[98] 吴伯志,唐滢,欧颖.高校创新创业教育再认识[J].国家教育行政学院学报,2017(10):20-25.

[99] 吴瑞林,王建中.研究性教学与研究生创新能力培养[J].学位与研究生教育,2013(3):10-15.

[100] 武毅英,陈梦.困惑与出路:对我国研究生培养机制改革的思考[J].现代大学教育,2008(2):99-105.

[101] 武毅英,杨冬.近20年中国高校创新创业教育研究的知识图谱[J].现代大学教育,2019(4):53-63.

[102] 翁伟斌.产教深度融合背景下企业大学建设:诉求·要素·策略[J].吉首大学学报(社会科学版),2019(4):87-95.

[103] 王洪才.论大学素质教育的起点与归宿[J].辽宁教育研究,1997(5):69-72.

[104] 王洪才,朱如龙.政产学研合作:高职发展的新模式[J].教育学术月刊,2011(9):92-94.

[105] 王洪才.大学创新性教学的本质与实践策略[J].中国高等教育,2012(12):13-15.

[106] 王洪才.何谓"学生中心主义"?[J].大学教育科学,2014(6):62-66.

[107] 王洪才.创新创业教育必须树立的四个理念[J].中国高等教育,2016(21):13-15.

[108] 王洪才,刘隽颖.大学创新创业教育核心·难点·突破点[J].中国高等教育,2017(13):61-63.

[109] 王洪才.论大学传统教学与大学创新教学[J].苏州大学学报(教育科学版),2017(4):10-19.

[110] 王洪才.大学创新教学:缘起·现状·趋向[J].四川师范大学学报(社会科学版),2017(6):71-79.

[111] 王洪才."双一流"建设与传统路径依赖超越[J].高校教育管理,2017(6):1-7.

[112] 王洪才.论创新创业教育的多重意蕴[J].江苏高教,2018(3):1-5.

[113] 王洪才.学科排名:利大还是弊大——对我国学科评估特征、正当性与机理的省思[J].厦门大学学报(哲学社会科学版),2019(1):78-86.

[114] 王洪才、赵祥辉、韩竹.以"院园融合"为基点构建立体化创新创业教育体系[J].现代教育管理,2019(7):1-8.

[115] 王洪才.创新创业教育的意义、本质及其实现[J].创新与创业教育,2020(6):1-9.

[116] 王洪才,郑雅倩.创新创业教育的哲学假设与实践意蕴[J].高校教育管理,2020(6):34-40.

[117] 王洪才.论创新创业人才的人格特质、核心素质与关键能力[J].江苏高教,2020(12):44-51.

[118] 王洪才,毛芳才.我国高校学术委员会的生成逻辑与优化路径[J].厦门大学学报(哲学社会科学版),2021(1):122-130.

[119] 王洪才.高等教育评价破"五唯":难点·痛点·突破点[J].重庆大学学报(社科版),2021(3):44-53.

[120] 王洪才.论大学的课程治理[J].山西大学学报(哲学社会科学版),2021(3):129-135.

[121] 王洪才,汤建.创新创业教育:高等教育内涵式发展的关键[J].武汉科技大学学报(社会科学版),2021(1):110-116.

[122] 王军超,李韬.高校创新创业教育师资队伍建设面临的困境与突破路径[J].河北农业大学学报(社会科学版),2018(6):116-119.

[123] 王健,陈琳.研究生问题意识与创新能力培养的策略研究[J].研究生教育研究,2013(6):47-51.

[124] 王建华.从正当到胜任:高校学术委员会建设的进路[J].中国高教研究,2018(5):58-64.

[125] 王建华.创新创业:大学转型发展的新范式[J].南京师大报(社会科学版),2018(5):24-32.

[126] 王建华.以创业思维重新理解学科建设[J].清华大学教育研究,2018(4):40-48.

[127] 汪信砚,程通.对马克思关于"人的本质"经典表述的考辨[J].哲学研究,2019(6):32-41.

[128] 王兴立.大学生创新创业教育质量评价的矛盾困境、体系优化及创新举措[J].教育与职业,2018,(4):68-72.

[129] 王宁.高校创新创业教育中的四大哲学思考[J].继续教育研究,2018(1):25-28.

[130] 王孙禹,等.我国研究生教育质量状况综合调研报告[J].中国高等教育,2007(9):32-35.

[131] 王思懿.新管理主义情境下全球学术职业的变革与坚守——基于组织专业主义与职业专业主义分化的视角[J].外国教育研究,2021(6):33-45.

[132] 王占仁."广谱式"创新创业教育体系建设论析[J].教育发展研究,2012(3):54-58.

[133] 王占仁.高校全面推进创新创业教育的争论与反思[J].教育发展研究,2015(C1):113-119.

[134] 王占仁."广谱式"创新创业教育的体系架构与理论价值[J].教育研究,2015,(5):56-63.

[135] 王占仁.中国创业教育的演进历程与发展趋势研究[J].华东师范大学学报(教育科学版),2016(2):30-38,113.

[136] 王占仁.创新创业教育的历史由来与释义[J].创新与创业教育,2015(4):1-6.

[137] 王占仁.中国高校创新创业教育的学科化特性与发展取向研究[J].教育研究,2016(3):56-63.

[138] 王占仁,吴晓庆.创新创业教育对大学生思想政治教育的重要贡献论析[J].思想教育研究,2016(8):33-37.

[139] 王占仁,刘志,刘海滨,李亚员.创新创业教育评价的现状、问题与趋势[J].思想理论教育,2016(8):89-94,103.

[140] 徐平利.试论高职教育"协同育人"的价值理念[J].职教论坛,2013(1):21-23.

[141] 谢安邦,朱宇波.我国学位与研究生教育发展30年:回顾与展望[J].教育研究,2008(11):19-29.

[142] 谢笑珍."产教融合"机理及其机制设计路径研究[J].高等工程教育研究,2019(5):81-87.

[143] 徐凯,徐洁,王宏刚.研究生创新能力培养面临三大障碍的审视与思考[J].研究生教育研究,2015(6):46-49.

[144] 徐小洲.创新创业教育评价的VPR结构模型[J].教育研究,2019(7):83-90.

[145] 徐亚清,王怡然.我国研究生创新能力培养研究述评[J].河北大学学报(哲学社会科学版),2009(2):98-101.

[146] 叶桂方,黄云平.论高校学术委员会运行的逻辑路向与机制创新[J].国家教育行政学院学报,2019(8):24-30.

[147] 姚志琴,万姝.高校学生评教的"功利化"倾向及反思[J].江苏高教,2020(9):73-77.

[148] 阎光才.关于当前大学治理结构中的社会参与问题[J].清华大学教育研究,2020(1):1-5.

[149] 殷朝晖,黄子芹.知识生产模式转型背景下的一流学科建设研究[J].大学教育科学,2019(6):61-66,122.

[150] 余三定.必须治理学术评价过度症[J].社会科学论坛(学术评论卷),2009(4):80-82.

[151] 袁本涛,延建林.我国研究生创新能力现状及其影响因素分析——基于三次研究生教育质量调查的结果[J].北京大学教育评论,2009(2):12-20,188.

[152] 赵峻岩.彰显技术应用能力——浅析高等职业教育质量的"学术漂

移"现象[J].中国成人教育,2008(16):92-94.

[153] 尹奎,孙健敏,邢璐,等.研究生科研角色认同对科研创造力的影响:导师包容性领导、师门差错管理氛围的作用[J].心理发展与教育,2016(5):557-564.

[154] 尹剑峰.优秀企业家的七种特质[J].企业管理,2020(5):45-47.

[155] 于海琴,方雨果,李婧.本科拔尖创新人才"试验区"建设的现状与展望[J].江苏高教,2014(1):79-82.

[156] 杨俊岭,曹晓平.创造性人格特征的研究[J].沈阳大学学报,2002(1):86-88.

[157] 赵慧军.关于企业家特质的调查研究[J].经济与管理研究,2001(6):55-57.

[158] 赵亮.创新创业教育与专业教育深度融合的高校课程体系重构——基于理论与实践角度的分析[J].江苏高教,2020(6):83-88.

[159] 赵军,焦磊.我国高校普及创新创业教育的困境、取向及理路[J].教育发展研究,2018(11):67-72.

[160] 赵玉洁,崔玉倩.企业家特质对企业创新能力的影响[J].合作经济与科技,2019(12):104-105.

[161] 周继良.高校学生评教行为偏差影响因素的实证研究——基于制度分析的视角[J].高等教育研究,2018(2):59-72.

[162] 朱红,李文利,左祖晶.我国研究生创新能力的现状及其影响机制[J].高等教育研究,2011(2):74-82.

[163] 庄西真.产教融合的内在矛盾与解决策略[J].中国高教研究,2018(9):81-86.

[164] 张冰,白华."高校创新创业教育"概念之辨[J].高教探索,2014(3):48-52.

[165] 张建林.基于创新能力的研究生培养机制改革探索[J].中国高教研

究,2008(3):34-39.

[166] 张建林.研究生的根性与创新能力的培养[J].中国高教研究,2008(9):16-20.

[167] 张晓明.我国博士生创新能力培养误区的解读——基于心理学创造力的视角[J].高等教育研究,2014(3):63-67.

[168] 张胤,徐宏武.研究生创新能力培养的现状、问题及对策——基于实证的研究[J].研究生教育研究,2011(1):43-47.

[169] 张银霞.新管理主义背景下西方学术职业群体的困境[J].高等教育研究,2012(4):105-109.

[170] 张彦.高校创新创业教育的观念辨析与战略思考[J].中国高等教育,2010(23):45-46.

[171] 郑俐.基于SYB模式探究高校创新创业教育改革[J].现代教育管理,2018(9):51-55.

[172] 郑琳琳,戴顺治,卢忠鸣,陈雅兰.原始性创新人才人格特质实证研究[J].科学学研究,2015(5):758-766.

[173] 钟秉林.关于大学"去行政化"几个重要问题的探析[J].中国高等教育,2010(9):4-7.

[174] 钟秉林.现代大学学术权力与行政权力的关系及其协调[J].中国高等教育,2005(19):3-5.

后　记

　　创新创业教育是我最近几年研究的主题之一,直到最近两年,我才把研究的注意力集中到创新创业能力主题上。从客观上讲,是因为我申请到国家自然科学基金项目,课题就是以大学生创新创业能力结构及评价体系探讨为对象,这自然就成了我工作的重心,我意识到完成这个课题对我个人意义非常重大。从主观上讲,是因为我非常认同创新创业教育的价值,特别想为推动创新创业教育做一些贡献。如果不能搞清楚创新创业能力的内涵,创新创业教育的推动就会乏力。因为创新创业教育必须以创新创业能力培养为重点,不然创新创业教育就容易流于表面,就无法摆脱形式化的怪圈,所以我把创新创业能力研究作为创新创业教育研究面临的技术难题。之所以将其作为技术难题,是因为如果搞不清楚创新创业能力的内涵、结构,就无法进行具体测量,也就无法评价创新创业教育的进展效果,那么创新创业教育就会失去明确的方向和坐标。正是因为我意识到研究创新创业教育具有必然性,创新创业能力研究具有重要的现实意义和学术价值,所以我决定要从重新界定创新创业教育出发,深入地探讨创新创业能力结构,为创新创业能力具有可测量性打下理论基础。

　　不过在我选择创新创业教育作为主攻方向,以及对创新创业教育进行重新阐释之后,却发现似乎走错了方向。因为我运用新的方式即从哲学角度阐释创新创业教育之后很难获得学界认同,尽管这个阐释符合国际上创新创业教育发展的趋势,也与国内专门探究创新创业教育学者的内在诉求是一致的,但很难改变人们对创新创业教育认识的定式思维,这颇为令人苦恼。一句话,国内学界特别是教育界仍然习惯于狭义的创新创业教育概念,排斥对创新创业教育的广义阐释,即没有认识到这种狭隘理解实际上是行不通的。我于是就面临一个严峻的选择:是追求理想,还是迁就现实?追求理想必然要碰壁,迁就现实就是对自我的否定。经过反复思量之后,我仍然坚持追求理想这个道路。因为只有坚持这个理想的选择,才能真正解决中国高等教育内涵式发展问题,才能真正找到提升高等教育走向高质量发展的出路。所以,这个理想道路是中国高等教育改革发展走向深入的必然选择。但为什么不被学界看好呢?我在仔细分析后发现,思维定式的影响是主要原因,这种思维定式又主要表现在以下方面。

其一,人们已经把创新创业教育归为一种实践类型。它主要是由团组织开展的一项教育活动,于是这项活动的政治性非常强,从而也不再具有真正的理论价值。显然,这与目前的创新创业教育实践导向有直接关系。目前大学校园内的各种竞赛均与此相关,人们把这种活动基本上当作一项政治任务来抓,没有意识到其所蕴含的深刻的教育价值,从而在心底里看轻了它。这就是一个先入为主的问题,包括我自己原先也是这样认识的。但经过仔细推敲后才发现,这种认识实际上是一种误解,这种误解真的害人不浅。但要矫正这种误解却又非常困难,因为在现实中这种声音非常强大。如此,一个很好的教育改革发展方案经过这样的操作后就变质了。对于这种造势性的创新创业教育活动,又不好批评什么,但确实把创新创业教育方向带偏了。如此,实践部门只致力于努力获奖,而对于如何具体推动创新创业教育融入课堂教学却不怎么认真。当然,人们也不知道究竟该如何融入课堂教学过程中。这就是目前的创新创业教育融入课堂教学所遇到的难题,或者说是创新创业教育与专业教育融合的难题所在了。

其二，把创新创业教育当成一种概论课来开设，并且是出于完成任务的态度来执行。这种操作方式显然是因为没有真正理解创新创业教育的意义所致。从根源上说，是由于没有把握住创新创业教育的实质。固然，创新创业理念的传播确实需要做一定程度的灌输，也可以采用行政手段进行推动，但仅满足于这种基本做法是错误的。正如思政教育需要专门的思政课程一样，但仅靠专门的思政课程是不行的，那样效果就只能流于表面，而真正的思政教育效果取决于各门课程所实施的课程思政状况。创新创业教育需要开设一定的专门课程，但更主要的是要把创新创业精神融入每门课程教学活动之中，使每个学生都具有创新创业意识，培养其创新创业精神，主动培养自身的创新创业能力。

其三，把创新创业教育等同于课外创业实践活动。创新创业教育虽然包括这些活动，但不等于只有这些活动，它们只能作为辅助部分存在，而不能作为主体部分存在。主体部分还应该落实到专业课程教学改革上，即改变传统教学模式上，如此就演变为创新教学研究的内涵了。其实许多人都意识到了这一点，但并未深究下去。为什么？因为专业教育内容太广泛了，如何指导教学改革就是一个大问题。创新创业教育需要全体教师都参与，需要进行教育理念的系统变革，没有理念的先导作用，就无法引导教师参与，就无法推动创新创业教育与专业教育结合。所以，高校在建立创新创业学院之后，首先应该进行创新创业理念的研究，即了解创新创业教育的真正意味；其次就是进行创新创业理念与专业课程教学融合的研究，探讨创新创业理念如何才能落实到专业课程教学过程中；再次是推动学校制定一体化的政策措施，保障教师投身教学改革过程中，使创新创业理念真正成为专业教育的核心精神；最后是适时地评价和诊断创新创业教育效果，为改进创新创业教育提供指导性意见。只有这样，创新创业教育才能有序地在全校开展，否则就无法全面推动创新创业教育开展。

事实上，人们已经从观念认识到了创新创业教育必须与专业教育融合，认为这才是教育改革的正途,但又无法破解这个难题。创新创业教育与专业教育融合,就是为专业教育注入创新创业精神内涵,使它在培养青年学生成长中发挥灵魂性作用。具体而言,就是要改变过去认为专业教育就是把专业领域的知识积累传播给新一代的传统认识,改变传统上认为教师的责任就是整理专业领域的知识,然后系统地传授给学生,学生的任务就是系统地接受这种知识。这种传统观念照顾了知识的学理性、系统性,但没有从学生发展的需要出发,从而知识的实用性、针对性不足,难以激发学生有效参与。教育教学的改革趋向必然是要获得知识传授与学生发展的平衡。对于部分学生而言,他们接受知识的目的是促进自身发展,不承担知识传承和发展的任务,这些任务应该由研究生教育来承担。一句话,大学生的任务是认识自己、发展自己,通过掌握知识来促进自己发展,通过把知识应用于实际使自己能力素质获得全面提升。

对于教师而言,这是一次教育思想观念的大转变,但人们普遍没有做好准备,因为人们习惯于向学生传播高深的理论知识,而不是为了学生潜能的最大发展,似乎学生身心发展任务已经完成,应该承担知识发展和社会发展责任了。这种认识显然落后了,不符合大众化和普及化的高等教育发展形势要求。我们认为,学生的首要任务是发展自己,培养自己的能力素质,教育活动开展需要以学生为中心,必须从关注学生发展需求出发。教授们普遍专注于知识发展,对学生自身发展需要不怎么关心,而研究生教育目标则是为知识发展培养后备人才,从而主导任务就是发展知识,研究生更容易成为教授们的科研助手而受到青睐。许多人并没有意识到这个问题,仍然用传统的不分化的思维模式来分析问题,似乎让所有大学生都能够运用学术的方式进行思考就一定对学生发展有利。对于部分大学生而言,他们只需要掌握科学思维的基本规则即可,更重要的是学会如何运用知识解决现实问题,而非去解决科学问题。现实问题与科学问题不一样,科学问题专而深,不是所有学生力所能及的,他们只需要掌握比较成熟的知识即可,因而把他们普遍地引入到科学前沿是没有意义的。当然,我们不否认少数学生对科学前沿问题极有兴趣,但这样的学生属于极少数,绝大多数人不应该成为陪读,他们的任务是人格的健康发展和掌握实用的本领,他们需要的是专业教育而非学术教育,学术教育应该是研究生教育的任务。

因而,科学思维方式的训练应该是大学教育的核心任务,教育重点并不是掌握太多的知识,而是掌握科学思维方法,并且能够运用它解决实际问题。只要学生可以熟练地运用这些思维方法,学会探索性地解决实际问题,就达到了教育目标要求。

回到创新创业教育主题上,该怎么推进呢?问题仍然出在究竟是大众教育还是精英教育的抉择上。大众教育仍然是一种灌输知识的教育,实行一种流水化作业;而精英教育则是培养能力的教育,因为精英教育必须是小班化教学,这样才能开展探究式教学。唯有探究式教学才能真正培养人的创新创业潜力。现在的主要问题在于如何解决科研与教学任务的对立,要使教师们有大量的时间投入到教学改革上,而不是无心于教学改革。如果教师们大量的时间精力用在了科研上,就没有时间精力从事探究性教学改革实践了,因为科研的挑战性更大。之所以会出现这个问题,就在于科研评价模式过于统一化,出现"唯论文""唯项目"定式,从而使教师们失去了自主科研选择的能力。

我们认为,推进创新创业教育的出路在于:使创新创业教育理念成为一种改革精神,重点在于进行教学方法改革,使创新创业教育真正融入课堂教学之中,使创新创业教育真正成为一种教育体系设计,而非仅仅是一种教育的内容。这样创新创业教育就能够成为一种教育理念,即大学教育把培养学生的创新创业能力作为目标,大学教育的成功以创新创业能力发展作为衡量指标。

创新创业教育融入课堂教学的真正途径在于引导教师从事应用型科研,即解答社会实践问题,而非追求什么学术论文发表或纯学术的追求,拒绝为

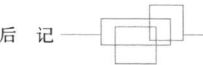

发表而发表的科研。应用型科研往往容易带动教学改革,从而有利于推动科研与教学有机地融为一体。

推动课堂教学改革的基本前提是缩小班级规模,增加师生互动机会和生生互动机会,从而使学生能够有参与研讨的机会。唯有参与研讨过程,学生才能充分展现自己,才能真正发现自己,才能确立自己的创新创业发展目标,进而激发自己的创新创业潜能的发挥。没有这些基础性的、实质性的变化,推动创新创业教育走向深入基本上是不可能的,这似乎也是人们不看好创新创业教育的根本原因。

可以看出,创新创业教育要走向深入,必须推动教学管理革命。创新创业教育是新时代提出的一项教育命题,它关乎高等教育内涵式发展的成败,必须予以高度重视和深入研究。全面地、深入地阐释创新创业教育内涵非常重要。能够有机会进行该方面的探讨,也是研究者的一种幸运。如果能够顺利地把研究结果与国内学界分享就是一件幸事。如果最终能够影响到决策层,并且能够带动高等教育体系改革,则是研究者的荣幸。

笔者识于厦门龙虎南里

2022 年 7 月 29 日